LA
BATAILLE DE JEMAPPES

PARIS. — IMPRIMERIE R. CHAPELOT ET Cᵉ, 2, RUE CHRISTINE.

PUBLIÉ SOUS LA DIRECTION
DE LA
SECTION HISTORIQUE DE L'ÉTAT-MAJOR DE L'ARMÉE

LA
BATAILLE DE JEMAPPES

PAR

C. DE LA JONQUIÈRE
Capitaine d'artillerie breveté
A LA SECTION HISTORIQUE DE L'ÉTAT-MAJOR DE L'ARMÉE

Avec trois Cartes hors texte

PARIS
LIBRAIRIE MILITAIRE R. CHAPELOT et Cᵉ
IMPRIMEURS-ÉDITEURS
30, Rue et Passage Dauphine, 30
1902

AVANT-PROPOS

La bataille de Jemappes marque le point de départ de ces étapes victorieuses que le drapeau tricolore devait, pendant plus de vingt ans, parcourir à travers toute l'Europe.

Déjà, Valmy avait révélé la force défensive de l'armée nouvelle. Les jeunes bataillons de volontaires avaient rivalisé de bravoure avec les vieux régiments de ligne qui les encadraient et les soutenaient de leur exemple ; devant leur attitude, l'invasion prussienne avait dû s'arrêter, impuissante à les entamer.

Toutefois, si les conséquences stratégiques et politiques de cette journée étaient immenses, l'action sur le champ de bataille s'était réduite à peu de chose. La question restait d'ailleurs incertaine de ce que vaudraient, pour des opérations plus actives, ces éléments divers, imparfaitement liés ensemble. Quand ils se heurteraient, à leur tour, contre des troupes solides, bien instruites, manœuvrières, auraient-ils assez d'énergie offensive et de cohésion pour les rompre (1)?

---

(1) A vrai dire, ce problème s'était posé dès le moment où apparut inévitable une guerre acharnée entre la Révolution et l'Europe. Les difficultés à surmonter n'avaient pas échappé aux esprits qui, connaissant l'armée, se rendaient un compte exact des conditions nouvelles dans lesquelles celle-ci allait se trouver placée. Leurs réflexions, éparses

La victoire de Jemappes dissipa bientôt ces préoccupations. Elle montra que la France possédait un instrument, non seulement de défense, mais d'attaque; après avoir repoussé les envahisseurs, elle était en mesure de les chercher et de les vaincre sur leur propre territoire. Dès lors, une phase nouvelle pouvait s'ouvrir, et la guerre d'expansion succéder à la guerre d'indépendance.

Nous n'avons pas à étudier ici l'évolution, si bien mise en lumière par M. Albert Sorel (1) qui se produisit dans la politique extérieure de la France et qui ne tarda pas à imprimer un caractère tout nouveau à la lutte contre l'Europe coalisée. Nous ferons simplement remarquer que, pour déterminer cette évolution, et même pour la rendre possible, il fallait un éclatant succès offensif : ce fut Jemappes. On s'explique ainsi l'énorme retentissement de cette victoire en France et dans toute l'Europe; retentissement qui semblerait excessif à celui qui se contenterait d'envisager les faits d'ordre purement militaire et les résultats tactiques ou stratégiques. Pour apprécier avec exactitude les événements de guerre et leur influence dans l'histoire, il faut tenir compte de leurs conséquences morales et lointaines, non moins que de leurs conséquences matérielles et immédiates; les premières sont souvent les plus profondes, les plus durables. C'est à ce titre que la bataille de Jemappes offre une importance toute particulière et fournit des enseignements d'un grand intérêt historique.

Dans la présente étude, nous montrerons comment, dès le lendemain de Valmy, fut résolue et préparée l'in-

---

dans un grand nombre de mémoires, de projets, de discours, mettent en évidence un ensemble de vues qui, se précisant peu à peu, se modifiant par les leçons de l'expérience, devaient engendrer de nouvelles méthodes de combattre.

(1) *L'Europe et la Révolution française*, tome III.

vasion de la Belgique ; nous résumerons les mouvements de troupes exécutés de part et d'autre, et les opérations préliminaires, nous attachant surtout à faire ressortir les conditions dans lesquelles les deux armées devaient se trouver en présence. Nous étudierons ensuite la bataille même, d'une façon aussi détaillée que le permettent les documents français et autrichiens. Enfin, après avoir montré les conséquences de la victoire, nous examinerons quelques-unes des conclusions d'ordre militaire formulées à propos de cet événement.

CHAPITRE PREMIER

LE PROJET DE CAMPAGNE DANS LES PAYS-BAS

Au moment de la déclaration de guerre contre l'Autriche (1), Dumouriez, alors ministre des affaires étrangères (2), avait préconisé et fait prévaloir un plan de

---

(1) 20 avril 1792. Le décret de l'Assemblée législative porte déclaration de guerre à François II, roi de Hongrie et de Bohême. La rupture avec la Prusse eut lieu au commencement de juin; ce fut seulement le 22 mars 1793 que la Diète vota la guerre de l'Empire contre la France.

(2) La carrière tourmentée de Dumouriez est assez connue pour qu'il suffise de rappeler sommairement les principaux événements qui l'avaient marquée antérieurement à la campagne de 1792. Né à Cambrai (26 janvier 1739), il était fils du commissaire ordonnateur des guerres du Mouriez du Périer; il entra au service comme volontaire au régiment des Cars (1758), fut nommé cornette la même année. Il prit part à plusieurs campagnes en Allemagne et reçut cinq blessures dans un fourrage, le 15 octobre 1760. Capitaine le 7 mars 1761, il fut atteint par la réforme du 1ᵉʳ janvier 1762. Ayant contracté de nombreuses dettes, il sollicita l'autorisation de passer au service de l'Espagne, où il resta de 1763 à 1767; en 1768, il fut employé en Corse; il reçut ensuite des missions secrètes en Pologne et en Suède. Son caractère, la connaissance qu'il avait de nombreuses langues étrangères faisaient de lui un utile agent de ces intrigues diplomatiques que Louis XV nouait en dehors de ses représentants réguliers. Sous Louis XVI, il exerça divers commandements, dont celui de Cherbourg : il a rédigé de très intéressants mémoires sur la défense de cette place. Maréchal de camp le 9 mars 1788, lieutenant général le 6 février 1792, il devint bientôt le chef du premier ministère girondin, où il reçut le porte-

campagne nettement offensif, comportant l'invasion immédiate des Pays-Bas autrichiens. La situation politique de ces provinces semblait devoir faciliter beaucoup l'entreprise projetée ; l'insurrection qui venait de les agiter procédait sans doute de principes tout différents de ceux de la Révolution française ; mais il était permis d'espérer que la haine contre la domination autrichienne ferait accueillir favorablement l'intervention française, d'autant plus que le parti démocratique belge la sollicitait et promettait de l'appuyer les armes à la main (1).

On sait comment les fâcheux incidents de Tournai et de Quiévrain firent avorter le plan ainsi conçu par Dumouriez et imposé au maréchal de Rochambeau, commandant l'armée du Nord. Le successeur de ce dernier, le maréchal Luckner, ne fut guère plus heureux sept semaines plus tard, dans sa tentative contre Menin et Courtrai (2). Ces échecs ne détournèrent pas Dumouriez de ses projets ; il chercha encore à en poursuivre la réalisation, lorsqu'après avoir quitté le ministère, il vint servir à l'armée du Nord.

Bientôt, les circonstances ne permirent plus de songer à une guerre offensive ; il fallut barrer la route aux

---

feuille des affaires étrangères (15 mars). Du 12 au 16 juin, il remplaça au ministère de la guerre Servan, démissionnaire, puis il se retira à son tour et reçut un commandement à l'armée du Nord. Le 18 août, il fut nommé commandant en chef de cette armée.

(1) Il ne faut pas perdre de vue qu'à ce moment Dumouriez espérait obtenir la neutralité de la Prusse et des petits états allemands. M. Albert Sorel a nettement fait ressortir les considérations de politique extérieure qui pouvaient faciliter l'invasion des Pays-Bas. (*L'Europe et la Révolution française*, tome II, pages 403 à 455).

(2) Voir *Les débuts de la campagne de 1792 à l'armée du Nord*, publiés dans la *Revue militaire* (septembre 1899 à avril 1900) ; et *L'armée du Nord sous le commandement du maréchal Luckner* (Même revue, mai à septembre 1900).

80,000 Austro-Prussiens qui, sous le commandement du duc de Brunswick, avaient pénétré en Lorraine et menaçaient la Champagne. Il est inutile de rappeler comment ce résultat fut obtenu par la fameuse campagne de l'Argonne, que couronna la journée de Valmy.

A peine les Prussiens avaient-ils commencé leur retraite que Dumouriez tourna de nouveau ses vues vers la Belgique qu'il n'avait jamais cessé de considérer comme l'objectif principal à atteindre (1). Il ne croyait pas que les jeunes troupes qui venaient de repousser l'attaque ennemie, fussent en état d'entreprendre une poursuite assez rapide et énergique pour détruire l'armée de Brunswick. Il jugeait préférable de harceler simplement celle-ci jusqu'à la frontière, sans risquer de compromettre, par une offensive téméraire, les résultats déjà acquis. Il abandonnait cette tâche à Kellermann, en l'appuyant momentanément avec une faible partie de son armée ; lui-même, reporterait le gros de ses forces sur la frontière du Nord, en vue d'une action offensive dans les Pays-Bas autrichiens. Dumouriez voyait à ce projet un autre avantage qu'il signale dans ses *Mémoires* :

Il avait débarrassé sa patrie des Prussiens ; il eut l'espoir, en portant un grand coup à la maison d'Autriche, de forcer ces deux puissances à désirer la paix. La France venait de subir dans son intérieur le fléau de la guerre ; il jugea qu'il

---

(1) Dès le 26 septembre, au cours des négociations avec le roi de Prusse, Dumouriez écrivait à Clavière : « J'espère que ceci ne sera pas long et que, si on m'y autorise, avec quelques escarmouches et de bonnes paroles je vous débarrasserai des Prussiens. Quant aux Autrichiens, c'est autre chose. Mon avis n'est pas que nous les tenions quittes à si bon marché et mes braves amis belges doivent y gagner leur liberté et nous leur alliance ». Dans sa *Retraite de Brunswick*, M. Arthur Chuquet a mis la pensée de Dumouriez en évidence avec une clarté, une abondance d'arguments qui ne laissent plus de doute sur ce point de l'histoire longtemps controversé.

était temps de la porter hors de ses frontières ; et, ne voulant pas rompre la neutralité de l'Empire, il ne pouvait en établir le théâtre que dans les Pays-Bas ; il comptait d'ailleurs sur les dispositions constantes des habitants.

En réussissant, il donnait à la France un allié utile dans le peuple belge ; il se procurait un moyen de faire faire la paix..... (T. III, page 119.)

Cette détermination paraissait d'ailleurs justifiée par les événements dont la frontière du Nord était le théâtre. Au commencement de septembre les Autrichiens avaient pris l'offensive à la faveur du départ des troupes françaises appelées derrière l'Argonne ; ils avaient occupé quelques villes du département du Nord, Roubaix, Orchies, Saint-Amand ; leur apparition avait causé des paniques dans les faibles garnisons qui occupaient les camps et les places de la frontière. Le duc Albert de Saxe-Teschen (1) s'était bientôt porté de Tournai sur Lille et en avait entrepris le siège (26 septembre). A défaut d'un effectif suffisant pour investir complètement la place, il avait essayé d'intimider la population par un bombardement d'une extrême violence (29 septembre-5 octobre). Mais il se heurta à une résistance non moins héroïque que celle qui arrêta si longtemps le prince Eugène en 1708 ; jugeant bientôt qu'il ne pourrait ébranler le courage des défenseurs, craignant de voir sa petite armée compromise par l'arrivée de renforts, il leva le siège dans la nuit du 7 au 8 octobre et se replia derrière la Marcq. Il y a lieu de remarquer que cette retraite

---

(1) Le duc Albert de Saxe-Teschen, époux de l'archiduchesse Marie-Christine, commandait les forces autrichiennes des Pays-Bas. Au mois de juillet, il avait dégarni ces provinces d'une quinzaine de mille hommes qui, sous les ordres de Clerfayt, allèrent rejoindre l'armée de Brunswick. Il conservait à peine 35,000 hommes pour assurer l'occupation des Pays-Bas et défendre la longue ligne de frontières entre la mer du Nord et le massif des Ardennes.

des Autrichiens est postérieure de plusieurs jours à la résolution de Dumouriez : au moment où les Prussiens s'engagèrent dans les défilés de l'Argonne et où il fallut prendre un parti, le sort de Lille soulevait encore de vives inquiétudes (1).

Les projets de Dumouriez sont nettement indiqués dans ses lettres au ministre de la guerre. Dès le 1er octobre, il annonce que les Prussiens sont en pleine retraite ; que leur armée est épuisée par la famine, la fatigue et le flux de sang :

..... J'espère, ajoute-t-il, que cette aventure-ci nous délivrera du fléau de la guerre ; et, comme je crois vous l'avoir mandé, j'espère, si on a confiance en moi, prendre mon quartier d'hiver à Bruxelles.....

Le même jour, il écrit encore :

..... Dès que l'armée prussienne sera entièrement engagée dans les gorges, dès que je la saurai débouchée dans la plaine de Buzancy, je me séparerai du général Kellermann, que je ferai passer par Passavant, pour déposter les Hessois de Clermont. C'est alors qu'il n'y aura plus aucun danger à notre séparation et qu'elle sera utile.

Il compte en même temps envoyer à Sedan, M. de Chazot (2) avec quelques escadrons de dragons et des

---

(1) « Cette espèce de siège de Lille était dans sa plus grande force à l'époque de la retraite des Prussiens ; aussi le général était très pressé d'aller délivrer cette place importante. Plus la ville était considérable, plus il craignait l'exemple de Longwy et Verdun. Si cette capitale de la Flandre eût été prise, il eût fallu plus de 100,000 hommes et six mois pour la reprendre ». (*La Vie et les Mémoires du général Dumouriez*, tome III, page 93. — Paris, Baudoin, 1823).

(2) Jean-Pierre-François de Chazot, né à Caen le 11 février 1739, entra au service en 1753 comme volontaire dans le régiment d'infanterie de la Reine. Capitaine de dragons (1765), lieutenant-colonel d'infanterie du régiment des chasseurs des Pyrénées (1784), puis lieu—

détachements de flanqueurs, pour y prendre le commandement du général Miaczynski (1) ; ce dernier ira, par Mouzon et Carignan, donner la main à la garnison de Montmédy et harceler le flanc de l'ennemi (2) :

---

tenant-colonel du bataillon des chasseurs d'Auvergne (1788), il devint maréchal de camp le 26 mai 1790 et lieutenant général le 7 septembre 1792. Il cessa d'être employé en mai 1793 et fut, deux ans plus tard, autorisé à prendre sa retraite.

(1) Le comte Joseph Miaczynski, né vers 1751 en Pologne, avait combattu pendant plusieurs années pour l'indépendance de son pays. Réfugié en France, il demanda à prendre du service au moment de la guerre contre l'Autriche, fut nommé maréchal de camp le 25 mai 1792 et employé à l'armée du Nord. Décrété d'accusation le 4 avril 1793, il fut condamné à mort par le tribunal révolutionnaire de Paris le 17 mai et exécuté le 22.

(2) Carra, commissaire de la Convention, écrit à un de ses amis (de Sainte-Menehould, 2 octobre) que Dumouriez compte « être à Bruxelles pour les Rois ». Il ajoute : « Je suis de moitié avec lui pour cette gageure. Ses dispositions ultérieures, qu'il nous a communiquées, sont admirables; nous ne pouvons en parler pour le moment à personne, pas même dans notre correspondance avec l'Assemblée conventionnelle ». (Lettre publiée dans le *Moniteur* du 8 octobre 1792).

A ce moment, il semble que Dumouriez ait eu l'intention de se porter en Belgique par la vallée de la Meuse. On lit, en effet, dans une lettre du ministre Servan au commissaire Pétiet (Paris, 5 octobre) : « J'ai trouvé dans votre dépêche du 4 la copie de la lettre que le général Dumouriez venait de vous écrire pour demander à Sedan et à Mézières 700,000 rations de fourrages, de la paille pour coucher 60,000 hommes pendant quarante jours et des farines pour 3,200,000 rations de pain. J'en ai sur-le-champ donné connaissance à l'administration des subsistances, qui va faire ce qui dépendra d'elle pour satisfaire à ces demandes. Elle m'observe qu'on lui donne bien peu de temps; mais au moyen des mesures déjà prises et des secours que vous pourrez lui procurer pour ses transports, il faut espérer que rien ne manquera ».

Il est permis de penser que Dumouriez, en ordonnant des approvisionnements si considérables, avait le dessein d'agir dans la vallée de la Meuse avec le gros de son armée et non avec un simple corps, tel que celui de Valence, qui suivit plus tard cette voie. Jomini fait très justement remarquer les avantages de pareille manœuvre, qui eût compromis la retraite des Autrichiens : « Les 40,000 hommes que Dumou-

... Je n'ai malheureusement ni équipages de siège, ni mortiers avec moi, sans quoi je serais bien sûr, sous dix à douze jours, de bombarder Verdun.

Vous pouvez conclure de ces détails que l'armée prussienne est ruinée, qu'elle ne peut pas hiverner dans les districts de Verdun et Longwy, parce qu'ils sont mangés ; qu'elle ne peut pas entreprendre d'assiéger Mézières, Sedan ni Montmédy devant une armée victorieuse ; qu'elle n'a d'autre ressource que de se retirer tristement ou par le Luxembourg, ce qu'elle ne voudra pas, ou en allant gagner le duché de Deux-Ponts pour hiverner et recevoir ses renforts. Mais je doute que le roi de Prusse veuille continuer une guerre dont le début est si maladroit et si funeste pour lui. Je crois que, de sa personne, il cherchera à regagner Postdam et que ceci refroidira prodigieusement son amour pour la maison d'Autriche.

Le 5 octobre, Dumouriez annonce au ministre que la retraite de l'ennemi s'exécute « avec beaucoup de difficulté, mais avec beaucoup d'ordre ». Il indique les conditions dans lesquelles il a ordonné la poursuite et les

---

riez amenait de Champagne se trouvaient, à leur départ, plus près de Namur et même de Liège que de Mons ; il leur fit faire un long circuit pour les porter sur le front de l'ennemi, comme s'il avait eu peur de prévenir celui-ci sur sa ligne d'opérations ». (*Histoire des guerres de la Révolution*, tome II, page 229).

Les *Mémoires* de Dumouriez ne font, il est vrai, aucune mention de ce plan primitif ; mais, en d'autres circonstances, ils passent sous silence certains projets dont l'existence n'est pas douteuse et que Dumouriez n'a pas réalisés.

Peut-être ce dernier a-t-il été déterminé par une considération morale, qui avait une grande importance en 1792 : apporter, le plus tôt possible, un secours effectif aux populations du Nord ; éviter que la prise de quelque place forte ne provoquât dans le pays une émotion semblable à celle qui s'était si tragiquement manifestée au commencement de septembre. On ne peut, sans doute, faire que des hypothèses au sujet de la véritable pensée de Dumouriez ; mais, s'il avait eu dès lors l'intention de porter le gros de son armée sur Valenciennes, on ne s'expliquerait pas qu'il eût prescrit la réunion de ces approvisionnements à Mézières et à Sedan.

raisons qui l'empêchent de la pousser activement : pénurie de subsistances (1) ; nécessité urgente de secourir Lille ; impossibilité d'avoir, avant trois mois, les moyens d'assiéger Longwy :

..... Il faut me contenter de faire brusquer Verdun par le général Kellermann, en incendiant cette ville coupable avec des boulets rouges ; d'en faire une place d'armes pour l'approvisionnement en tous genres d'une armée pour le printemps prochain et de tourner tous mes regards sur le secours du département du Nord. C'est ce dont je vais m'occuper sur le champ ; et, dès après-demain, j'aurai des colonnes en marche sur Rethel. L'armée que je commande, indépendamment du corps de Kellermann, se trouve actuellement de plus de 60,000 hommes. J'en prendrai 25,000 ou 30,000, pour le secours du département du Nord. J'en laisserai autant pour la défensive des départements des Ardennes et de la Meuse, sous les ordres du général Dillon, qui va très bien et qui est très en état de seconder le général en chef Kellermann, qui par ce moyen se trouvera avec 50,000 ou 60,000 hommes sur la Meuse et qui pourra ouvrir la campagne par le siège de Longwy (2), lorsqu'on lui en aura donné les moyens en artillerie, ce qui est très long à rassembler.

---

(1) « Je suis infiniment gêné par la difficulté de transport des subsistances et surtout des fourrages. C'est là principalement ce qui retarde ma marche et ce qui diminue les succès que je pouvais prétendre de la retraite de l'ennemi. »

Le 6 octobre (d'Autry), Dumouriez signale encore les difficultés causées par le mauvais temps, l'état des chemins, le défaut de vivres, de fourrages, de munitions : « Nous finirions par nous mettre aussi mal qu'eux (*les Prussiens*), si nous suivions leur marche avec plus d'acharnement que de prudence ».

Voir lettre de Beurnonville à Dumouriez (Marcq, 5 octobre 1792) relatant les difficultés de la poursuite : l'infanterie a mis huit heures pour faire deux lieues ; les équipages de vivres sont restés au milieu des bois ; des bataillons sont restés deux jours sans pain, etc.

(2) Dumouriez prêtait aux Prussiens l'intention d'établir à Longwy un camp retranché qu'ils eussent aisément soutenu par l'importante place de Luxembourg. Il considérait « qu'avec une armée très coura-

Il conclut ainsi :

Il vaut mieux que, suivant le plan que je vous annonce,
je coure sur-le-champ pour délivrer le département du Nord,
et peut-être faire beaucoup mieux. Nos troupes ardentes,
mais peu expérimentées, seront très bonnes pour tenir la
campagne même l'hiver, mais ne supporteraient pas une
guerre de siège trop savante et trop méthodique pour leur
début militaire.

Le projet d'invasion en Belgique fut sanctionné par
le Conseil exécutif provisoire dans sa séance du 6 octobre 1792 :

Le Conseil exécutif, délibérant sur les dispositions générales
qu'il convient de faire à l'avance pour porter les armées françaises dans les Pays-Bas autrichiens, affranchir ainsi des
peuples opprimés et poursuivre jusque sur son territoire le
plus mortel ennemi de la République, arrête :
Que le général Dumouriez sera chargé de diriger en chef
l'expédition projetée dans les Pays-Bas autrichiens ; que, pour
ne pas intervertir la nouvelle division des armées (1), le

------

geuse à la vérité, mais très neuve et encore médiocrement organisée, il
serait imprudent et impardonnable d'ouvrir un siège à la fin d'octobre,
sans moyens d'artillerie suffisants. »
(1) Une répartition nouvelle des armées avait été fixée, le 1er octobre,
par décret de la Convention et décision du Conseil exécutif provisoire.
Les armées étaient au nombre de 8.

Armées.	Divisions militaires dépendant des armées.	Généraux commandant en chef.
Armée du Nord......	1re et 16e divisions	La Bourdonnaye.
— des Ardennes..	2e et 18e divisions	Dumouriez.
— de la Moselle..	3e et 4e divisions	Kellermann.
— du Rhin	5e division............	Biron.
— des Vosges....	6e division............	Custine.
— des Alpes	19e, 7e et 8e divisions.....	Montesquiou.
— des Pyrénées..	9e, 10e et 11e divisions..	Servan.
— de l'intérieur..	17e, 22e et 21e divisions..	Berruyer.

général Dumouriez continuera de commander l'armée des Ardennes, mais qu'elle sera renforcée des armées et divisions qui seront jugées nécessaires, et dont les généraux se trouveront à cet effet sous le commandement du général en chef Dumouriez.

Le 7 octobre, le ministre de la guerre par intérim Lebrun transmit à Dumouriez l'approbation donnée à ses projets et lui assura la plus large initiative dans l'exécution. Il définissait ainsi la mission qui incomberait au général, après que la retraite des Prussiens serait un fait accompli et Kellermann en mesure d'empêcher tout retour offensif :

..... Alors, fier de votre courage, de vos premiers succès, marchez avec rapidité dans la Belgique, où la gloire vous attend encore ; prenez le commandement général en chef de votre armée, de toutes celles dont vous aurez besoin, et allez rendre à la liberté des frères, des amis qui vous attendent et dont vous serez aussi le père, après avoir été leur libérateur.

Le Conseil exécutif n'entend pas que vous puissiez être gêné par aucune prétention, par aucun obstacle étranger ; et, s'il a été nécessaire de donner des commandements en chef à La Bourdonnaye et autres, il est bien entendu que, lorsqu'ils seront réunis à vous, vous aurez la suprématie, le commandement général, carte blanche enfin, comme seul chargé de l'attaque et des plans généraux. Le Conseil vous abandonne tout le soin de cette importante expédition ; il vous subordonne tous les généraux, officiers et soldats, à qui vous donnerez ordre d'y concourir (1).

Il y avait, en outre, un commandement particulier sur les côtes (12e, 13e, 14e et 15e divisions), confié au lieutenant général Wimpffen.

La 20e division, omise dans cette répartition, fut rattachée à l'armée des Pyrénées ; la 23e (Corse) fut également laissée en dehors.

L'armée des Ardennes comprenait toutes les troupes de l'ancienne armée du Nord que Dumouriez avait amenées derrière l'Argonne.

(1) *Archives nationales*, F7, 4689.

On remarquera les termes formels dans lesquels le Conseil et le ministre affirment l'unité du commandement suprême. La précaution était sans doute motivée par les difficultés qui s'étaient récemment produites entre Dumouriez et Kellermann ; si elle n'empêcha point les dissentiments que nous verrons surgir entre Dumouriez et La Bourdonnaye (1), elle eut, du moins, l'utilité d'en contenir les manifestations et d'en prévenir les conséquences, qui eussent été très fâcheuses.

Le 9 octobre Dumouriez rend compte au ministre des premières mesures qu'il vient de prendre en vue d'exécuter le plan nouveau (2). Il a chargé Kellermann de poursuivre les Prussiens ; il le renforce de 15,000 hommes, aux ordres de Dillon, et d'un autre corps, d'effectif à peu près égal, commandé par Chazot ; Kellermann

---

(1) Anne-François-Auguste de La Bourdonnaye, né à Guérande le 27 septembre 1747, entra au service le 1er avril 1764 comme volontaire dans le régiment des gardes lorraines (infanterie). Il devint maréchal de camp le 9 mars 1788, lieutenant général le 22 mai 1792. Placé successivement à la tête de l'armée de l'intérieur, puis de l'armée du Nord, il fut, à la fin de novembre, relevé de ce commandement et remplacé par Miranda, en raison de ses démêlés avec Dumouriez. Il ne tarda pas à être pourvu d'un nouveau commandement sur les côtes de l'Océan, puis à l'armée des Pyrénées occidentales. Il mourut à Dax le 6 octobre 1793. Les *Mémoires* de Dumouriez le jugent avec beaucoup de sévérité : « ..... La Bourdonnaye avait fort peu de talents et d'esprit. C'était un homme riche, d'une bonne maison de Bretagne ..... qui avait été attaché à l'éducation des enfants du comte d'Artois. Cet homme s'était d'abord mis dans la Révolution, comme tant d'autres, pour sauver ses richesses et jouer un rôle. Il avait fréquenté les clubs, s'était donné de la popularité et peu à peu s'était fait une réputation et un appui parmi les Jacobins..... Il passait les jours entiers à lire le *Moniteur* et les feuilles jacobines et à entretenir une correspondance mystérieuse avec les plus fameux jacobins..... ».

(2) Lettre datée de Vouziers. Dumouriez y était arrivé le 8, avec une partie des troupes qu'il comptait diriger vers le Nord.

disposera, en outre, de la grosse artillerie de La Fayette (1) :

..... Je réponds, surtout d'après la diversion faite à Spire (2) et d'après ce que j'ai projeté avec Kellermann, que les Allemands ne rentreront plus en France.

Dans cet état de choses je crois devoir courir au secours du département du Nord et de la ville de Lille ; je vous envoie l'état de l'armée qui part, le 11 et le 12, en deux colonnes (3).

---

(1) Dans cette lettre, Dumouriez déclare que « Verdun et Longwy ne peuvent pas tenir ». Il avait précédemment formulé une assertion toute contraire en ce qui concerne Longwy. Mais il avait pu, dans l'intervalle, recevoir des renseignements sur les intentions des Prussiens. On sait qu'en effet Verdun et Longwy furent évacués sans résistance, en vertu d'un accord conclu au nom des généraux en chef.

(2) Spire avait été enlevée, le 30 septembre, par Custine, qui marcha ensuite sur Mayence et s'en empara le 21 octobre.

(3) **1ʳᵉ colonne, aux ordres du lieutenant-général de Beurnonville.**

Maréchaux de camp : MM. Duval, Desforets, Dubouquet, Rosières.
Adjudants-généraux : Kermorvan, Félix.

AVANT-GARDE : 2ᵉ et 6ᵉ régiments de hussards, 6ᵉ régiment de chasseurs, corps des Belges et Liégeois, une compagnie d'artillerie légère.

CAMPEMENT : 3ᵉ régiment de dragons.

CORPS D'ARMÉE : 19ᵉ régiment d'infanterie, 1ᵉʳ bataillon de l'Aisne, 3ᵉ des Ardennes, 1ᵉʳ de Mayenne et Loire, 54ᵉ régiment d'infanterie, 2ᵉ bataillon de la Marne, 1ᵉʳ de la Meurthe, 2ᵉ de la Meuse, 58ᵉ régiment d'infanterie, 1ᵉʳ bataillon de Paris, 3ᵉ de Paris, les Deux-Sèvres, 78ᵉ régiment d'infanterie, 1ᵉʳ bataillon de la Vendée, 1ᵉʳ des Lombards, 6ᵉ de Paris, 94ᵉ régiment d'infanterie, 9ᵉ bataillon de Paris, 1ᵉʳ de Saint-Denis, 1ᵉʳ de la Butte-des-Moulins, 1ᵉʳ des grenadiers de Paris, 99ᵉ régiment d'infanterie.

ARRIÈRE-GARDE : 10ᵉ bataillon de chasseurs à pied, 6ᵉ et 12ᵉ régiments de dragons, 12ᵉ régiment de chasseurs, le capitaine des guides et la demi-compagnie.

2ᵉ colonne, aux ordres du lieutenant général Égalité (Louis-Philippe d'Orléans, duc de Chartres).

Lieutenant général : M. Miranda.

Elle sera réunie le 19 et le 20 à Valenciennes et à Maubeuge. Cette armée montera à plus de 40,000 hommes, surtout lorsque j'y aurai joint les troupes du camp de Notre-Dame-de-l'Épine et de Châlons.

Il était très essentiel actuellement de dissoudre les deux corps aux ordres du général d'Harville (1) et aux ordres du général Sparre. Ces deux petits corps d'armée auraient mangé une partie des approvisionnements et auraient rendu très difficile le service des transports pour les armées, parce qu'ils auraient occupé une partie des voitures et des chevaux.

En conséquence, j'ai été hier au Chêne-Populeux donner les ordres au général d'Harville pour séparer son corps d'armée,

---

Maréchaux de camp : MM. Dampierre, Stengel, Eustace (Jean Skey). *Adjudants-généraux* : MM. Montjoye, d'Arnaudin.

AVANT-GARDE : Compagnie des Cambrelots, compagnie des chasseurs de L'Orient, 5° régiment de dragons, 3° régiment de chasseurs.

CAMPEMENT : 7° régiment de dragons.

CORPS D'ARMÉE : 29° régiment d'infanterie, 1er bataillon de l'Allier, 1er d'Eure-et-Loir, 1er de la Marne, 71° régiment d'infanterie, 3° bataillon de la Marne, 5° de la Meurthe, 4° de la Meuse, l'artillerie du parc, les auxiliaires, l'artillerie légère, 72° régiment d'infanterie, 2° bataillon de Paris, 1er de la Seine-Inférieure, 2° bataillon de grenadiers, 3° de Seine-et-Oise, 1er des Gravilliers, 83° régiment d'infanterie, 7° bataillon de Paris, 1er des Quatre-Nations, 6° bataillon de grenadiers, 10° des fédérés, 1er de Sainte-Marguerite, 98° régiment d'infanterie.

ARRIÈRE-GARDE : 14° bataillon de chasseurs, 13° régiment de dragons, 1er de hussards, 11° de chasseurs, le lieutenant et la 2° demi-compagnie des guides.

(1) Louis-Auguste Juvénal des Ursins comte de Harville, né à Paris le 23 avril 1749, était fils d'un lieutenant général (Claude-Constant Juvénal de Harville des Ursins, marquis de Traisnel). Il entra au service comme sous-lieutenant surnuméraire aux carabiniers, le 25 novembre 1766. Il fit une partie de sa carrière dans la maison du Roi, devint maréchal de camp le 9 mars 1788 et lieutenant général le 6 février 1792. Suspendu et arrêté en avril 1793, il fut acquitté par le tribunal révolutionnaire. Il fut ensuite employé dans diverses armées, fut nommé sénateur par Bonaparte (1801), et obtint, sous la Restauration, un siège de pair de France. Il mourut le 8 mai 1815.

que j'ai distribué entre le corps d'armée de Chazot, le camp de Maubeuge où je fais un rassemblement, et les garnisons où je place les nouveaux bataillons pour être dressés pendant l'hiver. Quant au général d'Harville, comme c'est un des bons officiers qui soient restés attachés à la cause de la République, comme je n'ai à douter ni de son civisme, ni de sa prudence, ni de ses talents, je lui donne ordre de se rendre à Maubeuge pour y commander le rassemblement de l'armée auxiliaire que je mène au citoyen La Bourdonnaye sans nuire à ses prérogatives de général en chef. Il y attendra mes ordres (1).

Je vais demain faire la même opération à Châlons (2).

----

(1) Voir l'*état des troupes qui doivent se rendre à Maubeuge aux ordres du lieutenant général d'Harville*, signé par Dumouriez, à la date du 15 octobre 1792 :

Le 14ᵉ régiment d'infanterie..............	500 hommes.
Le 45ᵉ régiment d'infanterie..............	500 —
Le 1ᵉʳ bataillon de Versailles.............	850 —
Deux compagnies de chasseurs à cheval de Versailles...........................	160 —
Le bataillon du Loiret (partant de Vitry)...	500 —
TOTAL..............	2,510 hommes.

(2) A une lettre du général de Sparre à Dumouriez (de Châlons, 4 octobre 1792) est annexé le tableau (non daté) des troupes sous ses ordres :

		Hommes.	
	Bataillon de Popincourt.........	640	
Au camp de l'Epine.	Bataillon de Senlis et de Compiègne	708	2,870
	Bataillon du Gard.............	732	
	Bataillon de la Seine-Inférieure ..	600	
	Compagnie de hussards de la Mort.	190	
Au camp Saint-Michel.	Bataillon des Hautes-Alpes.......	607	2,367
	Bataillon des Basses-Alpes........	515	
	Bataillon de la Côte-d'Or........	787	
	Six compagnies non organisées...	458	

Comme la santé du général Sparre ne lui permettra pas de servir en campagne....., je crois qu'il convient..... de lui donner le commandement de Reims, Epernay, Châlons et tous les autres lieux de rassemblement, pour suivre les détails de ces rassemblements et de l'organisation des troupes.....

Quant à moi, je sais qu'il y a un décret qui prescrit aux généraux de ne point quitter leur armée sans un ordre du ministre. Ce décret, porté à l'occasion du traître La Fayette, a pour objet d'empêcher des manœuvres criminelles ou ambitieuses de la part des généraux d'armée. Il n'est point applicable à la circonstance où je me trouve. Le vrai coupable serait celui qui chercherait à y trouver à redire. Une partie de l'armée rassemblée sous mes ordres reste dans ce pays-ci à la disposition du général Kellermann; avec l'autre, je vais au secours du département du Nord; l'armée marche par l'intérieur et mettra dix jours avant d'être rassemblée. Je man-

		Report..............		5,237
En cantonnement.	A une lieue.	Bataillon des Bouches-du-Rhône..........	613	
	A trois lieues.	Bataillon des Amis de la République.........	691	1,454
		Une compagnie franche de chasseurs nationaux.............	150	
Dans la ville.		2ᵉ bataillon du 38ᵉ d'infanterie...	688	
		Un escadron du 6ᵉ régiment de hussards.................	150	
		Gendarmerie nationale, y compris 550 hommes détachés dans les environs.................	1,450	2,438
		Une compagnie franche de chasseurs nationaux.............	150	
		TOTAL..................		9,129

Dans sa lettre à Dumouriez, le général de Sparre signale le précieux concours qu'il peut attendre du bataillon du 38ᵉ. Il rend justice à « ces vieux serviteurs qui deviennent bien utiles à la patrie par l'exemple qu'ils donnent à nos volontaires de l'exactitude du service et de la discipline militaire. » *Archives nationales*, F⁷, 4689.

querais à mon devoir de général si, m'attachant stupidement
à la lettre du décret, je perdais dix jours à marcher à la queue
ou à la tête des colonnes, et si je ne les employais pas, au
contraire, à aller arranger avec le Conseil tous les détails
qui peuvent faire réussir mes opérations militaires.

Dumouriez se rendit, en effet, à Paris, où il dut arriver le 11 octobre. Le lendemain, admis à la barre de
la Convention, il y prononça une courte harangue dans
laquelle il rappelait les épreuves, les périls vaillamment
surmontés par les troupes françaises ; il rendait hommage à leur courage, à leur bonne humeur ; il annonçait que Kellermann poursuivait les Prussiens, tandis
que lui-même allait marcher « au secours du département du Nord et des malheureux et estimables Belges et
Liégeois » (1). Il déclarait : « Je ne suis venu passer
quatre jours ici que pour arranger, avec le Conseil exécutif, les détails de cette campagne d'hiver. »
Le séjour de Dumouriez à Paris fut principalement
consacré (2) à élaborer, de concert avec le Conseil exécutif et le ministre de la guerre (3), non seulement l'in-

---

(1) Les *Mémoires de Dumouriez* portent que ce général arriva le
16 octobre à Paris et se présenta le lendemain à la Convention. La date
du 16 est erronnée, puisque la présentation à la barre de l'Assemblée
eut lieu le 12. (Voir *Moniteur* du 13 octobre 1792).

(2) Nous n'avons pas à parler ici des relations de Dumouriez avec les
chefs des différents partis politiques. On peut consulter à ce sujet les
Mémoires de Dumouriez, *Jemappes*, par M. Arthur Chuquet. Voir
encore, dans le *Moniteur* du 17 octobre, le discours prononcé par
Dumouriez au club des Jacobins le 14 octobre, ainsi que les réponses
de Danton (qui présidait la séance) et de Collot d'Herbois.

(3) Le 3 octobre, la Convention avait élu Pache comme ministre de
la guerre en remplacement de Servan, assez souffrant depuis quelque
temps. En attendant l'installation de Pache (qui eut lieu le 19 octobre),
le ministre des affaires étrangères, Lebrun, fut chargé, par un décret
de la Convention du 5 octobre, de faire l'intérim de la guerre.

vasion de la Belgique, mais encore le plan général des opérations prochaines sur toutes les frontières.

Les grandes lignes de ce plan furent ainsi arrêtées (1) :

1° Achever la conquête de la Savoie et du comté de Nice, de façon à atteindre la limite naturelle des Alpes; se tenir ensuite sur la défensive;

2° Conserver une attitude expectante sur les frontières de la Suisse et dans la Haute-Alsace;

3° Au moyen d'un corps de 12,000 hommes, aux ordres du général Meusnier, soutenir l'entreprise de Custine, qui s'était aventuré vers Francfort, et assurer ses communications avec Landau;

4° Porter Kellermann, avec 25,000 hommes, sur Coblentz, pour favoriser les opérations de Custine; établir ensuite cette armée en quartiers d'hiver entre Bingen, Coblentz et Trèves;

5° Diriger sur Givet, Namur et Liège l'aile droite de l'armée des Ardennes, commandée par Valence (2), pour coopérer à l'invasion de la Belgique;

---

(1) *Mémoires de Dumouriez* (T. III, p. 127 et seq.).

(2) Cette aile droite était précédemment commandée par Dillon. Celui-ci, ayant été dénoncé en raison d'une lettre écrite au landgrave de Hesse, le Conseil exécutif provisoire décida, le 13 octobre, qu'il serait remplacé par Valence. Jean-Baptiste-Cyrus-Marie-Adélaïde de Timbrune, comte de Valence, né à Agen (23 septembre 1757), entra à l'école d'artillerie de Strasbourg, fut nommé lieutenant d'artillerie le 23 septembre 1793; servit ensuite dans la cavalerie et fut colonel du régiment de Chartres-dragons (21 décembre 1788). Maréchal de camp du 13 décembre 1791, lieutenant général du 20 août 1792, il ne reçut qu'en janvier 1793 le brevet de général en chef commandant l'armée des Ardennes. Décrété d'arrestation par le Comité de sûreté générale, il abandonna l'armée le 4 avril 1793 et rentra en France à la fin du Directoire. Il fut ensuite nommé sénateur et exerça, pendant les dernières années de l'Empire, divers commandements. Il mourut à Paris le 4 février 1822.

6° Enfin, cette dernière opération devait être exécutée par Dumouriez, ayant sous ses ordres les troupes qu'il ramenait de Champagne et l'armée de La Bourdonnaye.

En même temps Dumouriez s'occupa d'obtenir, pour ses troupes, les ressources en matériel de toute espèce qui leur avaient trop souvent fait défaut pendant la campagne de l'Argonne et qui devenaient indispensables pour entreprendre de nouvelles opérations, surtout dans la mauvaise saison.

Il obtint, lisons-nous dans ses Mémoires, qu'on cesserait les grands rassemblements qu'on avait faits à Paris en artillerie, en munitions et en troupes, pour les reporter dans le département du Nord qu'on avait entièrement dépourvu. Le vil général Santerre fut très utile dans cette occasion; il était maître de tous ces approvisionnements, et s'il n'avait pas voulu consentir à les relâcher, il eût fallu rester dans l'inaction. Heureusement Westermann était son ami, Danton pouvait tout sur lui, et ils y mirent un grand zèle.

Le général demanda des souliers et des capotes pour ses soldats qui étaient tout nus. Il exigea qu'on envoyât pour le 25 octobre 6 millions de numéraire pour assurer la solde de quinze jours, annonçant qu'il espérait qu'ensuite, bien loin d'épuiser le Trésor national en numéraire, qui était très rare, il en ferait refluer des Pays-Bas et qu'il établirait le cours des assignats.

Dumouriez partit de Paris dans la nuit du 15 au 16 octobre (1); avant d'aller reprendre le commandement de son armée, il s'arrêta quarante-huit heures à la campagne, près de Péronne, « pour méditer son plan particulier, en se reposant de ses fatigues et des intrigues de la capitale » (2). Ce fut de là qu'il adressa à Valence

---

(1) Le 16 octobre, Lebrun, ministre de la guerre par intérim, écrit à La Bourdonnaye que Dumouriez est « parti la nuit dernière. »

(2) *Mémoires de Dumouriez* (T. III, p. 138).

et à Kellermann (le 17 octobre) les ordres concernant le concours que l'aile droite de l'armée des Ardennes devait prêter à l'invasion de la Belgique (1).

Le général Dumouriez au général Valence.

J'ai arrangé votre affaire pendant mon voyage de Paris, mon cher Valence. Votre grosse Seigneurie va recevoir le brevet de général en chef de l'armée des Ardennes dont je me dépouille pour vous; mais vous jugez, mon enfant, que c'est à condition que vous remplirez mieux que La Fayette la tâche que je vous donne de prendre Namur.

Aussitôt ma lettre reçue, vous vous disposerez à partir, avec vos treize escadrons, vingt bataillons et vos troupes légères, pour vous rendre à Givet. Je compte que vous y serez avant la fin du mois. Le général Kellermann vous donnera quatre mortiers avec les caissons d'assortissement; vous avez assez de canons de 12, et le 24 vous serait inutile et vous embarrasserait; vous aurez, dans votre voisinage, le général d'Harville, qui débouchera de Maubeuge avec 15,000 hommes; je vous enverrai un courrier à Givet pour vous informer de l'époque et des détails du mouvement général d'invasion dans la Belgique.

En attendant, il est bon que vous sachiez que j'ai l'avis certain qu'un très gros convoi de munitions de guerre et de bouche remonte en ce moment la Meuse pour se rendre à Namur, d'où il doit être transporté par charroi à Luxem-

---

(1) Ces deux lettres, ainsi que la lettre au ministre du 18 octobre, sont datées du *Mont-Saint-Martin.* Cette indication d'origine est peut-être un *lapsus* commis dans la transcription de ces documents qui n'existent qu'en *copie* (*Archives nationales,* F⁷, 4689 et *Archives de la guerre*). Il n'y a, en effet, aux environs de Péronne, aucun lieu de ce nom, mais à quelques kilomètres de cette ville, on trouve un village de *Mont-Saint-Quentin.* Pendant ce séjour, Dumouriez fut l'hôte de Radix de Sainte-Foy, qui fut décrété d'accusation à la suite de la découverte de l'armoire de fer. (Voir, dans le *Moniteur,* les séances de la Convention, des 3, 7 et 10 décembre 1792.)

bourg; vous jugez bien que je vous prendrais pour le plus
maladroit de tous les Gascons si ce convoi n'était pas intercepté
par Votre Seigneurie, que j'embrasse de tout mon cœur, en
attendant que nous nous rencontrions à Liège.

DUMOURIEZ.

Le général Dumouriez au général Kellermann.

J'écris, mon cher Kellermann, au général Valence de marcher, sur le champ, avec les 18,000 hommes que commandait
le général Dillon, pour se rendre à Givet; il est nécessaire que
vous lui donniez quatre mortiers avec lesquels il bombardera
le château de Namur.

Vous prendrez avec vous, pour vous renforcer, les sept
bataillons du général Chazot, les trois escadrons de cavalerie
de sa division et les troupes légères, à pied et à cheval, commandées par le général Miaczynski. Vous y joindrez les bataillons que je vous ai fait passer de Vitry, et ceux que j'ai dit au
général Sparre de vous faire passer de Châlons; je n'ai pas
encore pu avoir l'état du cantonnement de Meaux, mais j'ai
dit au ministre de la guerre de vous faire passer tout ce qui
sera en état de marcher.

Je crois qu'il vous sera possible, dès que les armées allemandes
seront entièrement hors de France, de tirer de la garnison de
Metz vos vieilles troupes et de les remplacer par des bataillons de nouvelles levées; par ce moyen, vous vous ferez une
armée de 25,000 à 30,000 hommes, pour vous jeter sur le
pays de Trèves, ce qui appuiera les succès de Custine, ôtera
aux ennemis toute possibilité de rassembler de nouveaux
magasins, et leur donnera les plus vives inquiétudes sur
Luxembourg.

Je cède à Valence le titre de général en chef de l'armée des
Ardennes, dont j'ai rendu le brevet au ministre; mais c'est à
la condition expresse qu'il vous sera subordonné, en qualité
de son ancien.

Le motif pour lequel il est très pressant qu'il marche à
Givet, c'est que j'ai appris avec certitude, qu'un très gros
convoi de munitions de guerre et de bouche, embarqué sur la

Meuse, doit la remonter ces jours-ci jusqu'à Namur, d'où il doit être transporté, par charroi, à Luxembourg ; vous jugez bien, mon ami, qu'il est très instant de faire cette prise, qui peut décider du sort de la guerre ; je n'ai pas besoin d'entrer dans des détails sur l'importance de cette opération ; il faut que Valence parte le plus tôt possible, et que vous rappelliez auprès de vous, le général Chazot pour le remplacer. Je serai après demain à Valenciennes et je m'arrangerai tout de suite pour l'expédition des Pays-Bas. J'assemble à Maubeuge un corps de 15,000 hommes, sous le général d'Harville, qui donnera la main au général Valence. Je vous embrasse de tout mon cœur et vous aime de même.

DUMOURIEZ.

Le lendemain (18 octobre), Dumouriez rend compte au ministre des dispositions qu'il a prescrites et lui signale divers besoins de son armée :

..... J'ai écrit (1) au général La Bourdonnaye pour lui donner rendez-vous pour le 20 à Valenciennes, où j'arriverai demain 19, n'étant venu ici que pour y passer deux jours et pour y méditer mon plan sans être interrompu. L'arsenal de Douai manque de beaucoup d'objets ; mais l'essentiel c'est le nombre de chevaux d'artillerie. Rappelez-vous que je vous

---

(1) Dumouriez répond à trois lettres du ministre par intérim Lebrun des 16 et 17 octobre. L'une des lettres, du 16, porte : « Je vous envoie copie d'une lettre du général La Bourdonnaye, dont il espérait que vous prendriez connaissance à Paris. Le temps me presse, et je n'entrerai pas dans de plus longs détails. Les deux généraux réunis jugeront les propositions de l'un d'eux. Comme le courrier qui vous remettra cette lettre doit aller ensuite à Lille, je vous prie d'en profiter, soit pour faire passer vos observations au général La Bourdonnaye, soit pour accélérer l'instant de votre entrevue, dont j'attends impatiemment que vous me fassiez connaître le résultat et l'ensemble des mesures que vous aurez arrêtées, afin que je puisse en seconder l'exécution de tout mon pouvoir et subvenir aux besoins de toute espèce.

« L'arsenal de Douai a déjà répondu au courrier extraordinaire que je lui avais fait passer, en annonçant que toutes vos demandes d'artillerie seront fournies pour le 25. »

en demande 400 d'augmentation. Il me manque aussi des officiers. J'attends M. Thouvenot, de Nantes. Je suis accoutumé à son travail et je serais fâché d'être obligé de m'en passer. Je vous ai demandé aussi le frère du général Galbaud, qui est inutile à Bastia et qui est un fort bon officier.

Je verrai avec grand plaisir l'administrateur des charrois que vous m'annoncez, surtout si, au lieu de chevaux de peloton, il peut me fournir pour la fin du mois des voitures à un cheval qui voyagent partout.

..... Je vous prie de donner des ordres pour que je sois joint, avant la fin du mois, par la compagnie franche de Chatillon-sur-Seine, département de la Côte-d'Or, capitaine Verpy, qui est depuis douze jours à la caserne de Popincourt, à Paris. Envoyez-moi pareillement, et pour la même époque, un escadron des hussards de Saint-Georges, qui est tout prêt. Je vous prie de proposer au Conseil l'expédition la plus prompte du brevet de général en chef de l'armée des Ardennes pour le général Valence, m'étant décidé à vous rendre ce brevet qui était sous mon nom (1). J'ai envoyé ordre à ce général de se rendre avec 15,000 hommes, sur-le-champ, à Givet, pour intercepter un convoi qui doit partir de Namur pour Luxembourg. C'est une expédition très importante ; d'ailleurs il sera tout porté pour menacer Namur.

Après s'être arrêté quelques heures à Cambrai, où il reçut de ses compatriotes un accueil enthousiaste (2),

---

(1) Voir lettre du ministre de la guerre à Dumouriez (14 novembre 1792) : « .....Je ne puis donner encore le titre de général d'armée des Ardennes au général Valence. Il ne suffit pas que vous vous soyez démis du vôtre en sa faveur ; vous conservez le titre de commandant d'armée, en dirigeant l'expédition de la Belgique ; ainsi, des huit commandements décrétés, aucun n'est encore vacant. J'ai demandé à la Convention nationale d'autoriser le Pouvoir exécutif provisoire à nommer un neuvième commandant, et, dès que cette affaire sera décidée, j'aurai le plus grand égard à vos sollicitations en faveur de Valence. » Valence ne fut nommé général d'armée qu'au mois de janvier 1793.

(2) Voir, dans le *Moniteur* du 26 octobre 1792, une lettre de Cambrai annonçant que Dumouriez est entré dans cette ville, le 19, à

Dumouriez arriva à Valenciennes, le 20 octobre. Il s'y rencontra, le jour même, avec La Bourdonnaye, venu de Lille à sa rencontre ; nous exposerons plus loin la conférence qui eut lieu entre les deux généraux au sujet de l'invasion des Pays-Bas.

Au moment où Dumouriez venait reprendre ainsi le commandement de ses troupes, celles-ci avaient effectué, de la façon la plus rapide et la plus heureuse, le mouvement prescrit dix jours auparavant. Les conditions d'exécution de cette marche sont ainsi relatées dans une lettre de Beurnonville (1) au ministre (du Quesnoy, 19 octobre) :

.....J'ai eu ordre d'être le 11, à mon avant-garde, au Chêne ; j'y ai attendu jusqu'au 13 les troupes qui composaient les camps de Vouziers et de Savigny ; je suis arrivé à Mézières les 15 et 16 ; j'y ai appris que le siège de Lille était levé et que les incendiaires de cette cité se portaient sur Valenciennes. Quoique je ne dusse, par l'ordre de ma marche, arriver que le 24 dans cette dernière ville, j'ai cru devoir l'accélérer, et, dès le 19, ma cavalerie et mon infanterie légère occupaient tous les postes depuis la forêt de Mormal jusqu'à Saint-Saulve.

---

2 heures du soir, escorté de la garde nationale et des troupes de ligne qui sont allées à sa rencontre, à une lieue de la ville ; une réception lui fut offerte à l'hôtel de ville, où un trophée d'armes portait cette inscription : « *La commune de Cambrai s'applaudit d'avoir vu naître Dumouriez le 26 janvier 1739* ». Dumouriez partit de Cambrai le 20 dans la matinée.

(1) Pierre de Riel de Beurnonville, né le 10 mai 1752 à Champignolle (Aube), entra, le 11 mars 1766, dans la gendarmerie (compagnie de la Reine) ; il servit ensuite, pendant une quinzaine d'années, au régiment colonial de l'Ile de France, puis dans les milices de l'Ile de Bourbon. Rentré en France en 1788, il devint maréchal de camp le 13 mai 1792 et lieutenant général le 22 août 1792. Ministre de la guerre en février 1793, il fut livré par Dumouriez aux Autrichiens et rentra en France en l'an IV. Membre du gouvernement provisoire en 1814, il fut appelé par la Restauration à la Chambre des Pairs et élevé, le 3 juillet 1816, à la dignité de maréchal de France. Il mourut à Paris le 23 avril 1821.

L'armée, Monsieur, n'a montré que du courage devant l'ennemi; mais elle a montré de l'intrépidité dans sa marche rapide, par un temps horrible, toujours dans l'eau ou dans la boue, sans tentes, sans équipages; pour vous mieux dire, Monsieur, elle n'a pas marché, elle a nagé ou volé.

J'apprends que Valenciennes n'est pas attaquée ; dans tous les cas, j'ai maintenant des postes jusque près de Quiévrain, et j'espère que, dès que l'armée sera reposée et réparée, le général en chef en fera un usage digne de la République et de lui.

J'avais pris les mêmes précautions pour couvrir Maubeuge en passant, mais le général Tourville (1) m'a mandé que les ennemis avaient levé leur camp, dès qu'ils avaient su l'armée arrivée à Maubert-Fontaine.

On attend aujourd'hui le général Dumouriez à Valenciennes ; je compte aller prendre ses ordres demain. En attendant, je vais occuper tous les postes qui bordent la chaussée depuis Landrecies jusqu'à Valenciennes et en avant. Je prendrai mon quartier général à Marly.

*
* *

Avant d'étudier les dispositions prises par Dumouriez, il reste à faire connaître les conditions dans lesquelles, en arrivant à Valenciennes, il trouvait la frontière du Nord. Nous rappellerons sommairement les événements

---

(1) Chapuis de Tourville (Charles-Bertin-Gaston), né en 1740 à Hettange, près Thionville, était entré au service en 1755 comme volontaire dans le corps des grenadiers de France. Il avait longtemps servi au régiment de Gâtinais (plus tard *Royal-Auvergne*, puis 18° d'infanterie), et fait campagne aux Antilles et en Amérique. Colonel du 18°, le 25 juillet 1791, il devint maréchal de camp le 12 juillet 1792 et lieutenant général le 8 mars 1793. Il fut suspendu le 30 juillet 1793, par suite d'une confusion entre sa famille et celle du marquis de Tourville, grand terrier de Normandie. Réintégré en prairial an III, il se vit de nouveau destitué l'année suivante, fut admis à la retraite en l'an VIII et mourut en 1809.

qui avaient suivi la levée du siège de Lille et nous montrerons la situation respective des deux armées en présence, au moment où elles n'avaient pas encore reçu
les renforts que la fin des opérations de l'Argonne leur
permettait d'espérer.

Pendant le bombardement de Lille quelques troupes
avaient pu être jetées dans la place, que les Autrichiens
n'avaient pas réussi à investir. En même temps, La Bourdonnaye avait rassemblé au camp de Lens un petit
corps, principalement composé de volontaires, dont l'organisation était à peine terminée lorsque le duc de Saxe-
Teschen se décida à la retraite.

Ce fut le 11 octobre seulement que La Bourdonnaye
put arriver à Lille, à la tête de 7,000 hommes environ (1) ; il les établit au nord de cette ville, au camp de
la Madeleine et se contenta d'observer les Autrichiens
qui, de leur côté, ne paraissaient pas disposés à une
nouvelle offensive. Des renforts, tirés de Lille et de
divers points augmentèrent bientôt l'effectif de ce rassemblement ; mais trop de lacunes subsistaient dans son
organisation pour lui permettre une entrée immédiate
en campagne (2).

------

(1) Le 11 octobre, La Bourdonnaye écrit au ministre de la guerre :
« J'arrive aujourd'hui sous Lille, où je campe avec 7,000 hommes. J'y
ajouterais 7,000 à 8,000 hommes de la garnison de Lille, sous deux
jours. Les ennemis tiennent encore les ponts de la Marcq ; j'espère que
nous les en chasserons en peu de jours ».

(2) Les représentants en mission, d'Aoust, Duquesnoy et Doulcet,
écrivent à la Convention (de Lille, 13 octobre 1792) :

« L'armée actuellement campée à la Madeleine se renforce journellement. Les troupes qui la composent brûlent de l'amour de la patrie
et du désir de la venger des barbares ; mais il faut, pour que cette armée agisse, qu'elle soit abondamment pourvue de tout ce qui lui est
nécessaire. Il manque de petits effets de campement ; il faut des étoffes
de laine pour l'habillement des soldats de nouvelle levée, qui arrivent
presque nus ; il faut des souliers, des capotes, des armes ».

Néanmoins La Bourdonnaye avait conçu un plan particulier d'attaque contre les Pays-Bas. Il voulait porter la guerre dans la Flandre maritime, où la faiblesse de l'occupation autrichienne lui faisait espérer de faciles conquêtes, dont il n'aurait point à partager l'honneur avec Dumouriez (1). Il expose ainsi ses projets dans une lettre au ministre de la guerre (de Lille, 14 octobre) :

Vous avez vu par mes dernières lettres, Citoyen, que nous n'avons pas perdu un instant pour notre rassemblement ; mais il est nécessaire que vous connaissiez l'espèce de troupes que nous avons ici. Les troupes qui étaient restées dans le département du Nord n'étaient que des dépôts de régiments, qui ont formé les deux armées des généraux Luckner et Dumouriez. C'est donc avec la plus grande peine, et après avoir levé beaucoup d'obstacles, que je suis parvenu à rassembler environ 15,000 hommes à Lille, y compris une partie de la garnison et les secours que j'y ai fait entrer pendant le bombardement. Je compte dans le nombre de ces troupes quelques bataillons de fédérés, que j'avais trouvés sur ma route, à Bapaume et à Arras, et que j'ai fait marcher sur cette frontière : une partie de ces bataillons n'est point habillée et est médiocrement armée.

Des pluies continuelles s'opposent à l'extension de notre camp dans ce moment, et c'est ce qui me fait laisser dans Lille et dans les cantonnements voisins la moitié des troupes que je puis camper : je les camperai aussitôt que la saison sera moins pluvieuse et que les petits effets de campement qui nous manquent seront arrivés.

Le général Dumouriez devant être à Paris, je vous prie de lui communiquer la proposition que je vous fais ici, de porter tout de suite mes troupes dans la Flandre maritime, en passant par Dunkerque, Ostende et Bruges. Je ne m'arrêterai à

---

(1) Dès le 10 octobre, La Bourdonnaye annonce au ministre que, le siège de Lille étant levé, il renvoie à Dunkerque deux des quatre bataillons qu'il en avait tirés, « parce que nous aurons quelques projets ultérieurs dans cette partie, après qu'il sera concerté avec vous ».

ce plan que sur la certitude que le général Dumouriez m'envoie au moins 20,000 hommes sur Valenciennes.

Après l'abandon du bombardement de Lille, les Autrichiens ont porté 20,000 hommes à Ypres et au moins autant dans des cantonnements de Comines et de Werwicq, sur la Lys; ils se retranchent sur cette rivière; mais ces forces ne m'empêcheraient point de pénétrer par le chemin que je me propose de prendre.

Les Autrichiens ayant conservé entre Tournai, la Marcq et en arrière d'Orchies 12,000 ou 15,000 hommes de bonnes troupes, des bataillons de dépôts seraient peu propres à faire une guerre de campagne régulière, et je suis bien persuadé qu'à l'apparition des 20,000 ou 30,000 hommes que le général Dumouriez annonce pour ce département, les ennnemis abandonneront promptement Saint-Amand et Orchies; et ce corps de troupes déjà aguerri, ayant des grenadiers, pourra facilement entreprendre le siège de Tournai. Je fais préparer à l'arsenal de Douai l'artillerie nécessaire pour cet objet; j'en ai donné l'ordre au citoyen d'Orbay.

Je vous prie de communiquer ces vues au général Dumouriez, s'il est à Paris, et, s'il n'y est plus, de lui envoyer copie de ma lettre par un courrier extraordinaire. J'attendrai votre réponse et ensuite la sienne pour me décider, parce que avant de faire quitter à mes troupes le centre de ce département, je veux être assuré de l'époque où le général Dumouriez y fera entrer un corps de troupes. Sans cela, je serais obligé de m'attacher de préférence à chasser les ennemis d'Orchies, de Saint-Amand et des cantonnements qu'ils paraissent vouloir prendre derrière la Marcq, en conservant Lannoy et Cysoing (1).

Entre autres inconvénients, l'opération projetée aurait exagéré la dispersion, déjà trop grande, des troupes qui garnissaient la frontière du Nord. Nous verrons comment elle fut abandonnée, non sans avoir suscité de vives discussions entre Dumouriez et La Bourdonnaye.

---

(1) Le 16 octobre, le ministre adressa à Dumouriez copie de cette lettre.

*
* *

Quant aux dispositions prises par les Autrichiens, pour la défense des Pays-Bas, elles peuvent être ainsi résumées d'après la savante étude du capitaine de Christen sur la guerre de 1792 (1) :

Dès le 10 octobre, une fois que son armée eût été entièrement dégagée des passages difficiles de l'Argonne, le duc de Brunswick avait donné l'ordre au général comte de Clerfayt de regagner les Pays-Bas avec le petit corps de 12,000 Autrichiens placé sous ses ordres. Ce mouvement devait être d'une exécution assez lente. Le 11 octobre, Clerfayt écrivit, de Stenay, au duc de Saxe-Teschen que sa dernière colonne ne pourrait être à Arlon avant le 18, en raison « de la proximité de l'ennemi, du mauvais temps et de l'état des chemins ». Il établit, en effet, son quartier général dans cette ville, à la date indiquée ; mais il se vit obligé de donner quelques jours de repos à ses troupes épuisées de fatigue ; ce fut seulement le 27 octobre que son arrière-garde put quitter Arlon. On verra ultérieurement dans quelles conditions s'effectua sa marche, par Namur, jusqu'à Mons, que lui-même atteignit le 4 novembre.

En attendant l'arrivée de Clerfayt, le duc de Saxe-Teschen disposait d'à peine 30,000 hommes pour s'opposer à une invasion française. Il est vrai qu'après la levée du siège de Lille ses troupes s'étaient retirées en bon ordre, qu'elles n'avaient été ni entamées, ni démo-

---

(1) *Œsterreich im Kriege gegen die französische Revolution*, par le capitaine de Christen. Ce travail, fort consciencieux et détaillé, a été rédigé principalement d'après les archives de Vienne ; il a paru dans les *Mittheilungen des K. und K. Kriegs-Archivs* (1898 à 1900).

ralisées. La petite armée de La Bourdonnaye, récemment organisée, paraissait peu redoutable ; les renseignements, assez vagues, reçus au sujet du mouvement de Dumouriez, ne faisaient guère monter au delà de 20,000 hommes l'effectif des troupes qu'il ramenait de l'Argonne. Dans ces conditions, avec la perspective d'être bientôt renforcé par Clerfayt, le duc de Saxe-Teschen ne croyait pas que Dumouriez pût tenter à cette époque de l'année une entreprise aussi vaste que la conquête des Pays-Bas.

En conséquence, il établit ses troupes en quartiers d'hiver, le 16 octobre. Le corps principal (comptant, y compris la garnison de Tournai, onze bataillons, douze compagnies de chasseurs et quatorze escadrons) avait ses cantonnements depuis l'embouchure de la Scarpe dans l'Escaut jusqu'à Lannoy. Plus loin, le long de la Lys était un petit corps (comptant, y compris les garnisons de Courtrai, Menin et Ypres, cinq bataillons, deux bataillons de chasseurs et deux escadrons), commandé par le F. M. L. comte de Latour : il avait, à son extrême droite, un poste à Rousbrugge. A Mons se trouvaient, y compris la garnison, cinq bataillons, deux bataillons d'infanterie légère, quatre compagnies de chasseurs et neuf escadrons sous les ordres du F. M. L. baron Lilien. De ce dernier corps dépendaient d'une part, un bataillon franc et un escadron, cantonnés à Saint-Ghislain et Leuze pour observer Condé et protéger les communications entre Mons et Tournai ; d'autre part, deux escadrons et une compagnie d'infanterie légère établis à Charleroi pour observer Philippeville. A Namur et aux environs, étaient un bataillon d'infanterie de ligne, deux compagnies franches et deux escadrons, observant Givet.

Au total, les forces autrichiennes comprenaient vingt-deux bataillons d'infanterie de ligne, quatre bataillons de corps francs, dix-huit compagnies de chasseurs

et trente-deux escadrons, représentant un effectif de
27,000 hommes (18,000 d'infanterie de ligne, 4,500 de
corps francs et de chasseurs et 4,500 de cavalerie).

Le jour même où les Autrichiens prirent leurs quartiers d'hiver, une petite colonne, partie du camp de la
Madeleine, s'avança sur la route de Tourcoing pour détruire des travaux de campagne établis par les Autrichiens ; elle eut, en avant de Mouveaux, un petit engagement, que le *Moniteur* (1) relate en ces termes :

Hier, nos troupes s'emparèrent du poste de Mouveaux et
en chassèrent les Autrichiens avec beaucoup de bravoure.
Une heure après, notre poste fut obligé d'évacuer ce village,
parce que les Autrichiens s'y portèrent avec 3,000 hommes et
une forte artillerie ; le bataillon du 24ᵉ régiment fit la retraite
la plus régulière sur Marcq et tua 17 hommes aux ennemis et
9 furent blessés. A ce que l'on a su ce matin par un déserteur
de Tourcoing, les ennemis y ont actuellement 4,000 hommes.
Les Français n'ont eu que 2 hommes tués et quelques blessés.
L'artillerie ennemie, mal servie, faisait plus de bruit que de
mal ; la nôtre n'a pu servir, ainsi que notre cavalerie, à cause
des mauvais chemins.

Il y eut encore plusieurs escarmouches entre les
postes avancés des Français et des Autrichiens, qui étaient

---

(1) *Moniteur* du 21 octobre ; le récit de l'engagement est daté de
Valenciennes, 17 octobre.

Le capitaine de Christen évalue les forces françaises à 1000 hommes
d'infanterie et 50 cavaliers ; un détachement de travailleurs avait pour
but de détruire un abattis et une coupure de route large de 6 mètres,
établis par les Autrichiens. Les Français dépassèrent Mouveaux ; mais,
pendant que s'effectuaient les travaux de destruction, les Autrichiens
envoyèrent de Tourcoing une colonne commandée par le G. M. baron
Wenkheim, comprenant deux bataillons (d'Alton et Wurtemberg), une
compagnie de chasseurs, un quart d'escadron de hussards de Wurmser.
Ces renforts rejetèrent les Français sur Mouveaux. Les Autrichiens
réparèrent ensuite et complétèrent leurs ouvrages. Le capitaine de
Christen évalue les pertes des Autrichiens à 1 mort et 6 blessés.

en contact sur divers points, notamment au sud de Saint-Amand, vers la lisière ouest de la forêt de Raismes.

C'étaient d'ailleurs des incidents sans importance (1) ; et, jusqu'au 20 octobre, le duc de Saxe-Teschen put considérer comme improbable, une reprise immédiate d'opérations plus actives. Il restait sans renseignements sur le grand mouvement des forces françaises vers Valenciennes et Maubeuge (2) ; au moment où il en eut connaissance, le temps devait lui manquer pour concentrer ses troupes disséminées le long de la frontière des Pays-Bas.

---

(1) Voir dans le *Moniteur* du 21 octobre une correspondance de Valenciennes, datée du 17, signalant les tentatives des Autrichiens contre le poste de Hasnon ; elles ont échoué, grâce aux heureuses dispositions du lieutenant-colonel Muller, qui commandait ce poste : « Les ennemis se sont présentés cette nuit en force. Le poste, qui n'était que de 250 hommes, a fait une vigoureuse résistance : on a entendu le canon depuis 2 heures du matin jusqu'à 8 heures ; et on apprend que tous les efforts de l'ennemi ont été vains ; l'intrépidité des braves habitants de Hasnon est au-dessus de tous les éloges. »

Le 19, le poste de Hasnon effectua une petite sortie, fit éprouver quelques pertes à l'ennemi et le poursuivit au delà de Brillon.

Le capitaine de Christen signale, le 19 octobre, l'occupation par les Français des villages de Hellemmes, Lezennes et Flers. Il mentionne, le 20, le renforcement de la garnison de Tourcoing par un bataillon d'infanterie de ligne (Murray) et trois compagnies de chasseurs tyroliens.

(2) Le capitaine de Christen signale le service que rendirent à cette occasion les places fortes du Nord. Grâce au réseau de postes dont elles étaient le soutien, elles empêchèrent les Autrichiens de reconnaître les mouvements des colonnes françaises ; les renseignements que le duc de Saxe-Teschen reçut par ses émissaires, lui parvinrent par des voies détournées et ne l'éclairèrent que tardivement sur la situation.

CHAPITRE II

LA PRÉPARATION DE LA CAMPAGNE DANS LES PAYS-BAS

En arrivant à Valenciennes, Dumouriez trouvait dans
la population les mêmes sentiments d'ardeur et d'enthousiasme qu'avaient excités les événements de l'Argonne et de Lille et qui se traduisirent, comme à
Cambrai, par une chaleureuse réception :

Dumouriez est arrivé ici samedi à 2 heures ; son entrée dans
nos murs a été annoncée par douze coups de canon ; il était
accompagné du général La Bourdonnaye, etc... Le concours
des citoyens, pour voir et admirer ce libérateur de la République, était partout prodigieux. Vers les 3 heures, le général
Beurnonville est arrivé ; et ces généraux, véritablement défenseurs de la République, ont assisté ce jour même au spectacle.
Les cris de : « Vive l'Ajax français ! Vive Beurnonville ! Vive
Dumouriez ! » retentissaient de toutes parts..... (1).

Le jour même de son arrivée, Dumouriez eut une
conférence avec La Bourdonnaye, afin d'arrêter les voies
d'exécution de l'invasion projetée en Belgique. A leur
entrevue assistait l'adjudant général Vergnes (2), précé-

---

(1) Ce récit est emprunté à l'*Argus du département du Nord*, du
22 octobre 1792.

(2) Vergnes était officier du génie lorsqu'il fut nommé adjudant
général à l'armée du Nord. Quand, sur l'indication du général Meusnier, le ministre l'appela pour travailler dans ses bureaux, La Bourdonnaye, qui avait apprécié ses services, insista vainement pour le con-

demment employé à l'armée du Nord, qui venait d'être
désigné pour travailler dans les bureaux du ministère ;
il a laissé un récit de cette conférence, qui paraît fort
exact et met bien en évidence les divergences de vues
entre les deux généraux :

Le général Dumouriez commença par énoncer le plan qu'il
assura avoir fait connaître déjà au Pouvoir exécutif provisoire. « J'ai donné ordre, dit-il, à Valence, de marcher sur
Givet avec 15,000 à 18,000 hommes ; de là il entrera dans les
Pays-Bas, en se portant sur Namur. Harville, qui prend la
route de Maubeuge avec 10,000 hommes, se portera en même
temps sur la droite de Mons, et sera à portée de se joindre à
Valence par sa droite, ou à moi par sa gauche, si les circonstances l'exigent. Je suis ici avec 25,000 à 30,000 hommes et je
me porterai directement sur Leuze, menaçant également
Mons et Tournai. La Bourdonnaye rassemblera les 20,000
hommes qu'il peut faire avec ce qu'il a déjà, ce qui arrive à
Douai et ce qui se trouve à Dunkerque ; il entrera par la
Flandre maritime. Par ce moyen, les ennemis seront obligés
de diviser leurs forces, et nous trouverons peu d'obstacles. »
Voyant que La Bourdonnaye ne faisait aucune objection à ce
plan, l'adjudant général Vergnes prit la liberté de faire quelques observations : « Valence, dit-il, n'est pas encore en
marche pour Givet, et il a de bien mauvais pays à traverser
dans cette saison ; il est peu probable qu'il soit arrivé à temps
pour menacer Namur et arrêter Clerfayt qui marche au secours
des Pays-Bas. Il ne faut donc pas compter sur la diversion de
la droite. La Flandre maritime, toute coupée de canaux, est
un pays si gras, qu'on ne peut y mener de l'artillerie que par
les chaussées pavées ; or il n'y en a qu'une, qui est celle de
Dunkerque à Ypres, et le général Carle l'a interrompue, en
faisant rompre deux arches du pont de Rousbrugge. Les rap-

---

server. Voir la lettre de Vergnes au ministre (de Lille, 19 octobre),
annonçant qu'il va se rendre à Paris, mais assistera préalablement à la
conférence entre les deux généraux, de façon à en rendre compte au
ministre. Le récit de Vergnes est daté de Paris, 27 octobre.

ports des espions nous annoncent, de plus, que les ennemis la
font dépaver en grande partie. On n'ignore pas, d'ailleurs,
qu'il est impossible de camper dans cette partie de la Flandre
et dans cette saison. On pourrait proposer de suivre l'estran,
pour se porter sur Ostende; mais il faudrait traverser le chenal
de Nieuport et camper dans les Dunes. Est-il prudent de
hasarder une armée toute neuve au milieu de ces montagnes
de sable? Il reste à prendre le chemin de Menin; mais les
ennemis en ont rompu toutes les chaussées; il se sont retranchés derrière la Lys, la plus grande partie de leurs forces est
dans cette contrée, l'armée de La Bourdonnaye serait séparée
de celle de Dumouriez par l'Escaut et si l'ennemi pouvait, à
l'abri des rivières, dérober une marche à ce dernier général,
il tomberait avec toutes ses forces sur le premier. La diversion
de la gauche ne paraît donc pas bien assurée. Deux fois on a
conquis les Flandres, en 1672 et en 1744 et années suivantes.
La première fois, Turenne commandait une armée d'observation et Louis XIV faisait les sièges en toute sûreté, couvert par
cette armée. En 1744 et années suivantes, Saxe commandait
l'armée d'observation et Löwendal prenait les villes de guerre.
Pourquoi ne suivrions-nous pas la même méthode? Elle con-
convient parfaitement à nos deux armées. Nous ne pouvons
avancer avec sûreté sans prendre Tournai et Mons. Dumouriez, avec une armée leste et aguerrie, poussera les ennemis,
et nous, avec notre armée toute neuve, assiégerons les villes;
rien n'aguerrit plus vite les troupes que les sièges. »

Dumouriez reprit qu'il ne convenait plus de faire la guerre
comme autrefois, qu'il était sûr de six provinces sur dix qui
composent encore les Pays-Bas, que les habitants de ces provinces s'armeront à son approche, qu'ainsi, il n'y avait rien à
craindre en entrant par quatre points à la fois. L'adjudant
général répondit qu'en entrant ensemble par un seul endroit
on favoriserait tout aussi bien l'insurrection, et l'on ne s'expo-
serait pas au mauvais succès qu'on peut éprouver en comptant un peu trop sur elle. Ces réflexions ne firent rien changer
au plan de Dumouriez, et il fut résolu qu'il fixerait le jour et
l'heure de l'attaque générale.

Le 22 octobre, Dumouriez adressa au ministre un

compte rendu sommaire de ses premières dispositions :
il se montre préoccupé du retard probable dans l'arrivée
de Valence (1); il insiste sur l'urgence de fournir aux

-----

(1) Voir *Lettre de Kellermann à Dumouriez* (Vaudoncourt, 19 octobre). Répondant à la lettre de Dumouriez du 17, Kellermann annonce que Longwy sera évacué, le 22, par l'ennemi; jusque-là, il ne peut détacher Valence et sa division d'armée : « Mais aussitôt que l'ennemi sera entièrement chassé de notre territoire, ce que j'espère le 23, Valence se mettra en marche pour se rendre à sa destination ». Kellermann formule diverses objections au sujet des dispositions que lui conseille Dumouriez : il ne peut appeler à lui Chazot, sans découvrir Sedan; il fait remarquer que son armée sera affaiblie par la nécessité de laisser des garnisons à Verdun (3 bataillons, 1 escadron), à Longwy (2 bataillons, 1 escadron); il ne peut presque rien tirer des places de Metz, Thionville et Sarrelouis, où ne se trouvent guère que des troupes de nouvelles levées; il signale la nécessité d'un renfort en *troupes de ligne*, de façon à laisser aux nouvelles levées le temps de s'organiser et de se former pour la campagne d'hiver. Il conclut : « Je vous avoue que je ne suis pas de l'avis qu'il (*Valence*) me quitte sitôt pour aller à Givet. Je crois qu'il serait plus important que nous restions en forces ici, et que le bombardement sur Luxembourg serait bien autrement décisif que celui de Namur. Au reste, mon cher ami, ce sera comme vous voudrez; si j'ai peu, je ne ferai pas grand'chose, mais je saurai toujours en tirer parti ».

Ce même jour, Valence répond aussi à Dumouriez (de Pillon, 19 octobre) : « ..... Ma grosse seigneurie remercie de tout son cœur celui qui a bien voulu se dépouiller pour moi et surtout *m'avoir* avec lui..... Je voulais, aussitôt votre lettre, me préparer à partir, me mettre en chemin après-demain et tâcher ainsi de me rendre pour la fin du mois à Givet. Au lieu de cela, le général Kellermann m'a dit qu'il fallait absolument que je le suivisse jusqu'à Longwy, dont je vous envoie la capitulation..... Comme il me laissera partir le 25, je serai à Givet au plus tard le 6 et peut-être même le 5, si mes équipages, abîmés par la forêt de Mangiennes, peuvent se réparer et n'arrêtent pas notre course légère. Je vous prie, si vous voulez qu'en forçant de moyens j'arrive avant, de me donner vos ordres par le courrier que je ferai partir de Longwy après-demain ». Valence annonce qu'il fera son possible pour intercepter le convoi de munitions signalé par Dumouriez; mais il aurait besoin de cavalerie légère, étant réduit à trois escadrons. Il

troupes le matériel et les approvisionnements dont elles
ont besoin :

..... J'ai passé cette journée (*du 20*) en conférence avec
le général La Bourdonnaye..... Nous sommes convenus de
nos faits. Son armée, renforcée des garnisons depuis Lille
jusqu'à Dunkerque, montera de 20,000 à 25,000 hommes. Je
vais lui faire passer l'instruction pour son mouvement combiné avec le mien.

J'ai envoyé ordre au général Valence de marcher sur Givet
avec 18,000 hommes, formant autrefois le corps d'armée du
général Dillon, et qui était l'élite de l'armée des Ardennes : ce
corps d'armée doit menacer Namur. Un autre corps de 10,000
à 12,000 hommes, partant de Maubeuge aux ordres du
général d'Harville, longera la rive gauche de la Sambre pour
se réunir au général Valence et marcher ensemble sur Liége.

Avec 40,000 hommes, je marcherai par le centre pour attaquer ou Mons ou Tournai. J'attends la décision de la défensive
des Autrichiens pour régler le point de mon attaque.

Voilà en gros quel est mon plan : il pourra éprouver quelques contrariétés, surtout pour la partie de Givet, parce que
Valence va si grand train du côté de Longwy, que sa marche
sur Namur, que j'aurais désiré pouvoir combiner avec la
mienne, se trouvera certainement retardée, et je crois ne pas
devoir attendre son arrivée à Givet pour annoncer mes opérations, parce que ce retard donnerait au général Clerfayt le
temps d'arriver par Namur sur Bruxelles, avec le corps de
troupes qu'il commandait en Champagne, et celui d'émigrés
qui l'a suivi dans sa retraite.

Quoique ce corps d'armée de Clerfayt soit très délabré, ce
serait cependant un secours de 20,000 hommes, qu'il faut que
je tâche de prévenir par la rapidité de ma marche. J'espérais
pouvoir ouvrir la campagne le 25 ; mais les troupes, surtout

---

indique encore certaines dispositions de marche qu'il prendra dans son
mouvement sur Namur.

Il paraît probable que ces deux lettres arrivèrent à Valenciennes dès
le **21** octobre (*Archives nationales*, **F⁷**, 4689).

la cavalerie, ont essuyé une marche si pénible, que je suis obligé de leur donner quelques jours de plus de repos. Ce qui me retient encore plus essentiellement que tout le reste, c'est l'artillerie. J'ai demandé au ministre de la guerre un supplément de 400 chevaux pour être rendu à Douai avant le 26. Je ne peux pas partir si je n'ai pas ce supplément ; encore ne me servira-t-il que pour mon artillerie de campagne et pour quelques mortiers. Je serai obligé d'employer les chevaux du pays pour l'artillerie de siège. Je n'ai, à la vérité, à les conduire que vers deux points très rapprochés, Tournai et Mons. Si les ennemis, après la prise ou l'évacuation de ces deux places, car je doute qu'ils les soutiennent, se rassemblent dans le camp retranché de Bruxelles, comme on le prétend, alors je trouverai dans la Belgique même d'excellents chevaux pour traîner cettre grosse artillerie. Je souhaite que les Autrichiens fassent cette sottise, parce que je terminerai là tout d'un coup la guerre des Pays-Bas.

Le commissaire ordonnateur Morlay (*Malus ?*) m'a annoncé hier l'arrivée de 10,000 capotes. J'attendrai le moment de mon départ pour les faire distribuer aux troupes, parce qu'alors j'espère qu'il en sera arrivé davantage, d'après l'annonce faite le 20 par le citoyen Lebrun à la Convention nationale.

Un objet infiniment essentiel et sans lequel je ne peux rien faire, c'est la poudre : il m'en faut au moins 3 millions de livres pour la campagne, laquelle campagne ne doit pas durer plus de six semaines, et je n'en ai. pas 400 milliers dans tout le département du Nord.

J'ai appris, dans mon voyage de Paris, qu'il y avait dans cette capitale 700 à 800 milliers de poudre ; tâchez d'en faire passer à Douai au moins 500 milliers d'ici au 27. Vous en avez aussi beaucoup au Havre, qu'on peut envoyer pareillement à Douai. Je vais envoyer un courrier à la Fère, pour savoir s'ils pourront m'en fournir. Faites tous vos efforts pour que ces parties essentielles ne manquent pas.

Pendant ma campagne contre les Prussiens, je n'ai eu que de quoi me battre pendant deux heures en munitions de guerre. Je les ai prodigieusement épargnées ; mais j'étais alors sur la défensive : actuellement je vais entamer l'offensive ; je vais l'entamer dans un pays qui me fournira vraisemblablement plus de 50,000 combattants, avec lesquels je serai obligé de partager mes munitions. Il faut donc que j'en aie en quantité, ayant à prendre plusieurs places qui m'en feront une consommation. Je vous prie de vouloir bien me faire la réponse la plus prompte sur cet article, ainsi que sur les chevaux d'artillerie : c'est le besoin le plus instant que j'aie et ce qui peut seul retarder mes opérations (1).....

---

(1) Dumouriez annonce *in fine* que, La Bourdonnaye n'ayant sous ses ordres aucun lieutenant général de confiance, il lui a donné, dans le grade de lieutenant général, le citoyen Duval, le plus ancien des maréchaux de camp de l'armée, officier du plus grand mérite. Il a conféré le grade de maréchal de camp aux citoyens Berneron et Chancel, tous deux expérimentés et connaissant bien la Belgique. Cette promotion laissant à remplir deux places d'état-major en pied, Dumouriez en attribue une au citoyen Thouvenot, surnuméraire, à qui elle avait été promise par Lebrun. Dans ses *Mémoires*, Dumouriez dit qu'il avait placé Duval auprès de La Bourdonnaye pour le « diriger » et le rem- placer le cas échéant.

Blaise Duval (dit Duval de Hautmarets), né le 4 septembre 1739 à Abbeville, était entré au service comme garde du corps dans la compa- gnie de Villeroy (1758). Tour à tour cornette de dragons dans les volon- taires de Soubise (1761), capitaine d'infanterie (1766), lieutenant- colonel à la suite (1776), lieutenant du Roi de la citadelle de Montreuil (1786), il devint colonel du 6e de dragons (23 mars 1792), maréchal de camp (7 septembre 1792), lieutenant général (3 février 1793). Suspendu en septembre 1793, il cessa d'être employé; il fut admis au traitement de réforme en 1797 et mourut à Montreuil-sur-Mer le 17 janvier 1803.

Jacques Thouvenot, né à Toul le 20 janvier 1753, avait servi comme ingénieur géographe du Roi de 1771 à 1780, puis comme ingénieur géographe militaire jusqu'en 1787. Il avait travaillé dix ans au lever de la carte de France; il était signalé comme un « sujet très distingué par sa conduite, son application et ses talents supérieurs ». Capitaine au 24e d'infanterie (1791), adjoint aux adjudants généraux, il fut nommé adjudant général colonel le 15 octobre 1792. Dumouriez, qui appréciait beaucoup ses mérites, le fit nommer maréchal de camp le 15 novembre et le choisit comme chef d'état-major en remplacement de Moreton. Thouvenot suivit Dumouriez lors de sa défection (avril 1793). Il avait un frère, officier d'artillerie distingué, dont il est question dans la *Correspondance* de Dumouriez.

Les raisons indiquées dans la lettre au ministre déterminèrent Dumouriez à modifier son plan primitif d'opérations. Le 24 octobre, il fait connaître à La Bourdonnaye les dispositions nouvelles qu'il compte faire exécuter ; il met en lumière les motifs pour lesquels il les a adoptées (1) :

Je compte, mon cher camarade, sur toute votre attention et votre condescendance à adopter mes plans, puisque je suis responsable de l'entreprise des Pays-Bas. J'avais d'abord eu l'idée de montrer cinq têtes d'attaque. La première, en commençant par la droite, devait partir de Givet sur Namur, et devait être commandée par le général d'armée Valence. Il y a une observation à faire sur cette attaque, qui cependant était la principale ; c'est que, Valence étant allé prendre Longwy, s'est encore éloigné de son but et ne peut être rendu, à ce qu'il me mande, à Givet que le 6 du mois prochain ; par conséquent ne peut pas entrer en action avant le 10. Vous jugez bien, mon cher camarade, que nous ne pouvons pas l'attendre ; ainsi, il faut renoncer à ce premier point d'attaque.

Le deuxième, composé d'un corps de 10,000 hommes, aux ordres du général d'Harville, devait se porter sur Binche et

---

(1) De Valenciennes.

Dans ses *Mémoires*, Dumouriez expose ainsi l'idée fondamentale de son plan de campagne :

« Ses forces pour s'emparer des Pays-Bas étaient très considérables, et il était impossible que le duc de Teschen, même après la jonction de Clerfayt, pût lui résister.

« Il observa surtout de ne pas faire la même faute que les Prussiens en entrant en Champagne, qui avaient perdu tout l'avantage de leur énorme supériorité en tenant toutes leurs forces réunies, et en ne prenant pas le parti de les développer, ce qui eût obligé Dumouriez à partager sa défense, qui eût été faible partout. Il prit donc la mesure de diviser la totalité de son armée en quatre corps qui devaient opérer séparément, et dont deux ou trois pouvaient se réunir selon les circonstances, d'après les ordres qu'il leur donnerait, en conséquence de ce qu'il pénétrerait de la défensive de l'ennemi ». (T. III, p. 142.)

de là, par la rive gauche de la Sambre, sur Namur, pour achever d'envelopper cette place, aider le général Valence à l'enlever et se porter sur Liége conjointement pour cerner entièrement Bruxelles. N'ayant plus le point d'attaque du général Valence, je porterai le 28 le général d'Harville sur Binche, mais de là, au lieu de marcher par sa droite, il se rabattra par sa gauche sur mon corps d'armée pour m'aider à forcer Mons, d'où je le redétacherai sur Namur, mais après avoir dépassé Mons en le faisant prendre par Nivelle et Gembloux. Ce mouvement assure d'une part la prise de Mons et de l'autre nous donnera le temps d'attendre le général Valence.

Mon troisième point d'attaque était celui de la grande armée, que je mène moi-même, d'environ 40,000 hommes. Mon projet était de me porter à Leuze et Ath, parce que j'étais assez fort pour ne pas craindre les garnisons de Mons et de Tournai et qu'il me devenait très aisé de choisir l'une de ces deux places pour mon attaque. La privation où je me trouve du corps de Valence, me décide pour attaquer Mons.

En conséquence, j'ai déjà une partie d'avant-garde à Quiévrain et une autre partie à Peruwelz (1). Je ferai mon mouvement le 27 et j'irai camper sur les hauteurs de Quarouble. J'ai lieu de croire que j'aurai peu de résistance dans les postes extérieurs de Mons, parce que je les enveloppe par leur droite et par leur gauche. Quant à la ville, j'espère aussi que les habitants forceront la garnison à abandonner la place par la crainte de la représaille de Lille.

Mon quatrième point d'attaque, tel que je l'avais résolu, était la plus grosse partie de votre corps d'armée qui devait se porter sur Menin et Courtrai et de là sur Gand, laissant Ypres derrière vous à votre gauche, parce que votre marche le faisait tomber de lui-même, sans même se donner la peine de l'attaquer.

Le cinquième point d'attaque, qui devait être exécuté par

---

(1) On verra plus loin dans quelles conditions les avant-gardes françaises prirent pied en Belgique.

un corps de 3,000 ou 4,000 hommes de votre armée, devrait s'exécuter par Furnes, Bruges et la réunion sur Gand.

Au lieu de cela vous m'avez proposé de porter toute votre armée par le bord de la mer et j'y ai consenti parce que je comptais sur 20,000 hommes de plus de l'armée de Valence et sur l'attaque de Namur ; mais vous jugez, mon cher camarade, qu'ayant les 20,000 hommes et cette attaque de moins, je suis obligé de rapprocher la gauche de mon plan de campagne, comme je vous ai dit plus haut que j'en rapprochais la droite. Il ne s'agit donc plus d'attaquer par le bord de la mer avec tout votre corps d'armée ; cette attaque vous éloigne trop de moi, elle peut prendre trop de temps. Le moindre pont qu'on couperait sur les canaux ou la moindre inondation dans la Flandre maritime, peut vous arrêter tout à fait et vous obliger même de rebrousser chemin. Il est bien plus simple de vous tenir à peu de distance de moi, de partir de Lille et de vous porter d'abord sur Tournai, comme si vous vouliez l'attaquer, de là sur Courtrai et de Courtrai sur Gand ; par là nos mouvements seront combinés, auront de l'ensemble ; et l'ennemi incertain du vrai point d'attaque sera forcé de diviser sa faible armée qui ne monte pas à 25,000 hommes entre Tournai et Mons. Vous n'avez point du tout à craindre qu'il puisse vous attaquer. S'il marchait sur vous, je le suivrais par derrière, menant avec moi des pontons pour passer l'Escaut. Il n'a que deux partis à prendre, ou d'abandonner une des deux places pour réunir toutes ses forces dans l'autre, ou de les évacuer toutes deux. Si cependant il réunissait un assez gros corps de troupes pour marcher sur vous, alors ou vous vous retireriez sur Lille, ou vous passeriez la Lys à Courtrai et vous mettriez cette rivière entre vous et ce corps d'armée ennemi. Mais vous jugez bien qu'en commettant une pareille imprudence, l'ennemi d'une part perdrait Tournai et Mons et de l'autre se donnerait une retraite très difficile à faire, parce que je le prendrais à dos et en flanc. En conséquence, mon cher ami, renoncez pour ce moment-ci à l'attaque d'Ostende et Nieuport et entamez votre campagne entre la Lys et l'Escaut. Tâchez d'être prêt pour le 28, pour que mes deux diversions du général d'Harville sur la droite et de vous sur la gauche, puissent agir en même temps. Votre première marche en partant de Lille doit débarrasser des ennemis tous les cantons de Roubaix, Mouveaux, Tourcoing et Wattrelos, car tous ses postes se retireront lorsque vous irez vous porter sur les hauteurs d'Hertain. Ils feront le grand tour pour rentrer dans Tournai, ou ils se jetteront derrière la Lys.

J'ignore si vous avez des effets de campement; mais, comme dans cette partie les villages sont très serrés, il y a moins de danger à cantonner, en ayant soin de reconnaître un champ de bataille au centre de vos cantonnements, à chaque marche que vous ferez. J'estime, d'après le petit état que m'a laissé Vergnes, qu'en réunissant tout, vous pouvez rassembler de 20,000 à 24,000 hommes. Donnez vos ordres pour que la réunion s'en fasse du 27 au 28 sous les murs de Lille et dans les villages voisins.

Ne regrettez point pour le moment Ostende et Nieuport; vous serez chargé de les prendre, ainsi que la citadelle d'Anvers, dès que je serai à Bruxelles et alors il ne vous en coûtera pas un seul coup de canon. J'aurai alors des chaloupes canonnières et des bombardes qu'on prépare à Cherbourg et qui croiseront devant ce port, de manière à n'en rien laisser sortir. Faisons de la besogne sûre et méthodique, ne nous éloignons pas trop et ne faisons pas de petits paquets. Voilà, mon cher camarade, le dernier plan auquel je me tiens et auquel je vous prie de vous conformer; il est de toute sûreté puisque nous présentons un front de plus de 70,000 hommes dans un court espace de terrain et que nous ne nous exposons pas à être coupés ou à agir sans concert.

Donnez-moi des nouvelles du détachement du général La Marlière. Je vous embrasse avec l'amitié sincère que vous me connaissez.

Le même jour, Dumouriez annonce au ministre qu'il a fait occuper, sur le territoire autrichien, les deux points de Peruwelz et de Quiévrain :

..... Je me porterai le 27, avec environ 40,000 hommes, à Quarouble-sur-Quiévrain. J'envoie ordre au général d'Harville de se porter avec 10,000 à 12,000 hommes, le 28, de Maubeuge sur Mons, et au général La Bourdonnaye de se porter, avec

plus de 20,000 hommes, le 28, de Lille sur Tournai. J'espère
que mes ordres seront exécutés avec précision ; s'ils ne
l'étaient pas, j'aurais lieu de croire que le Pouvoir exécutif
n'aurait pas expliqué correctement aux généraux en chef
d'armée qu'étant responsable de cette guerre, je dois être
obéi par eux, sans qu'ils puissent mettre leurs combinaisons
on leur amour-propre en opposition avec mes plans de campagne. Je prie le Pouvoir exécutif d'être très précis et très
catégorique à cet égard ; et comme vous commencez, citoyen
vertueux, un ministère nouveau, je vous prie de donner des
ordres très positifs, afin que je ne me trouve pas dans le
même embarras qui a pensé faire échouer ma campagne des
Ardennes.

Dumouriez signale au ministre la nécessité de payer
en numéraire les 75,000 hommes qui, le 28, seront hors
de France ; c'est une affaire de 3 millions par mois ; il
faudra en outre, 600,000 francs quand Valence sera à
Namur, avec 20,000 hommes. Dumouriez espère d'ailleurs que les Belges ne tarderont pas à accepter les assignats au pair ; mais il faut toujours pourvoir au premier
mois :

Le citoyen d'Espagnac, ajoute-t-il, vous dira tous les marchés que nous avons faits pour les besoins de cette armée (1),
à qui tout manque, excepté le courage et le patriotisme : je
vous prie d'en presser l'exécution, et alors je vous réponds de
tout (2).

---

(1) Sahuguet d'Espagnac avait été abbé ; après avoir quitté les
ordres, il s'occupait d'opérations financières. Il était le principal intéressé dans une entreprise de charrois. Les traités conclus avec cette
compagnie donnèrent lieu, de la part de certains conventionnels, à de
violentes attaques qui semblent exagérées. (Voir *Jemappes et la conquête de la Belgique*, par A. Chuquet.)

(2) Le **24** octobre, Dumouriez écrit une seconde lettre au ministre,
au sujet des moyens de transport nécessaires à son armée. Il se félicite
qu'on ait senti l'insuffisance des « chevaux de peloton » pour le ser-

La plupart des services présentaient, en effet, des lacunes que signaleront encore des lettres ultérieures de Dumouriez ; nous verrons qu'il devait en résulter un assez long retard dans le début des opérations.

ORDRE DE BATAILLE DE L'ARMÉE
AUX ORDRES DU GÉNÉRAL DUMOURIEZ, LE 24 OCTOBRE 1792.

Avant-garde, commandée par le lieutenant général Beurnonville. *Maréchaux de camp* : Dampierre, Eustace, Rosières, Berneron.

Infanterie. — Compagnies des Quatre-Nations et des Cam-

---

vice des effets de campement, et la nécessité d'avoir, à la suite des armées, « un parc de voitures permanentes ». Il a fait vérifier le poids des effets de campement nécessaires à un régiment d'infanterie ou de cavalerie. Le nouveau modèle de tentes permet d'économiser une demi-voiture par bataillon d'infanterie.

Mais ce service exige encore :

Par bataillon d'infanterie : 8 voitures à 4 roues et à 4 chevaux (ou 9 à 2 roues et 1 cheval, et 8 à 2 chevaux); par 2 escadrons de cavalerie : 5 voitures à 4 roues et à 4 chevaux (ou 4 à 2 roues et 1 cheval, et 6 à 2 chevaux). Au total, y compris les corps de Valence et d'Harville, il faut à l'armée, pour les seuls effets de campement, 1200 voitures à 4 chevaux (ou 1350 à 1 cheval et 1200 à 2 chevaux). En outre, pour les besoins ordinaires du camp, il faut un parc de 1200 voitures à 4 roues et à 4 chevaux.

En attendant que les entrepreneurs soient en état d'assurer ce service, ils se sont chargés de louer, dans le pays, toutes les voitures nécessaires.

Dumouriez termine ainsi :

« Je ne peux pas mieux faire, Ministre Citoyen, que de vous prier d'avoir égard à nos besoins pressants, qui cesseront dès que vous passerez des marchés nets et tranchants avec des entrepreneurs aussi habiles et aussi essentiels que ceux avec lesquels j'ai traité, qui joignent à une grande estime beaucoup de lumières et d'industrie, et qui, seuls, voient en grand et sans lésinerie quels sont les moyens de faire réussir la partie militaire qui avait été si négligée. Avec de pareils agents, si on leur donne des facilités, je réponds de mener l'armée française au bout du monde ! »

brelots ; 1er et 3e corps francs ; Légion belge ; 10e et 14e bataillons de chasseurs ; 19e régiment d'infanterie ; 1er, 2e et 3e bataillons de Paris ; 1er et 6e bataillons de grenadiers.

Cavalerie. — 3e, 6e et 12e régiments de chasseurs à cheval ; 1er, 2e et 6e régiments de hussards.

Artillerie. — 3e et 6e compagnies d'artillerie légère.

Flanqueurs de droite, commandés par le maréchal de camp Stengel :

3e bataillon des Ardennes ; compagnie de Clémendot ; 11e régiment de chasseurs à cheval.

Flanqueurs de gauche, commandés par le maréchal de camp Miaczynski :

99e régiment d'infanterie ; 5e régiment de chasseurs à cheval.

Corps de bataille.

DIVISION DE DROITE, commandée par le lieutenant général Égalité :

Première ligne. — 1re *brigade* : 5e régiment d'infanterie, 1er bataillon de la Charente et 7e de fédérés.

3e *brigade* : bataillon des Deux-Sèvres, 1er de la Meurthe, bataillon de la Vendée.

5e *brigade* : 29e régiment d'infanterie, 1er bataillon des Côtes-du-Nord, bataillon des Gravilliers.

7e *brigade* : 54e régiment d'infanterie, 2e bataillon de la Marne, bataillon des Lombards.

Deuxième ligne. — 9e *brigade* : 83e régiment d'infanterie, bataillon Républicain.

11e *brigade* : 78e régiment d'infanterie, 2e bataillon de la Meuse, 5e de la Meurthe.

13e *brigade* : 2e bataillon de l'Eure, bataillon de Mayenne et Loire, 1er bataillon de la Marne.

15e *brigade* : 98e régiment d'infanterie, bataillon de la Seine-Inférieure, 1re de Seine-et-Oise.

(Le maréchal de camp Drouet commande les 1re et 9e brigades ; le maréchal de camp Ferrand, les 3e, 5e et 7e ; le maréchal de camp Blottefière, les 11e, 13e et 15e.)

DIVISION DE GAUCHE, commandée par le lieutenant général Miranda.

PREMIÈRE LIGNE. — 2e *brigade* : 1er régiment d'infanterie, bataillon de Sainte-Marguerite, 1er de l'Aisne.

4e *brigade* : 1er bataillon de la Côte-d'Or, 2e bataillon de la Vienne, 3e bataillon de l'Yonne.

6e *brigade* : 49e régiment d'infanterie, 9e bataillon de fédérés, bataillon d'Eure-et-Loir.

8e *brigade* : 71e régiment d'infanterie, 1er bataillon de Saint-Denis, 3e de la Marne.

DEUXIÈME LIGNE. — 10e *brigade* : 72e régiment d'infanterie, bataillon de la Butte-des-Moulins.

12e *brigade* : 94e régiment d'infanterie, 9e bataillon de Paris, 1er bataillon du Pas-de-Calais.

14e *brigade* : bataillons de Seine-et-Marne, de l'Allier et de la Nièvre.

16e *brigade* : 104e régiment d'infanterie, bataillon des grenadiers de Paris, 3e bataillon de Seine-et-Oise.

(Le maréchal de camp Desforets commande les 2e et 10e brigades, le maréchal de camp Ihler les 4e, 6e et 8e, le maréchal de camp Stettenhoffen les 12e, 14e et 16e.)

CAVALERIE. — 1re *brigade* : 3e et 7e régiments de dragons.

2e *brigade* : 5e et 13e régiments de dragons.

Réserve, commandée par le maréchal de camp de Flers :
Deux escadrons de gendarmerie nationale, grenadiers (1).

---

(1) *Archives nationales*, F7 4690.

Cet ordre de bataille existe sous forme d'un tableau figuratif. Il comprend un certain nombre d'éléments que Dumouriez n'avait pas à sa disposition immédiate, tels que les troupes commandées par Miaczynski.

Du reste, les diverses archives ne possèdent que des situations fort incomplètes et incertaines pour cette époque. On voit, par diverses lettres de Dumouriez et de son chef d'état-major Moreton, les difficultés rencontrées pour obtenir, en temps voulu, des renseignements exacts des corps si nombreux dont se composait l'armée.

*
**

Tandis que Dumouriez préparait l'exécution de son plan d'invasion, l'inquiétude du duc de Saxe-Teschen commençait à être éveillée par les nouvelles qui lui parvenaient de tous côtés. La réunion d'approvisionnements importants, la concentration des troupes françaises sur la frontière et notamment au camp de la Madeleine, l'activité qui se manifestait aux avant-postes, toutes ces circonstances pouvaient faire craindre une attaque prochaine contre les Flandres.

Latour reçut donc l'ordre de se tenir en garde contre une offensive française et d'assurer spécialement la défense de Menin et d'Ypres. Ses forces, au 22 octobre, étaient ainsi réparties : à Tourcoing, 2 bataillons (d'Alton et Murray), 4 compagnies de chasseurs, 1/4 escadron de hussards (Wurmser); à Lannoy, 1 bataillon (de Ligne), 1 compagnie de chasseurs, 1/4 escadron de uhlans ; à Warneton, 2 bataillons (de Ligne et Wurtemberg), 2 compagnies du corps franc de Loudon, 1 compagnie de chasseurs, 1 division de uhlans. Le bataillon de corps du régiment de Wurtemberg, qui avait été à Tourcoing jusqu'au 21 octobre, se rendit, le 22, à Ypres, pour y tenir garnison.

Au centre, le duc de Saxe-Teschen jugea prudent de rappeler à lui les détachements qui occupaient encore, sur le territoire français, les points de Marchiennes, Saint-Amand et Orchies ; ils se replièrent, le 22 octobre dans la matinée, et se retirèrent vers Tournai. Les hauteurs de Bleharies et de Maulde et le château de Mortagne continuèrent à être occupés par des postes, pour surveiller les directions de Douai, Valenciennes et Condé. Les trois localités abandonnées par les Autrichiens furent occupées, dans l'après-midi du même jour, par les Français (1).

A cette même date, le bataillon d'infanterie de Wurzbourg vient de Namur à Mons.

Le 23 octobre, le général Harville annonce à Dumouriez que les Autrichiens ont retiré les postes qu'ils avaient poussés à faible distance de Maubeuge (2).

Les ennemis ont levé leur camp entre Bettignies et Grisoelle. Ils s'étaient parfaitement baraqués. Ces baraques commencent à être enlevées par les paysans. Le général Tourville y a mis

---

(1) Le 23 octobre, La Bourdonnaye écrit (de Lille) au ministre de la guerre, que « les Autrichiens ont évacué Saint-Amand, Marchiennes et Orchies, depuis qu'ils ont su une division de l'armée Dumouriez arrivée près Valenciennes ; mais ils font passer quelques troupes dans la Flandre maritime, pour ajouter à celles qui y détruisent les chemins depuis cinq ou six jours, et surtout dans les environs d'Ypres ». Il annonce qu'il est allé conférer avec Dumouriez : « L'obligation où je suis de lui fournir des effets de campement que son armée a laissés dans les mauvais chemins, retarde de quelques jours, à mon grand regret, mon entrée dans les Pays-Bas. »

Voir lettre adressée à la Convention par les représentants d'Aoust, Doulcet et Duquesnoy (de Douai, 22 octobre). Ils annoncent la retraite des Autrichiens et l'occupation de Marchiennes, Orchies et environs.

Voir, dans le *Moniteur* du 27 octobre, une lettre de Valenciennes, du 23, au sujet de la retraite des Autrichiens, qui ont été poursuivis par « le brave Ducarion », lieutenant-colonel du bataillon du Pas-de-Calais ; il a occupé Saint-Amand, où Dumouriez a ensuite envoyé des renforts suffisants pour prévenir tout retour des Autrichiens. « Le bataillon des volontaires de Saint-Amand est rentré dans ses foyers. »

(2) De Maubeuge. Harville soumet à Dumouriez quelques observations au sujet des effectifs qu'il pourra faire marcher. Il dit que les garnisons d'Avesnes et de Landrecies ne peuvent être d'aucun secours. « Celle du Quesnoy fournirait un bataillon de troupes de ligne, s'il était possible de lui fournir tout, jusqu'à des habits, chapeaux, etc. De plus, il manque 11 officiers à ce bataillon. » Il formule diverses demandes, entre autres celle de 2 escadrons de chasseurs ou de hussards ; il amalgamerait avec eux les 160 chasseurs volontaires de Versailles. « Ce sera, je crois, le seul moyen d'en tirer parti. » (*Archives nationales*, F⁷, 4689).

ordre. Une avant-garde de 300 hommes d'infanterie et de
50 chevaux occupe Grisoelle, Mairieux, l'Ouvrage ; et les avant-
postes et vedettes sont placés en deçà de Bettignies. La cavalerie pousse des patrouilles en avant. Le bruit court ici qu'ils
font sortir de Mons les approvisionnements.

Ce même jour, une petite avant-garde française se
porta sur Quiévrain ; mais elle ne dépassa pas l'Honelle
et se contenta d'observer les postes autrichiens qui garnissaient cette rivière ; elle n'occupa le village de Quiévrain que les jours suivants.

Enfin, un détachement de l'armée de La Bourdonnaye
(deux bataillons, deux escadrons, deux pièces) exécuta
une reconnaissance de Lille sur Roubaix ; il eut, auprès
de Croix, une escarmouche avec les avant-postes autrichiens.

Le 24 octobre, Dumouriez fit exécuter plusieurs mouvements offensifs qui devaient avoir pour résultat non
seulement de prendre pied sur le territoire ennemi, mais
surtout d'attirer l'attention de Saxe-Teschen du côté de
Tournai. Ils tendaient ainsi à favoriser la manœuvre
principale contre Mons, que le général projetait d'entreprendre à bref délai.

La première de ces opérations eut Condé pour point
de départ ; elle fut confiée au maréchal de camp O'Moran (1), qui en régla l'exécution par l'ordre suivant (2) :

---

(1) Jacques O'Moran, né le 1er mai 1739, à Aphin (Irlande), entra le
15 novembre 1752 comme cadet au régiment de Dillon, où il devint
successivement capitaine et major. Il prit part à plusieurs campagnes
d'outre-mer et eut la jambe fracassée par un coup de feu au siège de
Savannah, où il servait comme major de tranchée. Colonel en 1791,
maréchal de camp le 6 février 1792, lieutenant général le 3 octobre
1792, il fut suspendu le 30 juillet 1793 et incarcéré à Amiens. Condamné à mort par le tribunal révolutionnaire le 6 mars 1794, il monta
le même jour sur l'échafaud.

(2) Ordre daté de Condé, 23 octobre, 5 heures du soir.

Il est ordonné à tous les bataillons composant la garnison d'être sous les armes demain à 3 heures du matin, à leurs rendez-vous respectifs et fournir le nombre d'hommes, savoir :

Les grenadiers de chaque bataillon et 30 hommes par compagnie de fusiliers, 4 capitaines par bataillon. Il y aura par ce moyen 1 capitaine par division ; de plus 1 lieutenant ou sous-lieutenant par compagnie.

Les bataillons seront munis de 30 cartouches par homme et de vivres, même en boisson, s'il est possible, pour un jour.

1 lieutenant-colonel et 1 adjudant-major par bataillon, marcheront.

La compagnie franche de Clémendot fournira 60 hommes et marchera à la tête d'une des colonnes.

Le capitaine Verrières fera marcher 4 pièces de campagne (il sera attaché 2 pièces par colonne), et fera suivre, s'il est possible, une voiture chargée d'outils de toute espèce.

Les quatre escadrons de dragons monteront à cheval à 5 heures du matin et se formeront en bataille sur la place de l'église collégiale, la droite appuyée à l'église paroissiale. Il emporteront des vivres et fourrages pour un jour, le foin bien entendu ficelé.

Le 1er régiment d'infanterie fournira en outre un piquet de 60 hommes et le bataillon de Seine-et-Oise un piquet de 30 hommes. Ces deux piquets occuperont l'extrémité du Vieux-Condé, du côté de Peruwelz et détacheront un poste pour veiller sur la route qui conduit au Vieux-Condé ; ils y resteront en attendant des ordres ultérieurs pour toute autre destination.

L'expédition projetée demain, 24 de ce mois, est de se porter en même temps sur Bon-Secours et Peruwelz sur deux colonnes ; depuis le volontaire jusqu'au général, chacun est également animé de la hauteur de la gloire à laquelle la nation s'est distinguée en mettant pied sur le territoire étranger ; nous ne devons chercher qu'à renverser et détruire les despotes et leurs satellites et conserver un respect sacré pour les propriétés des habitants, qui n'attendent que le moment de devenir nos frères, lorsque nous parviendrons à briser leurs fers.

Chaque commandant, chaque officier en particulier, répandront ce généreux principe dans le cœur de ceux qu'ils conduisent à la victoire.

La colonne de droite suivra le grand chemin de Bon-Secours et sera composée de 150 hommes du 104e régiment, de 100 hommes de la Côte-d'Or, de 300 hommes de l'Indre-et-Loire et de 300 hommes des Côtes-du-Nord, précédés d'une avant-garde, composée d'une compagnie franche et de 24 grenadiers. Cette colonne ne marchandera pas l'ennemi et franchira tous les obstacles pour se porter, le plus lestement possible à la française, sur Bon-Secours, pour renverser et culbuter les forces qu'elle rencontrera. Cette colonne sera commandée en chef par le colonel du 104e régiment d'infanterie, lequel, après avoir chassé l'ennemi, fera ses dispositions pour se maintenir en ce poste en attendant des ordres ultérieurs.

La colonne destinée pour Peruwelz, sera composée de 300 hommes du 1er régiment d'infanterie, de 300 hommes de Seine-et-Oise et se portera par le Mont-Copiémont en renversant tout ce qui pourrait se rencontrer en route, surtout derrière la maison de Rengies; ayant pris poste sur le sommet du mont, il attendra des ordres ultérieurs pour pénétrer dans le village. Cette colonne sera commandée par le lieutenant-colonel du 1er régiment.

Ces colonnes auront des guides fidèles pour les conduire et les commandants peuvent s'en rapporter aux indications qu'ils donneront sur les routes et sentiers convenables à suivre.

Une 3e colonne, composée de 300 hommes du bataillon de l'Yonne et commandée par un lieutenant-colonel de ce corps, se portera sur le château de l'Hermitage, en passant par le Chêne-Raoult, occupé par un petit poste ennemi, lequel il renversera sans s'arrêter et se portera sans perdre de temps, au plus pressé, pour s'emparer du poste ennemi qui se trouve à ce château. Il défendra à sa colonne de quitter ses rangs, jusqu'à ce qu'il reçoive des ordres ultérieurs du général.

L'on désignera dans chaque colonne un certain nombre d'hommes qui se chargeront des prisonniers.

Tous les hommes et chevaux en état de service des quatre escadrons, monteront à cheval un instant avant 5 heures, pour prendre la plaine et se tenir en mesure de seconder l'expédition de l'infanterie.

Il sera attaché à chaque colonne 1 ou 2 pièces de campagne; s'il se rencontre des obstacles à les empêcher de suivre, les colonnes ne les attendront pas; toute espèce de retard pourrait reculer le succès de l'entreprise.

Le dépôt du 17ᵉ régiment de dragons et celui du 1ᵉʳ régiment de cavalerie, formeront conjointement un petit escadron auxiliaire pour garder la plaine entre la maison de Montigny et le hameau du Cocq.

Le capitaine Westermann aura une instruction verbale sur la disposition de cet escadron, en attendant qu'il reçoive des ordres ultérieurs (1).

La journée du 24 octobre permit aux troupes françaises de prendre pied sur le territoire des Pays-Bas. La colonne de gauche atteignit sans difficulté le Mont-Copiémont, bouscula les avant-postes autrichiens, constitués par un bataillon (O'Donell), qui dut se retirer sur Peruwelz et Roucourt. Les hauteurs de Bon-Secours, au sud de Peruwelz, furent solidement occupées; mais la droite du petit corps français, ayant cherché à s'étendre dans la direction de Blaton, échoua dans ses tentatives pour occuper ce village (2).

---

(1) Le capitaine de Christen évalue à 4,400 hommes (dont 400 cavaliers) les forces françaises sorties de Condé; cet effectif est double de celui qui résulte des chiffres donnés par l'ordre de mouvement.

(2) Dans sa relation du combat du 24, le capitaine de Christen constate le succès de la colonne de gauche; mais il donne au sujet des deux autres colonnes des renseignements sujets à réserve. Il leur attribue Blaton pour objectif et expose leurs opérations de la façon suivante :

Le F. M. L. baron Beaulieu avait été poussé, le 23 octobre, de Tournai sur Bury, avec 2 bataillons (Bender), 1 compagnie de chasseurs, 2 escadrons de chevau-légers (Latour) et quelques canons, afin d'empêcher les Français d'intercepter les communications entre Mons et Tournai. Dans la nuit du 23 au 24, il avait envoyé la compagnie de chasseurs, une division d'infanterie (Bender) et 100 cavaliers à Blaton,

Le jour même, O'Moran adressait à Dumouriez le compte rendu de son succès partiel (*daté de Bon-Secours, ci-devant Terre-d'Empire*) :

Victoire, mon cher Général, je m'empresse de vous l'annoncer après avoir fait mes dispositions pour notre établissement dans la belle position de Bon-Secours et Peruwelz.

J'ai de grandes louanges à vous rendre des officiers et soldats de la liberté ; ils cherchaient à l'envi de se signaler, et l'ensemble a été au comble, quoique dirigé sur une circonférence de 4 lieues.

La colonne que j'ai conduite avait à repousser 2 pièces de canon ennemi ; nous avons fait au moins 60 prisonniers.....

Les hommes et les chevaux sont excessivement fatigués. Malheureux invalide que je suis, je prévois que je serai quelque temps alité.

Je fais rentrer en cantonnement près de Condé les quatre escadrons ; ils ont besoin de quelques jours de repos.

Je vous supplie d'envoyer ici quatre bataillons, si vous ne préférez faire d'autres dispositions.....

D'après une lettre, adressée, le 25, par O'Moran à

---

pour occuper ce point important et se lier, vers Pommerœul, à l'extrême droite des avant-postes du F. M. L. baron Lilien. A peine ce détachement avait-il atteint sa position qu'il fut attaqué ; les Français n'engagèrent d'abord que peu de monde et ce fut d'abord, jusqu'à 9 heures du matin, un simple combat de tirailleurs. Les Français accentuèrent alors leur attaque, qui fut dirigée contre une hauteur au sud-est de Blaton ; ils commencèrent le feu avec leur artillerie. Le bruit du canon détermina le F. M. L. Beaulieu à diriger sur Blaton une deuxième division du régiment de Bender, un demi-escadron de chevau-légers et une pièce de 6, puis un second renfort d'une troisième division et d'un demi-escadron. Un bataillon de grenadiers, qui avait été détaché de Mons à Basecles pour couvrir le flanc droit du corps de Lilien, fut mis à la disposition du F. M. L. Beaulieu et resta en réserve avec deux escadrons de chevau-légers, entre Basecles et Mons. A quatre reprises, les Français essayèrent d'enlever les hauteurs de Blaton ; mais après être parvenus jusqu'au pied de la position ennemie, ils furent définitivement repoussés.

Dumouriez, les pertes des Français furent les suivantes :

1er régiment d'infanterie : 1 officier, 1 adjudant de bataillon et 2 soldats tués ; 3 officiers et 3 soldats tués.

Bataillon de Seine-et-Oise : 5 volontaires tués et 8 volontaires blessés.

Les ennemis, ajoutait O'Moran, occupent le camp retranché de Roucourt ; ils y ont, à ce que l'on me rapporte, 3,000 hommes d'infanterie et six escadrons, tant hussards que dragons et une grande partie de la grosse artillerie qu'ils avaient à Lille, qu'ils ont fait venir avant-hier de Leuze.

La petite armée que vous avez fait marcher du côté de Mons, les fera abandonner ou du moins dégarnir cette partie ; et alors il sera possible de s'emparer du village de Peruwelz et de leur camp de Roucourt ; il ne restera qu'un pas à faire pour s'emparer de la position de Bury ; et alors leur communication entre Tournai et Mons, se trouvera entièrement coupée ; mais je présume, cher Général, que vous vous occuperez essentiellement à leur porter de plus grands coups.

Dans cette journée du 24, afin de se mettre en garde contre une attaque venant de Condé ou de Valenciennes, le F. M. L. baron Lilien porta : un bataillon d'Esterhazy à Quaregnon et Jemappes ; une division de Franz-Kinsky et un escadron des dragons de Cobourg à Hornu et Saint-Ghislain ; enfin, trois compagnies du 2e bataillon d'O'Donell à Boussu.

Tandis que la garnison de Condé effectuait l'opération qu'on vient de voir, Lille était le point de départ d'autres mouvements, qui tendaient également à menacer les troupes établies aux environs de Tournai. Le général La Bourdonnaye les fit simultanément exécuter dans plusieurs directions (1).

____

(1) Voir lettre de La Bourdonnaye au ministre de la guerre (Lille, 25 octobre). Il dit que Dumouriez, espérant que 2,000 hommes suffiraient à faire ouvrir les portes de Tournai, avait prescrit un mouve-

L'action principale, confiée au maréchal de camp La Marlière, eut pour objet l'attaque des avant-postes autrichiens, sur le front Lamponpont, Croix, Pont-à-Plume, Linselles et le Blaton. L'ennemi fut délogé de tous ces points, sauf de Pont-à-Plume.

Le F. M. L. comte Latour, ayant alors envoyé, de Tourcoing sur Roubaix, le colonel du Jardin, avec une division du régiment de Murray, vingt-quatre cavaliers et six dragons, ce détachement fut repoussé par un feu très vif de l'artillerie française. Mais bientôt Linselles et le Blaton furent repris par des troupes autrichiennes venues de Werwicq.

A la suite de cette journée, les Français campèrent près de Bondues, et le général Latour replia, pendant la nuit, vers Roncq, la majeure partie des troupes qui occupaient Tourcoing. Le bataillon de corps de Sztaray vint

---

ment contre cette ville, combiné avec une opération de Condé sur Mons. « Les ennemis avaient 4,000 ou 5,000 hommes à Tourcoing et Lannoy sur notre gauche, ce qui me fit recommander de la circonspection au maréchal de camp La Marlière, qui s'acquitta bien de sa mission, tandis qu'avec un petit détachement j'allais sur Cysoing ; je voulus faire ce mouvement projeté sur des renseignements faux, parce que, le général Dumouriez me le demandant, je devais cette déférence à son avis. » La Bourdonnaye fait observer que Dumouriez croyait les Autrichiens disposés à évacuer Tournai et Mons ; au contraire, les rapports de ses propres agents lui ont donné l'assurance que l'ennemi se retranchait fortement dans ces deux places :

« Pour ne pas rendre ce mouvement inutile, ajoute-t-il, je l'étendis à tous les postes autrichiens sur la frontière, depuis Warneton, Roubaix, Cysoing. Il en est résulté que les Autrichiens ont abandonné Tourcoing et Roubaix, avec les troupes qui étaient vraisemblablement destinées pour la Flandre maritime, puisque deux régiments se sont portés sur Courtrai. Ils ont retranché le poste de Lannoy ; mais, depuis que je me suis emparé des ponts sur la Marcq, je ne leur laisserai pas longtemps le poste de Lannoy. »

En terminant, La Bourdonnaye parle de l'intérêt que présenterait l'expédition de la Flandre maritime et exprime le regret que Dumouriez ne lui en permette pas l'exécution.

de Tournai à Templeuve et trois compagnies de chasseurs tyroliens, avec un peloton de hussards, furent envoyés à Nechin pour appuyer le poste de Lannoy.

Une autre colonne fut dirigée de Lille sur Baisieux, et attaqua les postes autrichiens entre Hertain et Lamain. Mais l'ennemi reçut bientôt des renforts, qui arrêtèrent le mouvement offensif. Devant cette résistance, les Français reprirent la route de Lille sans être inquiétés.

A la suite de ces affaires, les postes avancés des deux partis se trouvèrent en contact sur un grand nombre de points ; ce qui amena, les jours suivants, des engagements partiels de peu d'importance et quelques mouvements de troupes.

Le 25, les Français, installés sur les hauteurs de Bon-Secours, échangèrent des coups de canon avec le détachement de Beaulieu, vers Roucourt ; ils essayèrent encore d'enlever Blaton, mais sans succès. Le 26, la canonnade reprit, et les Autrichiens tentèrent à leur tour une attaque infructueuse dont O'Moran rend compte à Dumouriez :

Je m'empresse, mon cher Général, de vous faire part de mon succès. Mon aile droite a été attaquée ; j'étais dans ce moment à l'aile gauche à faire mes dispositions ; je suis accouru, j'ai chassé l'ennemi. Ç'a été aux cris réitérés de *Vive la nation !* que j'ai tiré grand parti de mon monde.

Si ma santé me le permet, je rendrai, j'espère, tous ces jeunes gens bien belliqueux. Je dois aussi vous dire, mon cher Général (si vous croyez qu'il y ait quelque mérite), que j'ai fait ramasser quelques-uns de leurs blessés, que j'ai fait placer sur des charrettes et conduire à Condé. Il ne doit pas y avoir de nation plus généreuse que la nation française.....

Les Autrichiens renforcèrent, par un bataillon et deux escadrons, le détachement du F. M. L. Beaulieu, établi à Bury. Ce point était pour eux d'une haute importance ; car, en s'avançant jusque-là, les Français eussent intercepté les communications entre Mons et Tournai.

L'intérêt qu'il y avait à progresser dans cette direction, détermina, le 27 octobre, une nouvelle attaque des troupes françaises contre la position de Blaton. L'action commença de bonne heure et se prolongea, assez vive, une partie de la journée. Les Autrichiens, ayant reçu des renforts, purent résister aux quatre attaques dirigées successivement contre leurs positions ; ils purent installer leurs avant-postes sur la ligne Bon-Secours—Bernissart, tandis que les Français étaient obligés de se replier dans les bois de l'Hermitage.

Du côté de Lille, les Autrichiens purent, le 25, réoccuper Roubaix, Croix et Lamponpont, évacués par les Français. Ils poussèrent quelques renforts sur les points de Templeuve et de Maulde.

Le 26, Lamponpont et Croix furent de nouveau attaqués par les Français qui réussirent à s'emparer de ce dernier point et à s'y maintenir.

A la suite de ces engagements, les représentants en mission à l'armée du Nord écrivaient à la Convention (de Lille, le 28 octobre 1792) :

L'ennemi continue à évacuer le territoire de la République ; il se retranche sur la Lys et du côté de Tournai ; mais nos troupes, dont le courage et l'ardeur sont extrêmes, les auront bientôt délogés. Nos postes avancés, que nous avons visités il y a quelques jours jusqu'auprès de Roubaix et Lannoy, sont dans les meilleures dispositions.....

Le général La Marlière (1) a fait, sur Beaulieu et Marquain,

---

(1) Antoine-Nicolas, comte de La Marlière-Collier, né à Crécy le 3 décembre 1745, lieutenant au régiment de Dauphin-Infanterie (1762), capitaine au régiment du Perche (1776), colonel du 14ᵉ d'infanterie (5 février 1792), maréchal de camp (7 septembre 1792). Il fut nommé général de division le 15 mai 1793, condamné à mort par le tribunal révolutionnaire le 26 novembre suivant et exécuté le 27.

une fausse attaque ordonnée par Dumouriez ; nos troupes se
sont bien comportées : on a distingué des traits de courage et
d'héroïsme du citoyen Michau, grenadier du 2ᵉ régiment. Il
avait reçu un coup de feu dans le corps ; il appelle un de ses
camarades, nommé Cadet, qui avait la jambe cassée. « Je
veux, disait-il, mourir auprès de lui. Ne te chagrines pas,
Cadet, dit-il, nous mourons pour la nation. » Et à l'instant,
une balle lui ôte la vie.

Tel est l'esprit de nos troupes ; et, avec de tels soldats, la
République ne peut manquer de triompher de ses ennemis.

A la veille de l'invasion de la Belgique, un arrêté du
Conseil exécutif provisoire vint affirmer l'énergique résolution offensive qui allait désormais inspirer les armées
de la Révolution. Cet arrêté, pris dans la séance du
24 octobre 1792 (1), est ainsi conçu :

Le Conseil, délibérant sur la situation de la République,
relativement à la guerre qu'elle a entreprise contre les despotes coalisés ;

---

(1) Le 25 septembre, le Conseil avait décidé qu'aucune proposition
de paix ne pourrait être entendue « avant que les troupes prussiennes
aient définitivement évacué le territoire français ».

La différence des deux formules montre le progrès que l'idée d'offensive avait fait dans les esprits et quelle confiance dans le succès final
inspiraient les premiers résultats déjà obtenus.

Voir le rapport présenté le 24 octobre à la Convention par Lasource,
député du Tarn, au nom du comité diplomatique, « sur la conduite à
prescrire aux généraux français en pays ennemi. » Lasource insistait
sur l'obligation de respecter la souveraineté des peuples des pays
occupés. Il présentait un projet de décret prescrivant aux généraux
français de *faire respecter la sûreté des personnes et des propriétés, et
l'indépendance des pays occupés;* de s'abstenir, dans leurs proclama-
tions, d'inviter les peuples *à adopter les lois françaises* ou de leur *pro-*

Considérant qu'en vain le patriotisme des citoyens, la valeur des soldats et l'habileté des généraux auraient repoussé au delà des frontières les armées ennemies, si elles pouvaient encore, en s'établissant dans les pays circonvoisins, s'y renforcer avec sécurité et y préparer impunément les moyens de renouveler incessamment leur funeste invasion ;

. Considérant que toute résolution généreuse et nécessaire pour l'honneur comme pour la sûreté de la République, ne peut qu'être avouée par la nation et par la Convention nationale ;

ARRÊTE, que les armées françaises ne quitteront point les armes et ne prendront point de quartier d'hiver, jusqu'à ce que les ennemis de la République aient été repoussés au delà du Rhin.

Ce même jour (1), Pache informe Dumouriez que le baron de Senfft, ci-devant ministre de Prusse près le prince évêque de Liége, vient d'arriver dans cette ville ; on présume que sa mission a pour objet de préparer des quartiers d'hiver pour 8,000 à 10,000 hommes de troupes prussiennes :

Je vous prie, ajoute le ministre, de prendre les mesures les plus sûres et les plus promptes pour prévenir les Prussiens dans le pays de Liége; on nous y attend impatiemment. Deux compagnies de troupes autrichiennes et le régiment du prince sont les seules forces que l'on peut nous y opposer, et l'ordre que l'on assure qu'elles ont reçu de se replier à notre approche ne nous les rendra pas bien redoutables.

---

poser telle autre forme de gouvernement. Interdiction était faite aux généraux de *prendre possession d'aucun territoire au nom de la nation française;* ils devaient proclamer le pays « affranchi de la domination de son ci-devant souverain et libre de se donner, sous la protection des armes de la République, telle organisation provisoire et telle forme de gouvernement qu'il lui plaira de se donner ». Dubois-Crancé fit ajourner le décret.

(1) De Paris, 24 octobre 1792 (11 *heures du soir*).

J'espère qu'averti assez à temps de ce projet, vous pourrez facilement le déjouer.

S'il vous était possible, dans cette saison, de faire marcher directement sur Liége les troupes les plus lestes de la garnison de Givet, du côté de la rive droite de la Meuse, et de dérober ce mouvement à Clerfayt, qui, en ce moment, marche de Luxembourg à Namur, ce serait, sans contredit, le moyen le plus sûr d'arriver à Liége avant les Prussiens; et marchant en même temps par votre droite, tant pour regarnir sur-le-champ Givet, que pour attaquer ou au moins masquer Namur, vous consolideriez votre prise de possession à Liége, et ce malheureux pays vous devrait incessamment son salut; mais si cette brusque entreprise ne vous paraît pas assez sûre, il me semble qu'en marchant en force sur Namur, et détachant un corps sur Liége, vous rempliriez, quoique un peu plus tard, le même objet. Si, contre mon attente, les Prussiens y étaient déjà établis, il faudrait les en chasser.

Dans tous les cas, il serait nécessaire que vous modifiassiez votre premier plan de campagne, en portant sur la Meuse de plus grandes forces que celles que vous aviez d'abord destinées à agir sur cette partie.

Vous devez sentir plus vivement que personne, Général, combien il est important de repousser les restes de l'armée prussienne loin de nos frontières, de leur ôter la possibilité d'y reparaître, et de mettre ainsi au-dessus du doute les succès de votre campagne contre le duc de Brunswick.

Ainsi, Général, vous n'abandonnerez les Prussiens que lorsque vous serez sûr qu'ils n'hiverneront pas de ce côté du Rhin, et quelque assurance que le roi de Prusse puisse vous donner de ses intentions, n'oubliez point que les Français ne veulent point confier le sort de leur liberté à la bonne foi des rois.

Dès le lendemain, Dumouriez répondit au ministre qu'il ne croyait pas les Prussiens disposés à s'arrêter dans l'évêché de Liége. Il rappelait d'ailleurs que son plan de campagne comportait la marche de Valence par Givet sur Namur :

J'espérais que ce général pourrait être le 28 à Givet, mais sa marche sur Longwy, à laquelle je ne peux qu'applaudir, retarde son arrivée et il me mande qu'il ne peut être rendu à Givet décidément que le 6 du mois prochain ; ainsi, je suppose qu'il ne pourra pas agir contre Namur avant le 10. Son corps d'armée devait être de 18,000 hommes : mais, d'après de nouveaux ordres que je lui envoie demain, il pourra le renforcer de 4,000 ou 5,000 hommes.

Je serai le 27 à Quarouble, avec environ 40,000 hommes. Le général d'Harville marche sur Binche, le 28, avec 12,000 hommes. J'espère prendre Mons avant l'arrivée du général Valence à Givet, pendant que le général La Bourdonnaye masquera et menacera Tournai, pour marcher ensuite sur Gand et Audenarde. Alors, rapprochant toutes mes colonnes sur Bruxelles, que tous les rapports que je reçois me disent devoir être le point central de la défense des Autrichiens, je charchargerai le général d'Harville de masquer Namur, et il y fera sa jonction avec le général Valence : ainsi il coupera l'arrivée dans le Brabant au général Clerfayt, qui n'aura pas plus de 15,000 à 18,000 hommes à opposer aux 30,000 ou 35,000 hommes réunis sous les ordres du général Valence par la jonction du général d'Harville. Il me restera 60,000 hommes par la jonction de La Bourdonnaye pour attaquer et prendre Bruxelles, indépendamment des gens du pays que je ne fais point entrer dans mon calcul, quoique je doive compter sur leur insurrection.

Dumouriez fait observer que la présence de 8 à 10,000 Prussiens daus le pays de Liége ne peut pas entraver sa campagne sur la Meuse et l'empêcher de chasser l'ennemi des Pays-Bas. La ville de Liége (qui d'ailleurs est portée pour la Révolution) est hors d'état de défense ; les Prussiens n'y tiendront pas et se retireront bien vite vers le duché de Clèves. Dumouriez ajoute que tout dépend de la *célérité* de ses *premiers mouvements*. Il exprime l'espoir que le ministre lui donnera « toutes les ressources nécessaires en argent, en munitions, en subsistances, en habillement et en armement » ; qu'il tiendra les différents marchés conclus en vue de satisfaire à ces besoins multiples et urgents (1).

Presque partout, les difficultés administratives avaient entravé l'organisation des troupes. C'est ainsi que d'Harville écrit à Dumouriez (de Maubeuge, le 25 octobre) :

Les préposés des vivres sont instruits du départ d'un corps de troupes de 14,000 hommes pour le 27; il leur a été adressé une liste des différents corps qui doivent partir de Maubeuge; plusieurs de ceux désignés ne se trouvent point complets; n'ayant point eu de réponse à mes différentes demandes, je dépêche vers vous l'adjoint aux adjudants généraux Thoiras, pour vous rendre compte de la situation des troupes qui forment la division de Maubeuge.

.....Les deux bataillons des Bouches-du-Rhône et du Gard, le premier de 500 hommes, le second d'environ 700, viennent d'arriver sans effets de campement, ni canons; je n'ai pu encore les voir, ils sont cantonnés (2).

---

(1) Une seconde lettre, adressée le 25 octobre par Dumouriez au ministre, est entièrement consacrée aux questions administratives et aux difficultés que soulèvent les bureaux de la guerre et notamment le premier commis Hassenfratz. Dumouriez se plaint de l'opposition injustifiée faite aux marchés de vivres conclus par l'ordonnateur Malus. Il s'étonne « qu'un commis républicain prenne le ton tranchant d'un commis de l'ancien régime ». « La plus grande des économies, dans une crise aussi forte que celle où nous sommes, est celle du temps et des hommes : je viens d'en donner la preuve et je suis pressé de finir comme j'ai commencé. Ainsi, toutes les fois que, pour des besoins de première nécessité, comme subsistances, habillement, munitions de guerre, argent, je serai arrêté par la lésinerie ou l'esprit méthodique des bureaux, je porterai hautement mes plaintes et je rejetterai ma responsabilité sur ceux qui mettent obstacle aux opérations dont je suis chargé. »

Dumouriez envoie copie de cette lettre au président du comité militaire de la Convention et lui demande d'intervenir auprès du ministre pour que satisfaction lui soit accordée. Cette énergique protestation eut gain de cause : les marchés conclus par Malus furent maintenus.

(2) *Archives nationales*, F7, 4689.

Dans une seconde lettre du même jour, d'Harville insiste encore sur l'urgence de pourvoir l'armée des objets de première nécessité :

Veuillez bien vous ressouvenir que la plupart des bataillons n'ont point leurs pièces de campagne (1).

De son côté, La Bourdonnaye adresse au ministre d'analogues doléances ; il accuse Dumouriez de lui enlever son personnel et ses ressources :

Vous serez étonné, Citoyen, que nous soyons au moment de manquer de fonds ; je vous ai dit que je rassemblais ici ou à Dunkerque 30,000 hommes ; sans argent, sans chevaux d'artillerie, je ne puis rien. Après trois semaines de soins pour rassembler une armée ; si celle du général Dumouriez, arrivée et arrivante à Valenciennes, m'ôte tous mes agents [à qui le lieutenant général Moreton (2) donne les ordres de venir à Valenciennes], je vous prie de me dire ce que je dois faire, et si le lieutenant général Moreton doit donner des ordres dans l'armée du Nord ; alors il serait plus puissant que vous, ou du moins que vous ne voulez l'être, car vous laissez les généraux disposer de leurs forces et de leurs moyens (3).

---

(1) *Archives nationales,* F⁷, 4689.

(2) Jacques-Henri-Sébastien-César de Moreton, comte de Chabrillan, né à Paris (1752), entra au service comme sous-lieutenant au régiment du Roi (1767) et devint, en 1785, mestre de camp du régiment de la Fère, dont il se démit en 1788. Maréchal de camp du 30 juin 1791, il fut nommé lieutenant général le 7 septembre 1792 et employé comme chef d'état-major de Dumouriez. Sa santé lui fit attribuer bientôt le commandement de la place de Bruxelles, d'où il fut, à la suite de dénonciations, rappelé en février 1793 et envoyé à Douai. Il mourut dans cette ville le 28 avril 1793.

(3) De Lille, 25 octobre 1792.

Voir encore lettre de La Bourdonnaye à Pache (25 octobre), se plaignant que les bureaux de la guerre aient nommé le général Duhoux à un emploi dans son armée : « Il ne m'est pas possible de recevoir Duhoux à mon armée ; c'est l'homme le plus incapable, le plus vil sous tous les points de vue..... Changez sa lettre de service et

*
* *

Le 26 octobre, Dumouriez rend compte au ministre
des dernières dispositions qu'il vient de prescrire pour
l'invasion des Pays-Bas. Il sollicite une approbation formelle qui mette fin à toute manifestation de mauvais
vouloir et ne laisse plus à La Bourdonnaye de prétexte
de désobéissance :

J'ai l'honneur de vous envoyer :

1º Le manifeste très simple et très court que je fais imprimer
pour être distribué dans les Pays-Bas (1) ;

2º Ma dépêche du 24, au général La Bourdonnaye. Je vous
avertis que, d'après l'incertitude de ma position, sur laquelle
le Conseil n'a pas encore prononcé, j'éprouve déjà, de la part

----

envoyez-le là où vous voudrez, *promener*, par exemple, ou à l'armée
de Biron..... » La Bourdonnaye s'élève aussi contre les choix faits
par Dumouriez : « .....Dumouriez, faible comme une p....., ainsi
qu'il le dit lui-même, vous accablera de promotions et détruira ainsi
toute émulation parmi les gens capables; car, ayant fait Moreton et
Chazot lieutenants généraux, je n'aurai jamais de confiance en ses
choix. Il est vrai que, pendant ce temps, les commis de la guerre faisaient Duhoux lieutenant général ».

(1) Cette proclamation, datée de Valenciennes 26 octobre, rappelle
l'échec de la révolution tentée en 1789 contre la domination autrichienne; elle déclare que la France victorieuse vient maintenant au
secours des patriotes vaincus naguère :

« Nous entrons incessamment sur votre territoire; nous y entrons
pour vous aider à planter l'arbre de la liberté, sans nous mêler en rien
de la constitution que vous voudrez adopter. Pourvu que vous éta-
blissiez la souveraineté du peuple et que vous renonciez à vivre sous
des despotes quelconques, nous serons vos frères, vos amis et vos sou-
tiens; nous respecterons vos propriétés et vos lois. La plus exacte discipline règnera dans les armées françaises.

« Nous entrons dans vos provinces pour y poursuivre les barbares
Autrichiens qui ont commis dans le département du Nord les excès les

de ce général des critiques assez amères et une opposition qui peut dégénérer en désobéissance, s'il substitue ses idées à mes plans. J'espère que le Conseil y remédiera assez à temps pour empêcher qu'il n'en résulte ou des inconvénients ou du scandale ;

3° Ma dépêche au général Valence ;

4° Celle au général Kellermann.

Vous verrez par ces quatre expéditions, quel est l'ensemble de mon plan ; comment il se lie avec le plan général d'attaques, depuis la Méditerranée jusqu'à Dunkerque. Vous jugez, Citoyen Ministre, combien toutes les parties doivent se correspondre et combien serait coupable quiconque en ferait manquer une des branches. Si le Conseil ou la Nation n'adopte pas ce plan en entier, il faut que vous me mandiez sur-le-champ la décision du Conseil ou de la Nation ; j'en exécuterai ce qui me sera prescrit, car je sais aussi obéir. Ce n'est qu'après demain que je pourrai rassembler mes troupes au camp de Quarouble. Je suis très pressé de les éloigner de Valenciennes ; dès lors je commencerai mes opérations ; ainsi rien n'est plus pressant que de me faire passer, ou les ordres absolus du Conseil, ou le pouvoir suffisant pour exécuter des plans médités depuis trois ans, et que les circonstances ont agrandis. Trouvez bon que je ne vous envoye pas la correspondance du général La Bourdonnaye, parce que je ne veux de procès qu'avec les Autrichiens ; mais remédiez tout de suite à une division naissante qui, si elle dégénérait en désobéissance, me forcerait à des mesures très sévères, parce que le salut de la

---

plus atroces. Nos justes armées seront très sévères contre les indignes soldats de la tyrannie. Vous avez aussi des injures, des violences et des crimes à venger ; joignez-vous à nous pour que nous ne confondions pas les Belges avec les Allemands, dans le cas où par apathie, vous les laisseriez maîtres de vos villes, que nous serions obligés de bombarder et de brûler pour détruire cette horde barbare qu'il vous est facile de chasser à jamais si vous joignez vos armes aux nôtres.

« Belges, nous sommes frères ; notre cause est la même ; vous avez donné trop de preuves de votre impatience pour le joug, pour que nous ayions à craindre d'être obligés de vous traiter en ennemis. »

République et sa gloire doivent passer avant toute autre considération.

P.-S. — J'arrive de Quiévrain où les ennemis sont venus pour nous tâter ; j'ai eu de la peine à contenir les troupes ; depuis hier, voilà plus de 160 hommes des leurs, tués, blessés ou prisonniers et au moins autant de déserteurs.

La lettre que Dumouriez écrivait le même jour à Valence précise non seulement le rôle qui allait incomber à ce dernier, mais encore l'ensemble des dispositions propres à couvrir la frontière, depuis la Meuse jusqu'au Luxembourg et à favoriser la marche offensive de la masse principale :

D'après votre dernière dépêche, mon Général, je vous attends pour le 6 à Givet, d'où vous ne tarderez pas à faire l'attaque de la Meuse ; je tâcherai de faire un arrangement pour que vous trouviez en arrivant à Givet des effets de campement pour 15,000 ou 20,000 hommes. Vous laisserez au général Chazot son commandement de Sedan et de l'arrondissement, avec les troupes qu'il a à ses ordres. J'avertirai seulement le général Miaczynski, qui vient me joindre avec quelques troupes légères. Vous trouverez à Givet une garnison très nombreuse, qui vous renforcera de plusieurs bataillons : vous pourrez y laisser des fédérés pour remplacer les troupes de ligne que vous y prendrez. Le général Bouchet, que vous y trouverez, vous donnera d'excellents conseils sur l'attaque de Namur, en cas que vous soyez encore à même de la faire et que Clerfayt n'ait pas pris cette position, soit sur la campagne entre Sambre-et-Meuse, soit sur les moyens de marcher directement sur les pays de Liége en évitant Namur.

Vous emmènerez avec vous l'état-major de votre armée, qui se plaint à moi d'avoir été traité durement par le général Kellermann ; le commissaire ordonnateur en chef Petiet, qui est un homme de grand mérite, et dont j'ai été fort content, a pris son parti et s'est retiré à Paris.

J'ignore qui sera à la tête de votre administration, mais j'imagine que ce sera le commissaire ordonnateur Soliva, qui est très intelligent et très actif. Arrangez tous les détails de votre armée d'une manière indépendante, puisqu'elle vous appartient sous la dénomination d'armée des Ardennes. Votre séparation avec l'armée du Centre et votre rapprochement de ce pays-ci, vous donneront toute facilité pour éviter toutes les querelles que les administrateurs établissent communément entre les généraux.

Ne perdez pas de temps, mon ami; il ne reste plus aucun Autrichien sur le territoire français ; j'occuperai après demain le camp de Quarouble-sur-Quiévrain ; j'ai en ce moment six bataillons et sept escadrons à Peruwelz; j'ai mon avant-garde dans Quiévrain et tout près les bois de Sars qu'occupent encore les ennemis. Ils en seront dépossédés à mon premier camp. Le général d'Harville se portera, le 28 ou le 29 au plus tard, à Binche avec son corps de 12,000 hommes, et je commencerai sur-le-champ mes opérations sur Mons en le tournant. Les Autrichiens ont très peu de troupes devant moi et sont obligés de les diviser sur Mons, Tournai, Ypres et Courtrai ; plus ils occupent de points, et plus leur défensive devient impossible à soutenir. Je suis obligé d'agir avant votre arrivée, pour prévenir la jonction de Clerfayt.

Il y aurait un moyen bien sûr de l'arrêter dans le Luxembourg ; et ce moyen je le propose au général Kellermann ; c'est qu'il se porte par Thionville le long de la Moselle, sur la rive gauche de cette rivière, vers Remich et Grevenmacher, d'où il aura l'air de menacer le Luxembourg et pour ensuite se porter sur Trèves. C'est à lui à développer cette idée et s'en faire un plan ; il peut, à cet effet, se renforcer des garnisons et du corps d'armée Chazot, qui deviendra inutile dans la partie de Sedan et de Mézières, à moins que le général Kellermann n'ordonne un petit rassemblement du côté de Virton, pour menacer par Arlon la communication entre le Luxembourg et Namur. Personne ne serait plus propre à cette expédition que le général Ligniville. Au reste, mon ami, je vous envoie à cachet volant la lettre que j'écris au général Kellermann (1); si vous êtes encore ensemble, modifiez ce plan ; si vous êtes séparés, envoyez-lui vos réflexions.....

-----

(1) Dans cette lettre (de Valenciennes, 26 octobre), Dumouriez indique sa situation et ses projets ; il annonce qu'il se portera en avant sans

Je compte infiniment sur vous, mon cher Valence, pour la plus prompte exécution de ce que je vous prescris dans cette lettre. Vous connaissez ma tendre amitié pour vous ; vous connaissez le désir que j'ai de voir vos succès et votre avancement ; vous savez ce que j'ai fait pour y contribuer. Ainsi je compte particulièrement sur votre amitié dont vous pouvez suivre les impressions, parce que je la mettrai toujours d'accord avec votre patriotisme.

---

attendre l'arrivée de Valence à Givet, parce qu'il laisserait ainsi le temps à Clerfayt d'atteindre Namur. « Je pense, ajoute-t-il, qu'il faut trouver un moyen pour retenir ou rappeler Clerfayt dans le duché de Luxembourg. Ce moyen me paraît d'accord avec les différents projets que vous m'avez proposés. Ils lient notre attaque des Pays-Bas avec l'expédition du général Custine, en formant une attaque intermédiaire, dont aucun général ne peut mieux s'acquitter que vous.

« Je vous propose donc de vous porter, avec votre corps d'armée, par Thionville, le long de la Moselle, vers Remich et Grevenmacher. Par cette marche, vous aurez l'air de menacer Luxembourg, qui, dans ce moment-ci, doit être encombré de malades, d'équipages des corps d'armées de différentes nations, et, en un mot, de la confusion d'une retraite aussi difficile et aussi désastreuse que celle de l'armée allemande, à son retour de Champagne. Vous pouvez être sûr que la terreur se mettra à votre approche dans Luxembourg et dans tout le pays. On rappellera les troupes autrichiennes ; on tâchera de retenir les Prussiens ; et alors, après avoir tiré tout le parti qu'il vous sera possible de la terreur que vous aurez répandue, vous pourrez passer brusquement la Moselle et vous rabattre sur Trèves. »

Dumouriez fait observer que ce mouvement favorisera à la fois l'invasion de la Belgique et les opérations de Custine. Il conseille de l'appuyer, en rassemblant, sous le commandement du général Ligniville, les meilleurs bataillons des garnisons de Sedan et de Mézières, et les trois escadrons laissés aux ordres du général Chazot. Ce corps, de 4,000 à 5,000 hommes, entrerait dans le Luxembourg par le côté de Virton ; il inquiéterait les Autrichiens, faciliterait la marche de Kellermann et couvrirait cette partie de la frontière dans le cas improbable d'une offensive ennemie. Dumouriez demande à Kellermann de le tenir au courant de ses mouvements. Il conclut :

« Le désir de toute la nation et le véritable intérêt de la République est que nous hivernions hors de nos frontières, tant pour nous procurer du numéraire par les contributions, ou, de gré à gré, par l'échange

Le 27 octobre, le ministre répondit à Dumouriez en lui confirmant, d'une façon expresse, l'autorité dont il était investi pour l'expédition dans les Pays-Bas :

Je reçois, Général, votre lettre du 26, avec les cinq pièces qui y sont jointes.

Vous avez reçu du Conseil exécutif provisoire l'ordre d'entrer dans le Brabant ; il n'y a rien de changé à cet égard.

Votre manifeste ne peut que faire le meilleur effet.

J'ai mandé en termes exprès au général La Bourdonnaye, que vous étiez chargé de cette expédition et qu'il était sous vos ordres. Vous trouverez, ci-joint, copie de ma lettre (1).

---

de nos assignats au pair ; et pour que la subsistance de plus de 150,000 hommes se trouve aux dépens des pays qui nous avoisinent et ne soit plus à la charge de la France, que nous finirions par épuiser, si nous restons chez nous.....

« J'espère qu'au printemps, vous viendrez me donner la main par Cologne. Le Rhin doit être la seule borne de notre campagne, depuis Genève jusqu'à la Hollande et peut-être jusqu'à la mer. Arrivera ensuite ce qui pourra. Mais lorsque nous aurons rempli cette tâche, la Révolution de l'Europe sera bien avancée..... »

(1) Lettre du 27 octobre. Le ministre accuse réception à La Bourdonnaye de ses deux lettres du 25, et le remercie des détails relatifs aux mouvements exécutés vers Tournai. Il ajoute : « Les vues qui vous ont été communiquées et le projet d'opérations vers la Flandre maritime que vous deviez diriger ont été remplacés par un plan plus vaste, dont la direction supérieure a dû être nécessairement confiée à celui qui en est l'auteur, le général Dumouriez. Il est donc nécessaire que, pour y concourir, vous rentriez dans ses vues et vous vous conformiez à ses ordres. » Le ministre prescrit cependant de lui adresser directement « les états de situation et toutes les demandes » concernant le personnel et le matériel de l'armée du Nord. « Cet ordre doit être conservé tant que votre corps ne sera pas réuni à celui qui est sous les ordres directs du général Dumouriez. »

Le 30 octobre, La Bourdonnaye répond (de Lille) que, dès le 27, il avait écrit à Dumouriez qu'il abandonnait le projet d'occuper Ostende et Bruges : « J'avais 8,000 hommes disposés à cet effet à Dunkerque et Bergues. Le mouvement que j'avais fait en même temps sur la Lys m'ouvrait la route de Gand.

« J'ignore quels sont les motifs particuliers que le général Dumouriez

Je m'occuperai sans relâche, je vous l'assure, des soins de vous faire parvenir tout ce que je pourrai pour assurer le salut de la République, et vous prie d'en être bien persuadé.

P.-S. — Votre service est assuré pour les vivriers. Cependant je prendrai les 20,000 sacs, en accordant 2 p. 100 sur les farines (1). Prenez confiance dans mon zèle.

Le lendemain, le ministre écrit encore à Dumouriez qu'en lui faisant connaître les intentions présumées des

---

a pu avoir pour m'empêcher d'occuper la Flandre maritime ; parce que je ne contrariais point le plan militaire concerté entre nous, qui était de conserver, entre la Lys et l'Escaut, une force assez considérable pour empêcher les Autrichiens de porter les troupes de Tournai sur Mons.

« Ma marche en avant se trouve ralentie : 1° parce que le général Dumouriez a pris les chevaux d'artillerie destinés à mon armée ; 2° parce qu'il a fait requérir les chevaux des districts de Lille et de Béthune ; je m'en trouve totalement dépourvu.

« Le général Dumouriez me pria, il y a huit jours, d'avancer 10,000 livres au Comité belgique ; il lui en a avancé dernièrement 100,000.

« Depuis ce moment, la désertion et l'embauchage augmentent dans nos troupes de ligne d'une manière effrayante.

« Vous savez que ce comité et le général Dumouriez ont le projet de former 40,000 hommes de troupes belgiques, qui, avec 70,000 Français, ne sont certainement pas nécessaires pour chasser 30,000 Autrichiens. Je vous prie d'observer que tous les moyens de finances, de munitions, d'approvisionnement, ne doivent peut-être pas être concentrés pour créer une puissance militaire de 100,000 hommes, surtout si l'on paraît attaché à convertir le Comité belgique en comité militaire. Vous savez que ce comité n'a pas la moindre autorisation des habitants des Pays-Bas, pas même des patriotes d'Ypres, Bruges et Gand ; et, quoiqu'il y ait quelques gens d'esprit dans ce comité, on ne peut pas nier qu'ils ont fait des dépenses énormes jusqu'à ce moment. »

(1) Il s'agissait de sacs de blé achetés en vertu d'un marché que les bureaux de la guerre avaient voulu rompre. Dumouriez avait insisté vivement pour le respect des engagements conclus par son ordre ; il avait appuyé la transaction, très raisonnable, des vendeurs, qui consentaient à céder les sacs en justifiant des factures, moyennant une simple commission de 2 p. 100.

Prussiens sur le pays de Liége, il n'a voulu que lui communiquer ses idées pour empêcher l'exécution d'un dessein préjudiciable à la République :

C'est sans doute à vous, Général, à qui la conception, la gloire et la responsabilité du plan que vous suivez appartiennent à en diriger l'exécution ; et on ne peut être moins disposé que je le suis à substituer mes vues sur les opérations militaires à celles du général qui en est chargé.

Comptez que j'emploierai tous les moyens qui sont en mon pouvoir pour que votre armée n'éprouve aucun besoin. Je vous prie seulement d'exiger des officiers de votre état-major et de vos commissaires des guerres un esprit de prévoyance qui les empêche de remettre les demandes à l'époque même où le besoin se fera sentir.

De son côté, le Conseil exécutif tint à sanctionner l'autorité de Dumouriez et prit, le 29 octobre, la délibération suivante :

Le Conseil exécutif provisoire, délibérant sur la difficulté qui s'est élevée relativement aux rapports de subordination à établir entre les officiers généraux qui se trouvent employés dans l'expédition de la Belgique ;

Après avoir entendu le rapport du ministre de la guerre ;

Arrête que le général Dumouriez aura le titre de *lieutenant général des armées de la République, commandant en chef l'expédition de la Belgique ;*

Qu'en cette qualité tous les lieutenants généraux, quel que soit leur titre à d'autres égards, qui se trouveront employés dans cette expédition, seront sous les ordres du général Dumouriez ; et qu'il sera écrit en conformité de cette résolution, tant au général Dumouriez qu'aux autres lieutenants généraux.

Cette décision fut accompagnée de deux autres, qui pouvaient, dans une certaine mesure, en paraître la contre-partie. L'une interdisait aux généraux de conférer des grades et des emplois dans l'armée (1). L'autre prohibait toutes les correspondances adressées à la Convention nationale par les corps administratifs, tribunaux, généraux et agents quelconques ; il leur était enjoint d'adresser leurs lettres ou demandes au Pouvoir exécutif (2).

Fort sages en principe, ces prescriptions manquaient peut-être d'opportunité ; elles semblaient être la conséquence d'incidents récents et procéder d'un sentiment de défiance contre Dumouriez (3). Elles tendaient à res-

---

(1) « .....Le Conseil exécutif provisoire, considérant que, si des circonstances pressantes ont pu motiver de la part des généraux cet exercice de pouvoirs que la loi ne leur a point attribués, il est temps que tout rentre dans l'ordre et que l'observation des règles soit maintenue avec l'énergie qui caractérise un gouvernement républicain, Arrête, que nul ne pourra désormais conférer dans l'armée les grades et emplois qu'il appartient au Pouvoir exécutif de donner conformément aux lois ». (*Délibération du* 26 *octobre* 1792.)

(2) « .....Il sera enjoint aux divers corps administratifs et judiciaires, ainsi qu'aux généraux d'armée et à tous les agents du Pouvoir exécutif, en vertu des lois existantes, d'adresser désormais au Pouvoir exécutif les lettres et les demandes qu'ils seront dans le cas de faire parvenir à la Convention nationale, pour des objets concernant leurs fonctions et qui doivent lui être transmises par les ministres, chacun pour son département ». (*Délibération du* 29 *octobre* 1792.)

(3) Le 2 décembre 1792, Dumouriez écrira au ministre : « Dès que le décret qui ôte aux généraux la nomination aux emplois militaires a été rendu, je m'y suis soumis sans balancer ; mais je vous avoue que vos bureaux en font un abus révoltant. C'est ainsi qu'on a farci l'armée que je commande d'adjudants et d'adjoints qui ne savent pas un mot de leur métier. On m'a donné entre autres pour adjoint un danseur de chez Nicolet (*nommé Moras*). Je passerais sur le titre, s'il avait autant de talents que de souplesse dans les reins. L'intention du décret a été sans doute de ne pas laisser aux généraux les moyens de se faire trop de créatures dans les armées par les nominations ; mais ils devraient au moins être consultés pour les emplois supérieurs et pour les emplois de confiance ; et surtout les choix devraient tomber sur des officiers connus des soldats, et qui ont leur confiance. »

En ce qui concerne la correspondance directe avec la Convention,

treindre l'autorité de celui-ci, au moment même où l'on reconnaissait la nécessité de la mettre hors de discussion.

---

nous voyons, le 10 novembre, Dumouriez déclarer au ministre que le décret « porte atteinte à la liberté individuelle, et qu'il est des cas où un général, qui serait mal avec son ministre, pourrait se trouver nécessité à l'enfreindre pour sa propre sûreté ». Il cite le précédent de sa propre conduite avant le 10 août, sous le ministère de Lajard : « Si... je n'avais pas fait semblant de croire qu'il n'y avait plus de ministre, et je n'avais pas écrit directement au président de l'Assemblée nationale, la nation m'aurait confondu avec les plats coquins qui la trahissaient ; elle aurait ignoré qu'il existait un général et une armée prêts à verser leur sang pour soutenir la souveraineté du peuple ; et peut-être n'eût-elle pas osé entreprendre la Révolution du 10 août.

« Je vous fais toutes ces observations comme ancien ministre, comme philosophe et comme aussi bien nourri qu'aucun de nous des grandes idées du républicanisme ; mais en même temps je vous déclare que personne n'obéira plus ponctuellement que moi, parce que ma confiance est entière en mes anciens collègues et en vous. »

En revanche, La Bourdonnaye répond au ministre (de Gand, 12 novembre), qu'il se conformera « avec d'autant plus de plaisir » à cette décision qu'il a toujours considéré la subordination des agents du pouvoir comme « absolument indispensable pour prévenir l'anarchie et la trop grande influence des généraux et surtout d'un généralissime.

« Les ministres n'auraient plus de forces, si les généraux cherchaient à se faire, dans la Convention, un parti indépendant ou influent sur le Pouvoir exécutif ».

CHAPITRE III

L'ENTRÉE DANS LES PAYS-BAS

Le mouvement définitif de l'armée commença le 28 octobre.

En quittant Valenciennes pour se porter à l'extrême frontière, Dumouriez écrivit au ministre :

Je pars en ce moment, Citoyen Ministre, pour porter mon quartier général à Onnaing. Le général Valence me mande sa marche sur Givet. Il me semble qu'il n'est pas trop bien outillé en artillerie (1) : il doit cependant débuter par prendre la

---

(1) Voir *Archives nationales*, F7, 4689, lettre de Valence à Dumouriez (Longuyon, 26 octobre) : « Le manque absolu de pain pour une distribution dont le citoyen d'Alency s'était chargé m'a empêché, mon cher Général, de partir hier. Il a fallu l'attendre ici et mes troupes se sont mises ce matin en mouvement, pour aller camper à Montmédy, d'où elles marcheront sur Givet et s'y rendront très promptement. Elles séjourneront à Sedan. Là j'organiserai état-major et subsistances, et j'en partirai, le 29 au soir, pour aller vous rejoindre à Valenciennes». (Valence comptait s'y rendre de *sa personne*, pour conférer avec Dumouriez.) Il signale sa pénurie en canons, en artilleurs et en chevaux. Il demande *au minimum :* huit pièces de 8, quatre de 12 et quatre obusiers, attelés et servis.

Dumouriez répondit (de Valenciennes, 28 octobre) : « ..... C'est à Givet que vous devez vous rendre avec la plus grande promptitude possible, et je compte bien, comme vous me l'avez promis, que vous y serez arrivé le 6 et que vous pourrez en partir le 10. Je vais m'occuper sur le champ de vous y faire trouver quatre pièces de 16, quatre de 12, quatre obusiers avec leurs équipages, et des chevaux pour vos quatre mortiers. Vous ne me mandez pas s'il vous faut des bombes, de quelles dimensions .

citadelle de Namur, et ensuite celle de Huy. Je vous envoie copie de ce qu'il me demande. Je lui ferai passer quatre pièces de 16, quatre de 12 et quatre obusiers. Je vais donner les ordres à Douai, pour le convoi, que je ferai déduire sur mon train d'artillerie de siège. J'ignore ce qu'il y a en artillerie à Givet et Philippeville. Ce qui, je crois, sera plus nécessaire, ce sera d'y faire passer des chevaux haut le pied, directement, pour le service de ses mortiers. Il serait bon d'y faire passer 3,000 ou 4,000 bombes, s'il se trouve quelque manufacture de cette espèce; et les ressources en ce genre se trouvent à portée de Givet même, ainsi que pour les boulets. Je ne crois pas qu'on ait besoin de pièces de 24 dans cette partie; d'ail-

---

sont vos mortiers, ou si vous êtes pourvu à cet égard. Quant aux canonniers et officiers pour former votre parc, il faut, mon cher ami, que vous les preniez des garnisons de Givet et Philippeville.

« Il ne faut plus du tout vous amuser à négocier. Je vous prescris même de refuser les rendez-vous qu'on vous donnera; ce sont des jours perdus pour nous et bien employés pour les fripons qui veulent nous jouer par cette prétendue négociation. Je vais donner les mêmes ordres à Kellermann dans la lettre ci-incluse que je vous prie de lui faire passer. Si on vous propose des conférences, répondez deux choses :

« 1° Que vous ne pouvez admettre d'aucune manière le duc de Brunswick à des négociations, parce qu'il a manqué à la dignité du peuple français dans trois manifestes, et que ce n'est qu'après qu'il les aura retirés avec l'éclat qui convient à l'honneur de cette nation offensée, qu'on pourra l'admettre à des conférences.

« D'ailleurs nous ne voulons pas traiter avec des despotes sur la liberté des Pays-Bas. Quand le peuple belge sera rendu à sa dignité naturelle et à ses droits imprescriptibles, il pourra traiter comme il voudra avec son ci-devant souverain, et nous n'entrerons que comme garants dans cette négociation.

« Je pars aujourd'hui pour la frontière et par conséquent j'entre dans la Belgique où j'ai depuis trois jours mon avant-garde; ni Kellermann ni vous n'avez le temps d'aller à Paris; il faut que nous soyons tous à notre poste et que nous ne perdions pas un jour pour achever promptement notre campagne et pour seconder les glorieux succès de Custine. Nous tenons l'ennemi, il ne faut pas le laisser respirer. Si nous entrions en quartier d'hiver, ils referaient une armée et nous remettrions le sort au hasard d'une seconde campagne, qui ne se fera pas, si par notre rapidité nous achevons d'anéantir les armées des despotes..... »

leurs les chemins le long de la Meuse et entre Sambre et Meuse les rendraient très embarrassantes. Le château de Namur n'a point de casemates, et n'est qu'un vieux recrépissage fort mal torché : quelques bombes suffiront, si Clerfayt n'est pas arrivé; s'il est arrivé, j'y marcherai moi-même de Bruxelles avec 50,000 ou 60,000 hommes. Valence contiendra Clerfayt, et c'est là où nous finirons (1).

Le même jour, il fait passer au général Miranda (qui était alors à Paris) une note au sujet de diverses questions laissées en souffrance par le ministre. Il le charge notamment de « presser l'envoi de tous les objets relatifs à l'approvisionnement de l'armée en munitions, bouches à feu, armes, chevaux, effets d'habillement, etc. » (2).

Les retards dans les expéditions de matériel, l'insuffisance des services administratifs étaient la principale cause d'immobilisation de cette armée qu'il y aurait eu intérêt, au point de vue militaire, à porter en avant le plus tôt possible. Nous avons vu et retrouverons encore

---

(1) Le 30, Pache répond à Dumouriez : « Je reçois dans l'instant votre lettre du 28..... L'état des demandes du général Valence relativement à l'artillerie est rempli; l'envoi est dirigé sur Mézières..... Je fais chercher les plans de Namur et de Huy et je les enverrai à Valence selon vos désirs.

« Je conférerai demain avec le colonel Saint-Georges sur les moyens de vous envoyer promptement le corps qu'il commande. Je donne des ordres pour les autres troupes que vous me demandez.

« ..... Je ne puis subvenir aux besoins des armées avec l'exactitude que je voudrais y mettre, si je ne reçois pas des comptes détaillés de ces besoins..... »

(2) Dans cette même lettre, Dumouriez charge Miranda d'insister auprès du Conseil exécutif pour obtenir la levée d'un décret d'accusation porté contre le général de La Noue « beaucoup trop légèrement et sans aucunes preuves suffisantes ». Il rend justice à la loyauté, aux talents militaires de ce général et désirerait le mettre « à la tête de l'armée belgique, qui va se former ».

de nombreuses doléances à ce sujet sous la plume de Dumouriez et des autres généraux ; les représentants en mission dans le département du Nord constataient, eux aussi, ces dangereuses lacunes d'organisation qu'avaient précédemment signalées leurs collègues détachés auprès des armées opérant derrière l'Argonne. Voici, par exemple, en quels termes d'Aoust, Duquesnoy et Doulcet écrivaient à la Convention :

Avesnes. 27 octobre 1792.

Nous avons visité soigneusement les hôpitaux de Landrecies et d'Avesnes où il y a un grand nombre de malades de l'armée de Dumouriez. Celui de Landrecies est dans un état déplorable. Nous y avons trouvé des malades exposés à presque toutes les injures de l'air, dans un cloître humide et fétide, d'autres couchés sur la paille dans des galetas; nous avons requis la municipalité de prendre sur le champ les mesures provisoires qui pouvaient apporter quelque soulagement à nos braves frères d'armes.

Les malades sont un peu moins mal à Avesnes, par les soins des corps administratifs qui ont pris sur eux de faire le service des commissaires des guerres, qu'on n'y voit paraître, ainsi qu'à Landrecies, que pour les revues.

A quoi sert-il de payer chèrement ces officiers, si l'on n'en peut obtenir aucun service ? Telle est la question que nous font, sur cette frontière, les corps administratifs patriotes et tous les citoyens. Telle est aussi celle que nous faisons à la Convention nationale.

Les souliers des magasins de l'armée sont reçus par eux. Nous avons pris, sur cet objet important, des renseignements dont voici le résultat :

Les souliers tirés des magasins de l'armée manquent rarement par les empeignes, mais il n'y a pas d'exemple que les semelles aient résisté à huit journées de marche dans la boue, parce que les premières semelles sont mal cousues et à longs points, et presque toujours les semelles sont en cuir de vache ; et, si elles sont en bœuf, le cuir n'a pas été assez battu avant d'être employé, ce qui fait que les soldats, en général, depuis le commencement de la campagne jusqu'à ce jour, ont usé au moins six paires de souliers par homme.

Nous nous joignons à nos braves frères d'armes pour solliciter de la Convention nationale des mesures propres à faire cesser tant d'abus. Nous nous joignons à ceux que nous rencontrons, à chaque pas, couverts de gloire et de lambeaux, marchant dans la boue sans souliers et sans se plaindre, pour demander une punition exemplaire des principaux auteurs de ces funestes friponneries.... (1)

*
* *

Dans la journée du 28, une partie de l'avant-garde de l'armée principale s'établit au delà de l'Hogneau, occupant Quiévrain et poussant des postes jusqu'à Montrœul et Pommerœul (2). Ce mouvement ne donna lieu

----

(1) Lettre publiée dans l'*Argus du département du Nord* du 3 novembre 1792.

(2) Voir les *Mémoires* du général Ferrand : « Dumouriez fit cantonner l'armée pendant quelques jours aux environs de Valenciennes, pour lui faire prendre quelque repos, lui faciliter les moyens de se ravitailler.

« Le 27 octobre 1792, le général Dumouriez ordonna aux troupes d'aller prendre position au camp de Quiévrechain. L'armée campa sur deux lignes ; la gauche appuyait au village de Crespin et la droite à Marchipont. Le parc d'artillerie était auprès du village de Quarouble et le quartier général à celui d'Onnaing. Ce camp avait la rivière de l'Hogneau en front. »

Voir aussi l'*Argus* du 29 octobre : « Tous les effets de campement, la grosse artillerie et la grande armée ont filé hier matin vers Mons ; le général Dumouriez est aussi parti hier, à 10 h. 1/2 du matin, avec tout son état-major, et il a établi son quartier général à Onnaing, près de Quiévrain. Plus de 60,000 hommes sont maintenant placés sur trois lignes aux environs, et même aux portes de Mons. La communication du côté de Leuze, entre Mons et Tournai, a été coupée par la colonne de Condé ; La Bourdonnaye est aux portes de Tournai. Dumouriez connaît parfaitement toutes les forces et la situation de ces deux places ;

qu'à des escarmouches, mentionnées dans une lettre de Beurnonville au ministre :

Quiévrain, terre de l'Empire, 29 octobre 1792.

.....Je saisis cette occasion pour vous dire que je n'ai pu encore faire que trente-trois prisonniers, dont deux officiers, dans l'attaque des postes avancés que j'ai voulu prendre en avant de Quiévrain et qui me convenaient, en attendant que l'armée arrivât.

La première colonne est arrivée hier; la seconde arrive aujourd'hui ; et, dès que tout sera organisé, je me porterai en avant et, malgré les dispositions très défensives des Autrichiens, je crois pouvoir vous assurer, Monsieur, qu'ils ne résisteront ni à la bravoure de nos troupes, ni à leur masse.

C'est à juste titre que Beurnonville exprimait cette confiance dans la valeur morale des troupes qui allaient envahir les Pays-Bas. Nous retrouvons ce même éloge sous la plume de Dumouriez, qui écrit, le 30 octobre, au ministre :

Je ne peux vous exprimer à quel point les troupes sont remplies d'ardeur, de confiance et de gaieté.

Les représentants en mission tiennent le même langage dans une lettre à la Convention :

Maubeuge, 30 octobre 1792.

Les troupes que nous avons vues avant-hier au camp retranché de Maubeuge, hier, dans les cantonnements qui environnent cette place et aujourd'hui dans son enceinte,

---

elles ne sont pas de nature à pouvoir résister à une armée aussi imposante, lors même que les habitants ne seraient pas disposés à nous seconder, et entièrement dévoués à faire cause commune avec nous. Il n'y a donc pas de doute, qu'avant 24 heures, nous serons dans Mons....» (Ces nouvelles sont reproduites presque textuellement par le *Moniteur* du 2 novembre.)

nous ont paru animées de cette ardeur républicaine qui transforme les hommes en héros.

Le général Harville, qui commande cette partie de la nombreuse armée qui va marcher dans la Belgique, a la confiance de ses braves soldats ; il la mérite, et la partage avec Tourville, qui commandait ici avant l'arrivée des renforts (1).

Ils rendent hommage au bataillon liégeois, « presque entièrement composé de ces hommes qui ont fait l'admiration des amis de la liberté » dans la Révolution des Pays-Bas ; ainsi qu'aux chasseurs belges et monstois, qui « brûlent du désir d'arracher leur pays au despotisme et de venger leurs concitoyens ».

Ces documents, ainsi que maints autres déjà cités, montrent bien quel était l'état d'esprit des troupes, élément dont l'influence, toujours importante à la guerre, devient prépondérante dans des conditions semblables à celles où la France se trouvait placée. A ce point de vue, nous citerons encore cette lettre adressée à son père par un simple lieutenant du 9ᵉ bataillon de fédérés, François Mireur, qui, devenu général de brigade, devait tragiquement finir pendant la campagne d'Égypte :

Du camp de Quiévrain, 30 octobre.

Je vous ai écrit de Bermerain, petit village près Valenciennes, où nous avons été cantonnés ; je vous écris d'ici, du

---

(1) D'Harville s'était activement occupé d'affermir la discipline dans les troupes réunies à Maubeuge. Voir sa lettre au ministre (lue dans la séance de la Convention du 3 novembre), dans laquelle il annonce que le 1ᵉʳ bataillon du Nord lui a porté plainte contre un capitaine « pour sa conduite crapuleuse, pour des rapines ». D'Harville ajoute : « Il a été sur-le-champ destitué, rasé et chassé hors de la ville. J'ai promu en même temps à une sous-lieutenance de cavalerie le brave Mangin, qui, par sa conduite intrépide et son intelligence, a, pendant deux heures, arrêté avec une poignée de ses camarades un nombreux détachement ennemi..... L'appareil imposant que j'ai donné, tant à la punition de l'officier qu'à la récompense de ce soldat, a fait le plus grand effet sur la troupe... »

camp où nous ne sommes que transitoirement. Le brave général Dumouriez commande en chef notre armée, qui est composée de 73 bataillons, ce qui fait une force de 60,000 hommes ; nous avons avec nous une artillerie en état de faire trembler tous les tyrans du globe, nous en avons cinq parcs. Hier, Dumouriez nous passa en revue. La marche dura au moins trois heures ; il harangua tous les bataillons, il nous fit distribuer une adresse qui avait pour but de nous inviter au sang-froid quand nous serons en présence de l'ennemi, de paraître dans le pays ennemi plutôt en libérateurs qu'en ennemis.

..... Le pays n'est pas comme celui de chez nous. Il y pleut tous les jours. La nuit passée, ma marquise a été emportée par le vent ; j'ai été obligé de me lever tout mouillé pour la tendre de nouveau. Je vais à l'ennemi avec une ardeur indicible. Je supporte le mauvais temps avec une gaieté surprenante ; toute l'armée est en état d'en dire autant. Le patriotisme me donne de la force..... (1)

Pendant cette journée du 28 octobre, les troupes établies au nord de Condé s'installaient solidement dans leurs positions ; un petit détachement français occupait Saméon, village en avant de la ligne Orchies—Saint-Amand. La Bourdonnaye se préparait à des opérations ultérieures en renforçant ses avant-postes de Croix, Annappes et Sainghin.

Le duc de Saxe-Teschen paraît s'être mépris sur l'im-

---

(1) François Mireur (1770-1798) faisait ses études de médecine à Montpellier au moment de la Révolution. Il partit comme volontaire en 1792. Lieutenant de grenadiers au 9e bataillon de fédérés (1er août), il servit plus tard comme adjoint aux adjudants généraux, puis comme adjudant général. Il fut nommé général de brigade le 2 avril 1797, accompagna Bonaparte en Égypte et fut tué par les Arabes, près de Damanhour. (Voir au sujet de cette mort l'*Expédition d'Égypte*, par C. de la Jonquière, tome II, pages 136-138.) La lettre que nous publions est empruntée à l'ouvrage : *Un volontaire de 1792*, par Jean Lombard. (Paris, Savine, 1892.)

portance des mouvements exécutés autour de Lille. En même temps qu'il en avait connaissance, il recevait des renseignements qui portaient à 30,000 hommes l'effectif de l'armée de La Bourdonnaye ; on annonçait un envoi de grosse artillerie de Douai à Lille ; on disait que Dumouriez en personne s'était transporté dans cette ville. Ces circonstances firent croire au général autrichien qu'il était menacé sur sa droite, hypothèse qui rendait dangereuse toute réduction des forces stationnées en Flandre et auprès de Tournai.

La véritable situation ne se révéla qu'à la suite du grand mouvement des troupes de Valenciennes sur Quiévrain, mouvement que le baron Lilien signala au duc de Saxe-Teschen, par une lettre arrivée à Tournai le 29 octobre ; il ne devint plus douteux que l'attaque principale serait dirigée contre Mons, où l'on ne pouvait attendre les renforts de Clerfayt avant le 1er novembre. Le duc prescrivit aussitôt au F.-M. L. baron Beaulieu de se diriger de Bury sur Mons, avec trois bataillons et un escadron. L'occupation de Bury fut confiée au colonel Hadik, avec quelques renforts envoyés de Tournai.

Les deux bataillons d'Alton et de Murray furent appelés de Menin à Tournai. Le 30 octobre, le quartier général autrichien quitta cette dernière ville et fut transporté à Mons, où la partie décisive semblait devoir bientôt s'engager.

En même temps qu'il annonçait au général en chef la marche de Dumouriez, le F.-M. L. baron Lilien avait écrit à Clerfayt, pour lui signaler la situation très difficile où il se trouvait, ne disposant que de quatre bataillons pour défendre Mons. Il le priait instamment de hâter l'arrivée de partie au moins de ses troupes.

On a vu que ce mouvement de Clerfayt avait subi d'inévitables retards. La distance à parcourir était considérable, en raison même de la nécessité qu'il y avait de marcher assez loin de la frontière française, où l'on pouvait craindre une attaque de flanc de la part des troupes occupant la région Sedan—Givet. Après la campagne pénible de l'Argonne, on éprouvait encore de rudes fatigues dans les mauvais chemins de l'Ardenne. Il avait donc été impossible à Clerfayt de faire partir ses dernières colonnes d'Arlon, avant le 27 octobre.

Le 29 octobre, le bataillon colonel de Vierset atteignait Namur ; il reçut du baron Lilien l'ordre de se rendre immédiatement à Mons, avec le bataillon de corps de Murray. Ces deux corps arrivèrent à destination le 30, en même temps qu'un bataillon de Grün-Loudon et une division de hussards de Blankenstein.

A cette même date du 29 octobre, Clerfayt se rendit personnellement de Marche à Namur. Avant de se mettre en route, il mandait au baron Lilien qu'en dépit des marches forcées exécutées depuis Arlon (six jours sans repos), et malgré qu'il n'eût rien négligé pour se procurer des attelages, il ne pourrait avoir ce jour-là que deux bataillons de grenadiers, le régiment de Stuart et deux escadrons de dragons (de Cobourg) rendus à Emptinne ; ces troupes seraient, le 30, à Namur. De là, elles furent immédiatement appelées vers Mons et arrivèrent à Fleurus le 31 octobre.

Les autres éléments du corps de Clerfayt atteignirent successivement Namur :

Le 31 octobre, 2 bataillons de Mathesen, 6 compagnies de chasseurs, 4 escadrons de hussards et la réserve d'artillerie ;

Le 1ᵉʳ novembre, 2 bataillons de Hohenlohe, 2 bataillons de Kinsky, 2 escadrons des hussards d'Esterhazy.

Pour assurer la liaison entre Namur et le Luxembourg, un petit détachement (3ᵉ bataillon de Bender, 1 division de Vierset, 2 compagnies des chasseurs de Leloup, 2 escadrons d'Esterhazy et 200 volontaires de Limbourg) furent mis, le 30 octobre, sous les ordres du lieutenant-colonel de Lusignan. Se tenant lui-même à Marche (avec 4 compagnies de Bender et 1 peloton de hussards d'Esterhazy), il poussa en avant, sur la Lesse, un certain nombre de détachements (1), pour observer toute la frontière entre la Meuse et Neufchâteau, où il se liait au corps de Hohenlohe, établi dans le Luxembourg.

La formation de ce détachement affaiblissait d'environ 1000 hommes l'effectif des troupes de Clerfayt, déjà bien réduites par la marche qu'elles venaient d'effectuer. En dehors des bataillons de grenadiers, qui faisaient bonne figure en arrivant à Mons, les autres unités étaient à bout de forces. La désertion avait, en outre, causé des vides considérables : du 1er au 25 octobre, le bataillon de Bender avait perdu 70 hommes, le bataillon de Clerfayt (régiment wallon), 130 hommes, le bataillon de Vierset (régiment wallon), 200 hommes.

Dès le 29 octobre, Dumouriez se trouvait à une marche de Mons, avec une armée d'environ 30,000 hommes, toute concentrée, capable d'écraser aisément le petit détachement du F.-M. L. baron Lilien, avant l'arrivée des premiers renforts amenés par Clerfayt.

Quels que pussent être les avantages d'une action immédiate, Dumouriez ne crut pas devoir brusquer les événements. Avec des troupes jeunes, dont l'organisation présentait encore tant de lacunes, il pouvait être

---

(1) A Dinant, Custinne et Nassogne, un peloton de hussards ; à Villers-sur-Lesse, une compagnie de chasseurs et un peloton de hussards ; à Rochefort, une division de Vierset, deux pelotons de hussards et 200 volontaires de Limbourg ; à Saint-Hubert, une division de Bender, une compagnie de chasseurs et un peloton de hussards.

dangereux de compromettre, par une tentative prématurée, la suite de la campagne (1).

Dans une lettre au ministre (d'Onnaing, 29 octobre), il insiste une fois de plus sur l'urgence de fournir à ses troupes le matériel indispensable à leur marche en avant :

J'ai reçu hier, par le retour de mon courrier, Citoyen Ministre, votre lettre du 27, par laquelle vous m'annoncez un paquet contenant l'ordre d'entrer dans le Brabant, et que je n'ai point reçu. Je crains que ce courrier ne soit perdu ; car étant parti une heure avant mon aide de camp, le lieutenant-colonel Devaux, celui-ci est arrivé depuis quarante heures. Je vous envoie copie du manifeste imprimé, ainsi que de l'adresse à l'armée. Je vous remercie d'avoir terminé les petites discussions naissantes entre La Bourdonnaye et moi ; il s'était déjà rendu à une dernière lettre raisonnée que je lui ai écrite ; mais au moyen de votre décision, il n'y a plus à craindre ni humeur, ni jalousie ; c'est d'ailleurs un très bon citoyen, et je rends justice à ses vues qui sont très droites.

J'ai fait, hier, mon mouvement pour sortir toutes mes troupes des cantonnements, où je n'ai pas pu parvenir à connaître leurs besoins : si j'avais tardé plus longtemps à les ras-

---

(1) Il semble que Dumouriez ait cru la garnison de Mons plus forte qu'elle ne l'était réellement. Le *Moniteur* du 27 octobre donne, en effet, l'évaluation suivante des forces existant à Mons et aux environs le 23 octobre : dans la ville, quatre compagnies de grenadiers (Murray, Vierset, Clerfayt et Ligne), un régiment hongrois à parements rouges, deux bataillons d'infanterie d'Alton, deux divisions de hussards d'Esterhazy, deux divisions de dragons de Cobourg. Total, 5,000 hommes. Aux environs, 5,000 hommes également, cantonnés à Hyon, Jemappes, Frameries, Boussu, Hainin et Thulin ; ces trois derniers cantonnements étant occupés par les hussards d'Esterhazy et les chasseurs tyroliens.

La note du *Moniteur* disait que les remparts de Mons n'étaient garnis que de six canons en fer. Elle ajoutait : « Les Autrichiens ont embarqué toute la grosse artillerie à Ath et l'ont fait partir pour Gand. Les effets les plus lourds partent journellement pour Namur et de là à Luxembourg ».

sembler, la désertion s'y serait mise, et j'en éprouve déjà une très considérable. Il est fâcheux qu'on ait décrété si tôt que la patrie n'est plus en danger : quantité de volontaires demandent à s'en retourner chez eux; je n'ai trouvé qu'un moyen de retenir ceux qui ont de l'honneur, c'est de leur faire déposer leurs armes et gibernes, parce que nous avons besoin d'armes et de gibernes pour faire la guerre. Il y aura quelques réclamations à cet égard, je crois même déjà quelques injures, entre autres de la municipalité de Saint-Cloud ; mais je n'entendrai rien de tout ça ; et d'ailleurs la République passe avant tout.

Nous sommes sans le sol. Comme on n'a pas encore nommé le citoyen Martin comme payeur de l'armée du Nord, il n'y a aucune disposition faite sur le numéraire. Je vous ai demandé deux millions en espèces, du 25 au 30. Vous ne m'avez pas encore répondu, et je ne peux entrer dans la Belgique sans avoir de quoi payer en numéraire. Pensez que j'ai déjà plus de 10,000 hommes sur le territoire étranger.

Je vous envoie un courrier, parce que rien n'est plus pressé que cette mesure indispensable. Le citoyen Malus, malgré tous les soins qu'il se donne, manque absolument d'effets de campement, couvertures, bidons, marmites, gamelles, etc. Il manque aussi de souliers ; et non seulement je ne peux pas marcher en avant, mais je suis obligé de recantonner plus de la moitié de l'armée, jusqu'à ce que je sois pourvu de ces effets : il en est de même pour le corps d'armée aux ordres du général d'Harville, surtout pour l'armée du général La Bourdonnaye, qui n'a pas tort de se plaindre que je lui enlève la plus grande partie de ses approvisionnements, parce que je suis obligé de les partager entre son armée et la mienne.

Permettez-moi de vous faire une petite digression sur ces propriétés d'armées : elles ont beaucoup d'inconvénients ; c'est à elles qu'on peut attribuer tous les malheurs qui ont pensé entraîner la ruine de la France sous les Rochambeau, Luckner et Lafayette : 1º Ces propriétés entretiennent un esprit d'égoïsme entièrement contraire à celui qui doit animer des généraux républicains ; 2º elles divisent l'administration et font que chacun nuit à l'autre ; par conséquent elles entravent le service. Par exemple, j'ai pris une mesure générale pour

l'artillerie et pour les armes. Comme le général La Bourdonnaye m'a caché tout ce qu'il faisait et les ordres qu'il a donnés, nos ordres se sont croisés, et j'ai eu l'air de toucher à sa
propriété. A l'avenir, tout cela n'arrivera plus, parce que
n'ayant plus de jalousie, il n'y aura plus de motif à empêcher
que les choses marchent ensemble.

Le citoyen Malus vous envoie un état à mi-marge par le
commissaire d'Ervillé, qui rapportera les réponses sur tous
les articles ; et j'espère que, d'après la pureté de votre patriotisme et l'amitié que vous me témoignez, elles seront toutes
satisfaisantes. Faites venir à la conférence que vous aurez
pour cet objet, le citoyen d'Espagnac, qui est très fertile en
ressources, et songez que le temps que nous perdons ici est
employé par les Autrichiens à se préparer à nous recevoir.

Je me résume : 1º deux millions en numéraire, sur-le-
champ ; 2º 30,000 paires de souliers, sur-le-champ ; 3º des
tentes faites pour 10,000 hommes ; 4º des effets de campement
pour 40,000 hommes, principalement des couvertures, dont
vous en dirigerez pour 25,000 hommes à cette armée-ci,
10,000 à Lille et 5,000 à Maubeuge. Faites-moi arriver tout
cela en poste, et vous serez débarrassé de moi, qui vous aime
bien.

Les *Archives de la guerre* possèdent les réponses faites
par les bureaux aux demandes portées sur l'état à mi-
marge, dont parle Dumouriez. Ces indications prouvent
qu'à la fin d'octobre, il n'avait été presque rien expédié.
Les envois qui commencèrent alors ne portèrent que sur
une partie des objets demandés ; ils n'arrivèrent à destination qu'après la bataille de Jemappes.

Demandes formées par l'armée destinée à entrer dans les Pays-Bas (1).

RÉPONSES DE L'ADMINISTRATION de l'habillement des troupes.	RÉPONSES DU MINISTRE DE LA GUERRE.	DEMANDES DU GÉNÉRAL DUMOURIEZ.
Cet ordre sera exécuté sur-le-champ. On va faire emballer les souliers et les bas.	L'administration de l'habillement a reçu l'ordre, le 28 octobre 1792, de faire expédier à l'armée Dumouriez : 50,000 paires de souliers, et 50,000 paires de bas.	1° 30,000 paires de souliers sur-le-champ. 2° 100,000 paires de souliers successivement.
1182 tentes avec leurs bois sont emballées à Saint-Denis et vont partir sur-le-champ.	On va donner ordre à l'administration de l'habillement de faire passer ces 1600 tentes le plus tôt possible. On n'avait fait aucune disposition pour cet objet parce que Malus, dans sa lettre du 10 octobre, marque que les magasins de Lille vont y subvenir.	3° 1600 tentes de soldats du nouveau modèle à Valenciennes.
1,176 marmites. 941 gamelles. 944 grands bidons. 7,528 petits bidons. 1,948 pelles. 1,948 pioches. 1,948 haches. 1,948 serpes. Tous les effets annoncés ci-dessus sont emballés et vont partir sur-le-champ. Le surplus sera expédié très incessamment ; on ne fait plus usage de canonnières, mais elles seront remplacées par 600 tentes à toutes armes.	Le 28 octobre 1792, il a été ordonné à l'administration de l'habillement des troupes de faire expédier 2,000 outils de chaque espèce, 2,000 marmites, 18,000 grands bidons, 15,000 petits bidons. On va donner des ordres pour le surplus. *Nota.* — 8,000 couvertures sont arrivées à Dunkerque ; 12,000 toutes parties de Londres et 10,000 vont en partir.	4,000 marmites. 4,000 gamelles. 1,000 grands bidons. 30,000 petits bidons. 30 manteaux d'armes. 50 manteaux d'armes de piquets. 600 canonnières. 300 tentes d'officiers avec leurs marquises. 4,000 pelles. 4,000 pioches. 4,000 haches. 4,000 serpes. 8,000 couvertures. (La moitié de ces effets pour Lille, le quart de ces quantités pour Maubeuge.)

(1) Cet état, non daté, paraît accompagner une lettre du ministre à Dumouriez :

Paris, 1ᵉʳ novembre 1792.

« Je vous envoie, Général, les réponses aux demandes que vous avez faites ; j'espère que vous en serez satisfait.

RÉPONSES DE L'ADMINISTRATION de l'habillement de troupes.	RÉPONSES DU MINISTRE DE LA GUERRE.	DEMANDES DU GÉNÉRAL DUMOURIEZ.
»	10,000 ont été expédiées jusqu'au 29 et le surplus partira successivement. } 80,000 redingotes.	4°
»	7,000 aunes de cadis partent pour Valenciennes et de la toile en proportion. } 80,000 culottes.	5°
»	On donne des ordres pour le reste. } 80,000 vestes ou gilets.	6°

On verra qu'après avoir retardé de plusieurs jours
l'entrée en campagne, ces lenteurs administratives et
ces vices d'organisation devaient avoir encore pour
conséquence d'immobiliser l'armée après sa victoire; ils
l'empêchèrent d'entreprendre une poursuite qui eût,
peut-être, achevé la destruction des Autrichiens. Pour
n'avoir pas à revenir sur cette question en étudiant les
opérations militaires, nous citerons encore ces lettres
échangées entre le ministre, Dumouriez et l'ordonnateur en chef Malus :

Le général Dumouriez au Ministre de la guerre.

3 novembre 1792.

.... Je suis très à court pour les fourrages de mon armée;
et l'embarras de transport et la pénurie de voitures sont tels
que, sans l'extrême soin du commissaire en chef Malus, et

« Le Conseil exécutif a approuvé votre manifeste et votre adresse à
l'armée. J'ai communiqué ces pièces à la Convention nationale.

« J'avais déjà avisé la trésorerie nationale que vous aviez besoin d'un
payeur général. Elle doit y avoir pourvu ; et c'est elle que ce choix
regarde. Quant aux fonds, j'ai pris avec elle des mesures telles que
j'espère être en état à l'avenir de vous informer des moyens qu'elle
prendra pour que vos demandes soient remplies.

« Je suis bien aise que vous ayez écrit un mot à Kellermann, pour
l'engager à appuyer Custine. »

sans l'activité prodigieuse de ses employés, je manquerais souvent de foin et d'avoine. Le commissaire Malus a, pour la fourniture de mon armée, deux dépôts principaux, Arras et Cambrai; ils ont fourni jusqu'à présent, mais le moindre obstacle peut me priver de cette indispensable fourniture. J'apprends aujourd'hui par Malus que l'assemblée électorale du district de Cambrai vient de destituer, sans en avoir prévenu personne, deux employés principaux au magasin de Cambrai, ... et ont nommé à leur emploi. J'ignore encore si ce coup d'autorité n'aura pas l'inconvénient très dangereux de faire manquer le service de l'armée, et je vous avoue que je suis très inquiet; je le serais encore davantage si je n'espérais que la Convention nationale mettra immédiatement un terme à cette manière d'agir de l'assemblée électorale, aussi éloignée des fonctions que le peuple lui a confiées que dangereuse pour le service de la République. . . . . J'envoie demain à Cambrai un aide de camp, auquel je donne ordre d'exposer à l'assemblée électorale combien ces destitutions arbitraires peuvent entraver le service de l'armée; et je ne doute pas que cette assemblée, dont le patriotisme n'est pas douteux, ne se rende facilement aux motifs puissants que je lui fais donner à tout événement. . . . . J'attends avec confiance de votre patriotisme, de vos soins, que vous préveniez pour l'avenir un pareil inconvénient.

DUMOURIEZ.

Le Ministre de la guerre au commissaire ordonnateur Malus.

Paris, le 4 novembre 1792.

Indépendamment des effets de campement que j'ai ordonné à l'administration de l'habillement et du campement des troupes de faire passer tant à Douai qu'à Valenciennes, je viens de lui ordonner d'expédier sur cette dernière place, ainsi que sur Lille et Maubeuge, les effets détaillés dans l'état ci-joint. Je lui ai prescrit de commencer par compléter les effets destinés pour Valenciennes, dont une très grande partie sera exécutée sur-le-champ; le surplus le sera successivement et avec la plus grande célérité possible.

Vous voudrez bien donner vos ordres pour la réception de

ces effets dans les différents magasins pour lesquels ils sont destinés et me faire passer des feuilles d'entrée à mesure de leur réception.

(D'après la minute.)

A cette lettre étaient joints les états suivants :

ÉTAT des effets de campement à faire passer du magasin de Saint-Denis à Lille et à Maubeuge, savoir :

	Lille.	Maubeuge.
Tentes à toutes armes avec leurs bois. .	1,110	550
Tentes d'officiers avec leurs bois.....	150	75
Marquises.........................	150	75
Marmites..........................	2,000	1,000
Gamelles..........................	2,000	1,000
Grands bidons	500	250
Petits bidons avec banderoles........	15,000	7,500
Manteaux d'armes de compagnie avec faisceaux.........................	15	8
Manteaux d'armes de piquets..	25	13
Pelles avec étuis	2,000	1,000
Pioches avec étuis..................	2,000	1,000
Haches avec étuis.............	2,000	1,000
Serpes avec étuis................,,.	2,000	1,000
Couvertures........................	4,000	2,000

ÉTAT des effets d'habillement, de petit équipement et de campement à faire passer du magasin de Saint-Denis à Valenciennes, savoir :

Effets de campement.

Tentes à toutes armes avec leurs bois.........	2,200
Tentes d'officiers avec leurs bois.............	300
Marquises....................................	300
Marmites avec sacs...........................	4,000
Grands bidons................................	1,000
Petits bidons................................	30,000
Gamelles	4,000
Manteaux d'armes avec leurs faisceaux	30

Manteaux d'armes de piquet, avec leurs faisceaux.	50
Pelles avec leurs étuis.	4,000
Pioches avec leurs étuis.	4,000
Haches avec leurs étuis.	4,000
Serpes avec leurs étuis.	4,000
Couvertures.	8,000

Effets d'habillement.

Redingotes.	80,000
Vestes ou gilets.	80,000
Culottes.	80,000

Petit équipement.

Souliers.	130,000
Paires de bas.	130,000
Chemises.	65,000

(Sur ces effets seront déduits les 40,000 paires de souliers, 40,000 paires de bas, 20,000 chemises ordonnés sur Valenciennes le 22 octobre.)

Havresacs de peau	3,000

Le Commissaire ordonnateur en chef de l'armée belgique (sic) au Ministre de la guerre.

Valenciennes, le 5 novembre 1792.

Citoyen,

Je ne puis vous rendre la douleur dont je suis pénétré de me voir à la tête d'une administration dénuée de tous les moyens propres à en assurer le succès.

L'armée est entrée dans la Belgique ; tous les jours elle est aux prises avec l'ennemi et les hôpitaux sont encore sans fournitures, sans caissons, sans chirurgiens.

Le zèle du régisseur Lafleury et de quelques officiers de santé y suppléent autant que les forces humaines peuvent le permettre ; mais tout s'épuise, et ce service important peut manquer absolument à la première affaire qui surviendra.

7

Vous connaissez depuis longtemps nos besoins en effets de campement; vous savez que nous n'avons plus de couvertures, que la moitié de l'armée n'en a pas, qu'à peine en ai-je pu donner deux par tente aux premiers bataillons qui ont campé, que ceux qui campent actuellement n'en reçoivent point du tout, que les marmites sont rares, les outils également et les tentes épuisées. Telle est à cet égard la situation d'une armée qui, dans une saison aussi rude, s'avance en pays étranger pour en chasser des tyrans qui savent encore se défendre et qui pourront rendre cette expédition longue et meurtrière.

L'armée est nue, Citoyen; j'ai épuisé les magasins; il y reste fort peu de bas, peu de souliers, plus de chemises; quelques capotes envoyées en détail et enlevées plutôt que distribuées, n'ont fait encore que des jaloux.

Les coopérateurs que vous m'avez promis et ceux de supplément que je vous ai demandés n'arrivent point. J'ai à peine cinq commissaires des guerres pour le service de l'armée de Dumouriez, dont deux aides, dignes pourtant d'être commissionnés. Il n'y en a que deux à l'armée du général d'Harville, et trois avec l'ordonnateur à celle de La Bourdonnaye.

Citoyen, ce petit nombre est bien inférieur aux besoins d'un service aussi compliqué, et surtout dans un pays où nous devrons tout faire.

Je vais rejoindre demain le général; je lui rendrai compte de la nouvelle démarche que je fais auprès de vous pour obtenir les secours que je n'ai cessé de réclamer. Faites partir les chirurgiens en poste; c'est le plus pressant de tous nos besoins. Ordonnez que les commissaires des guerres que vous me destinez arrivent de même; enfin que les effets d'hôpitaux, les couvertures, les redingotes, les culottes, les bas, les souliers nous soient envoyés, ainsi que les chemises et l'armée bénira vos soins.

Le commissaire ordonnateur en chef
de l'armée belgique,
MALUS.

*
* *

Du moment que l'état de son armée ne lui permettait pas de rompre, par une offensive immédiate, le cordon des troupes autrichiennes dispersées sur un front de 100 kilomètres, Dumouriez se proposa d'empêcher la concentration de celles-ci, au moyen de diversions exécutées sur les deux ailes, concurremment avec l'attaque principale.

A sa droite, d'Harville devait se porter de Maubeuge sur Binche, interceptant les communications de l'ennemi avec la Meuse, et disputant la route à Clerfayt.

A sa gauche, La Bourdonnaye devait menacer Tournai, de façon à maintenir en respect la garnison de cette ville, et peut-être à couper du gros de l'armée les troupes de la Flandre maritime.

Ce mouvement devait être favorisé par le général Berneron (1) qui, partant de Condé, avait mission de déboucher entre Peruwelz et Blaton; il reprenait ainsi, mais avec un caractère plus offensif, le rôle confié, quelques jours avant, au général O'Moran.

Dans la pensée de Dumouriez, ces différentes actions combinées devaient amener une retraite des Autrichiens, à peu près sans coup férir. Il le dit nettement dans ses *Mémoires* (t. III, p. 155) :

Le plan de défensive du duc de Teschen une fois connu, le général arrangea son premier mouvement de manière à le

---

(1) Jean-François Berneron, né à Romans (20 janvier 1729), entra au service dans les gendarmes de Bourgogne (1749) et fit sa carrière dans la gendarmerie. Il devint maréchal de camp le 1er mars 1791. L'état de santé du lieutenant général O'Moran ne lui permettant pas de poursuivre les opérations dont Condé était le point de départ, Dumouriez attribua cette mission à Berneron.

déposter de partout à la fois, ou de l'obliger à combattre avec désavantage, ce qu'il ne put pas imaginer qu'il hasardât.

Les mouvements à exécuter par les généraux d'Harville, La Bourdonnaye et Berneron furent réglés par les instructions suivantes (1) :

Mouvement du corps d'armée du général d'Harville.

Ce général portera 400 hommes d'infanterie, 100 de cavalerie, 100 d'infanterie légère, 2 pièces de canon sur Bettignies pour masquer la vraie marche.

Le corps d'armée marchera par Mairieux, Bersillies et occupera Villers-sur-la-Trouille.

Un détachement d'avant-garde se portera sur Rouveroy et jusqu'à l'embranchement de la route de Chimay ; il occupera le château de Croix-de-Rouveroy.

S'il ne se présente pas d'ennemis, on poussera des partis jusque dans Binche.

Le lendemain, l'armée se portera à Binche, l'avant-garde à Estinne-au-Mont.

Le détachement de gauche se portera de Bettignies à la Croix-de-Rouveroy.

Le troisième jour, l'armée passera la Haine à Binche, où on laissera une arrière-garde composée du détachement de gauche.

Elle laissera la Haine sur sa gauche et campera en avant de Ville-sur-Haine, au-dessus de Ghislage. Son avant-garde se postera dans les bois de l'abbaye de Saint-Denis ; il faudra retrancher cette position.

---

(1) Ces instructions, sans date ni signature, sont empruntées aux *Archives nationales*, F⁷, 4689. Elles ont dû être rédigées le 29 ou le 30 octobre. Dans la matinée du 30, Dumouriez eut, à Onnaing, une conférence avec les représentants Delmas, Bellegarde et Duhem ; il les accompagna, le soir, jusqu'à Lille où il passa vingt-quatre heures pour donner ses dernières instructions à La Bourdonnaye.

Dans la *Correspondance du général Dumouriez avec Pache* (Paris, 1793), on trouve des extraits incomplets (et présentant des variantes de rédaction) des instructions à d'Harville et à La Bourdonnaye.

Un fort détachement se portera à Rœulx et ordonnera la contribution en pain, viande et bière de ce baillage, ainsi que de celui de Binche. On fera à Rœulx la même cérémonie qu'à Binche, d'annoncer au peuple sa souveraineté et de lui faire élire ses magistrats.

Lorsque le général d'Harville sera au camp de Ghislage, ma droite et peut-être toute mon armée sera campée à Nouvelles, et il saura ce que nous devons faire en cas que les ennemis veuillent défendre Mons.

Il est prévenu qu'arrivé à Binche, il doit envoyer à Beaumont, à Chimay, à Fontaine-l'Évêque des ordres pour avoir chevaux, voitures, pain, viande, eau-de-vie, bière, et qu'il doit subsister du pays sans consommer ses propres vivres. Il y enverra de même l'ordre d'élire des magistrats au scrutin du peuple, auquel il annoncera par écrit qu'il est regardé comme souverain.

Mouvements de l'armée de La Bourdonnaye.

Cette armée a un double objet à remplir dans son mouvement : 1° dégager de tout ennemi le district de Lille et celui de Douai ; 2° menacer Tournai et forcer l'ennemi à diviser ses forces pour que l'attaque de Mons puisse réussir.

Le général La Bourdonnaye est prévenu qu'un corps de l'armée de Dumouriez, de 8,000 hommes, aux ordres du général Berneron est dans le bois de l'Hermitage, en avant de Condé ; que ce corps est placé là pour inquiéter les ennemis du côté de Leuze, Ath et Antoing ; que la position de ce corps détaché favorise les mouvements du général La Bourdonnaye en divisant les forces de l'ennemi et en l'empêchant de dégarnir la rive droite de l'Escaut et de les porter en face sur la rive gauche.

Le général La Bourdonnaye est aussi prévenu que, le 1er novembre, le général d'Harville sera à Binche avec 12,000 hommes, embrassant la gauche de l'ennemi, étant à la même hauteur que lui, et lui coupant la communication de Charleroi et Namur.

Le même jour, 1er novembre, le général La Bourdonnaye peut camper à Sainghin, ayant devant lui le ruisseau de Pont-à-Beuvry, sa gauche appuyée au mont d'Estombe, qu'il occupera.

Il portera en même temps deux détachements, de 100 chevaux, 600 hommes d'infanterie et 2 pièces de canon, chacun, à Lannoy et Roubaix, pour en chasser les détachements de l'ennemi et se réunir à Tourcoing pour le même objet.

Il portera son avant-garde, composée de grenadiers, de troupes légères, de hussards, d'une brigade d'infanterie et du 6e régiment de dragons et de quatre pièces de canon avec la compagnie d'artillerie à cheval, à Tressin, pour soutenir les détachements de Lannoy et Roubaix, qui devront se rejoindre à cette avant-garde.

Le général La Bourdonnaye détachera des partis sur sa droite, du côté de Templeuve. Le général Marassé renforcera la garnison d'Orchies, pour qu'elle puisse pousser des partis sur Nomain et Saméon.

Le commandant de Valenciennes renforcera Saint-Amand pour pousser des partis sur Le Celles et Rumégies.

Le général La Bourdonnaye se retranchera dans son camp de Sainghin et y attendra les nouvelles du succès de l'attaque de Mons.

Si cette ville est prise, comme il y a lieu de le présumer, le général Berneron se portera sur Ath par Blaton; l'avant-garde du général Beurnonville s'y portera par la grande route de Leuze et on décidera, sur ce que feront les ennemis, s'il faut prendre Tournai ou marcher en avant.

Si nous nous décidons à attaquer Tournai, le général La Bourdonnaye sera chargé de l'attaque de la rive gauche, pendant que le général Dumouriez exécutera celle de la rive droite, et nous jetterons des ponts sur l'Escaut pour notre communication.

Mais il est à présumer que l'ennemi n'attendra pas notre attaque dans Tournai et qu'il l'évacuera pour se retirer par Audenarde. Dans ce cas, La Bourdonnaye donnera au général Duval un corps de 8,000 hommes pour le suivre et le harceler, pendant qu'avec le reste de son armée, il le suivra par Lannoy pour prendre la grande route de Tourcoing à Courtrai; là, il contiendra les troupes qui viendront d'Ypres et de Poperinghe pour défendre Courtrai.

Le général Duval suivra l'ennemi le plus près qu'il pourra jusqu'à Audenarde et cherchera à arriver à Gand avant lui, pendant que le général Berneron se portera d'Ath sur Lessines, l'avant-garde de Beurnonville sur Ninove et le corps d'armée Dumouriez par Enghien sur Bruxelles.

L'ennemi, dans la crainte d'être coupé de Bruxelles, ne tiendra pas à Audenarde et se retirera sur Alost. Alors le général La Bourdonnaye se portera à Gand, si les troupes de Courtrai n'y sont pas avant lui, ou à Courtrai, s'il est évacué, pour revenir sur Gand par la gauche de la Lys, pendant que le général Duval occupera Audenarde et Berneron Sottegem. Alors Gand sera évacué. Le général La Bourdonnaye y fera la révolution ; et, renforcé des Flamands, il se portera sur Dendermonde, Malines et Anvers.

C'est de là qu'il partira pour prendre Ostende et Nieuport, bien sûr qu'ils tombent d'eux-mêmes et ne peuvent plus être secourus. Mais il est essentiel : 1º de déposter les Autrichiens de Mons et Tournai avant de se jeter dans la basse Flandre ; 2º de prendre Anvers avant cette expédition, de peur que les Hollandais ne soient tentés de se déclarer et d'y jeter des secours, et poussés par l'Angleterre. Une fois Anvers pris, ils seront contenus, et le général La Bourdonnaye soumettra facilement les basses Flandres, qui seront en pleine révolution.

Ce général est prévenu que, dès que Tournai sera évacué ou, s'il faut l'assiéger, le général Dumouriez lui enverra de Valenciennes un train d'artillerie de siège qui le suivra de Tournai par les grandes routes sur Courtrai ou par Audenarde sur Gand, de Gand à Dendermonde et de là à Anvers. Les subsistances et munitions pourront être embarquées par la Lys ou par l'Escaut jusqu'à à Arras, ce qui diminuera de beaucoup l'étendue des convois.

Tel est le plan des mouvements et le résultat de la campagne du général La Bourdonnaye ; si les circonstances y apportent des changements, il en sera prévenu à temps par le général Dumouriez.

Mouvements du général Berneron.

Ce général est placé intermédiairement entre le général La Bourdonnaye et l'armée principale. Il doit bien s'établir dans le bois de l'Hermitage et rendre son poste inattaquable et intournable par sa droite et sa gauche, pour conserver toujours sa communication avec Condé.

Il est averti que, le 1er novembre, le général La Bourdonnaye campera avec 18,000 à 20,000 hommes à Sainghin, le général Duval avec l'avant-garde à Tressin, des détachements à Lannoy, Roubaix et Tourcoing, d'autres à Templeuve ; les garnisons d'Orchies et de Saint-Amand renforcées pour pousser des partis à Nomain, Le Celles, Rumégies, Rongy. Il est averti que, le même jour ou le 2 au plus tard, le général d'Harville se portera à Binche, qu'alors l'armée se portera par la droite pour s'approcher de Mons en le tournant du côté du mont Panisel, et le général d'Harville du côté de Nimy. Pendant le siège de Mons, l'ennemi s'y portera ou se renforcera sur Tournai ; dans le premier cas, le général Berneron l'inquiétera par la trouée de Blaton et le bois de Ville ; le général La Bourdonnaye, à qui j'enverrai un train d'artillerie de siège, attaquera Tournai par la rive gauche de l'Escaut.

Dans le deuxième cas, Mons ne tiendra pas ; alors Berneron se portera par la trouée de Blaton sur Ath, pendant que le général Beurnonville s'y portera par Leuze. Le général Berneron sera averti à temps de ne quitter la position de l'Hermitage que lorsque Beurnonville sera déjà rendu à Leuze. L'armée se rendra tout entière à Ath, qui ne peut pas tenir. Alors, je déciderai si je dois assiéger Tournai, ou si je dois marcher en avant. Mais il est à présumer que les Autrichiens ne m'y attendront pas et se retireront sur Audenarde. Alors le général O'Moran ira prendre le commandement de Tournai, avec des détachements des garnisons de Condé, Valenciennes et Douai, et on évacuera Orchies et Saint-Amand pour le renforcer.

A cette époque, le général Berneron marchera d'Ath sur Lessines, le général Beurnonville sur Enghien, et l'armée sur Hal, le général La Bourdonnaye sur Courtrai et le général Duval, avec 8,000 hommes, sur Audenarde. Si l'ennemi tient à Audenarde, le général Berneron y marchera par Nederbrakel ; mais il n'en fera rien et se retirera sur Alost. Alors le général Beurnonville et l'armée lui couperont le chemin de Bruxelles, le premier par Assche, le général Dumouriez par Anderlecht, pendant que La Bourdonnaye et Duval marcheront sur Gand, l'un le long de la Lys, l'autre le long de l'Escaut.

La Bourdonnaye et Duval, réunis à Gand, recevront un train d'artillerie de siège, que je leur enverrai de Valenciennes, par la grande route de Tournai, pour aller prendre le château d'Anvers, pendant que le général Berneron et Beurnonville réunis prendront Alost, que je prendrai Bruxelles, d'où le général Berneron se portera sur Malines, Beurnonville sur Louvain et moi sur Namur, et le général Harville sur Charleroi. Alors le général Valence sera rendu à Givet et nous traquerons les émigrés et Clerfayt, qui n'auront pas d'autre parti à prendre que de se replier sur Luxembourg. Valence bombardera le château de Namur et celui de Huy, d'où il se rendra à Maëstricht. La Bourdonnaye prendra Bruges, Ostende et Nieuport ; Duval se rendra sur Turnhout, Berneron sur Herenthals, Beurnonville sur Hasselt.

Ensuite La Bourdonnaye viendra sur Bruxelles et Namur, pour garder la Meuse jusqu'à Givet. Kellermann se trouvera à Trèves et Coblentz avec Custine. Il marchera de là sur Cologne, Valence sur Aix-la-Chapelle, et nous par Ruremonde, sur les duchés de Clèves et de Juliers, ayant ordre de m'arrêter au Rhin, que nous borderons avec 140,000 Français, indépendamment de ce que les Belges nous donneront de renforts.

Dumouriez adressa en même temps à ses lieutenants une *Instruction pour la conduite politique* à tenir en en entrant dans les Pays-Bas (1) :

30 octobre 1792.

Le général en chef, dès qu'il entrera sur le territoire de la Belgique, fera afficher le manifeste que je lui ai envoyé, et il en donnera connaissance au peuple.

---

(1) Voir aussi la proclamation de Dumouriez à son armée, recommandant aux troupes le maintien de la discipline et de l'ordre :

Dès qu'il entrera dans l'une des villes de la Belgique, il assemblera sur la place publique tout le peuple. Il lui déclarera, de la part de la République française, que non seulement le peuple est libre et dégagé de l'esclavage de la maison d'Autriche, mais que, par le droit imprescriptible de la nature, c'est lui, peuple, qui est le souverain, et que nulle personne n'a autorité sur lui, si ce n'est lui-même qui délègue une portion de sa souveraineté ; en conséquence, il lui annoncera que, pour pouvoir traiter de ses intérêts avec les généraux de l'armée de la République française, il doit commencer par élire sur-le-champ ses magistrats et ses administrateurs par la voie du scrutin et envoyer les mêmes ordres à tous les bourgs et villages de son ressort.

Le général annoncera en même temps au peuple que ni la République française ni les généraux qui commandent ses armées ne se mêleront en rien d'ordonner ni même d'influencer la forme de gouvernement, ni la constitution politique que voudront adopter séparément ou ensemble les provinces belgiques, lorsque le peuple belge commencera à user de son droit de souverain.

En attendant que la constitution politique et la forme du gouvernement soient fixées par la nation belgique, le général annoncera au peuple que les impositions et contributions continueront à être levées dans la même forme et sur les mêmes proportions, au nom du souverain qui sera le peuple, pour qu'aucun service militaire et d'administration ne puisse manquer ; mais, au lieu que ces fonds publics soient versés dans les mains des barbares et insatiables Autrichiens, le peuple tirera des administrateurs de son propre sein pour gérer ses fonds publics avec sagesse et économie, et pour les appliquer surtout à la formation d'une armée nationale, en suivant à cet égard les conseils des généraux français qui ne veulent avoir aucun maniement de ces fonds, mais qui d'après leurs expériences, et d'après l'intérêt qu'ils ont à renforcer les corps qu'ils commandent avec des troupes bel-

---

« Entrons dans ces belles provinces comme des amis, des frères et des libérateurs ; montrons de la clémence envers les prisonniers de guerre et de la fraternité avec les habitants du pays ».

giques, doivent mériter justement la confiance de la nation belge.

Le général annoncera au peuple que les Français entrent dans la Belgique comme des alliés et des frères ; qu'ainsi ils ne doutent pas que le peuple souverain ne s'empresse à fournir tout ce qui sera nécessaire aux armées, comme voitures et effets d'habillement ou de campement, comestibles, logement, chauffage, établissement d'hôpitaux, et tous autres objets nécessités, d'après la réquisition des généraux ou commissaires des guerres pour établir la comptabilité respective entre deux nations alliées.

Si, malheureusement, quelques provinces, villes, bourgs ou villages sont assez avilis par l'esclavage pour ne pas saisir avec enthousiasme l'arbre de la liberté que les Français veulent établir chez leurs voisins, d'après leurs longues et vaines réclamations et d'après les efforts malheureux qu'ont faits les Belges pour conquérir la liberté ; si quelque partie de la Belgique est assez abrutie pour ne pas sentir l'avantage et la majesté de sa souveraineté dans le moment où les Français emploient leurs armes, aussi victorieuses que justes, pour faire ce présent céleste aux Belges, le général annoncera à cette province, à cette ville, à ce bourg ou à ce village qu'ils seront traités comme les vils esclaves de la maison d'Autriche, et que les armées de la République, pour se venger des atrocités commises par les féroces soldats de ce féroce despote, mettront les villes en cendres et lèveront des contributions qui feront souvenir longtemps de leur passage.

Vraisemblablement aucun général français ne sera dans le cas de menacer d'une pareille exécution, et encore moins d'en venir à ces extrémités. Le peuple belge a l'âme trop élevée et soupire depuis trop longtemps après la liberté pour ne pas rentrer avec énergie et empressement dans tous les droits que la nature a donnés à tous les hommes réunis en société, et dont l'ignorance seule leur a fait perdre l'usage. Quant aux troupes autrichiennes, chacun des généraux français les traitera avec humanité quand elles seront prisonnières de guerre ; mais, s'il arrive qu'un corps d'armée ou un détachement prétende résister dans une ville ou dans un château, le général le fera sommer de se rendre dans un terme prescrit, sous peine d'être passé au fil de l'épée; s'il outrepasse ce terme, et en cas de résistance, il exécutera rigoureusement cette sommation.

Quant aux émigrés pris les armes à la main, ils seront jugés dans les vingt-quatre heures, d'après le décret, et punis de mort par l'exécuteur des hautes œuvres de la ville la plus prochaine.

Le 30 octobre, Dumouriez écrit encore à Kellermann une lettre qui indique l'idée d'ensemble d'après laquelle devaient être liées les opérations entreprises dans les Pays-Bas et sur la Moselle :

J'ai chargé Valence, mon cher Kellermann, de vous faire passer par un courrier, le plan que vous devez exécuter pour achever cette campagne. Il s'agit d'une part de seconder Custine, de l'autre de retenir Clerfayt dans le Luxembourg, afin de passer par Trèves et Coblentz, pour de là vous trouver sur Cologne, toutes nos armées ayant ordre d'hiverner sur le Rhin, à ce que me mande le Conseil exécutif.

J'apprends que vous avez déjà mis quelques régiments en cantonnements; je conçois que vos troupes sont très fatiguées, et que vous devez avoir des malades. Nous en sommes tous réduits là, et cependant les troupes sont si animées par l'exemple de l'armée de Custine, qu'elles sont prêtes à tout braver pour étendre la gloire des armes de la République et pour finir la guerre tout d'un coup.

En conséquence, je ne doute pas que vous n'ayez déjà rassemblé sur Thionville votre armée renforcée de vos garnisons.....

Encore un coup de collier, mon cher camarade, et ça ira. Je vous embrasse de tout mon cœur.

*
* *

On a vu que, d'après les nouvelles reçues de Mons, le duc de Saxe-Teschen avait transporté son quartier général dans cette ville, le 30 octobre. A peine y était-il arrivé que d'autres renseignements éveillèrent de nouveau ses craintes pour la Flandre maritime : on signalait à Dunkerque et à Bergues des rassemblements de troupes prêtes à marcher sur Furnes, Nieuport, Ostende et Bruges ; il était question de préparatifs dans le port de Dunkerque en vue d'une expédition maritime contre Ostende (1).

Ces éventualités déterminèrent le duc à interrompre le mouvement de concentration vers Mons des troupes échelonnées, le long de la frontière, jusqu'au delà de la Lys. Il jugea prudent de ne pas dégarnir davantage la Flandre et fit même refluer un bataillon de Tournai sur Courtrai et Menin.

Le 1ᵉʳ novembre, les troupes autrichiennes se trouvaient ainsi réparties :

A Mons et aux environs, 14 bataillons d'infanterie (75 1/2 compagnies), 4 compagnies de chasseurs tyroliens, 15 1/2 escadrons, représentant un effectif de 13,800 hommes (2) ;

A Binche : 1/2 compagnie du corps franc de Loudon, 1 escadron de hussards d'Esterhazy ;

A Charleroi : 1/2 compagnie du corps franc de Loudon, 1 escadron de hussards d'Esterhazy ;

---

(1) Le 30 octobre eut lieu, près de Rousbrugge, un petit engagement entre un détachement français venu d'Oost-Capell et un détachement autrichien de la garnison d'Ypres.

(2) Dans la ville même de Mons : les bataillons de grenadiers de Pückler, Leuwen, Barthodeisky, Morzin, Briey; le bataillon-colonel de Murray;

Dans plusieurs localités au sud de Mons : le bataillon de corps de Wurtemberg, 2 bataillons de Bender, 2 bataillons de Stuart;

Aux avant-postes : 1 bataillon de Michalovich (5 compagnies), 1 bataillon d'O'Donell (3 compagnies), 3 1/2 compagnies de Loudon, 4 compagnies de chasseurs tyroliens;

Partie en garnison et partie aux avant-postes : 8 escadrons de dragons de Cobourg, 3 escadrons de chevau-légers de Latour, 4 escadrons de hussards de Blankenstein.

Sous les ordres du G. M. Moitelle, les troupes que le corps de Clerfayt avait laissées pour occuper Namur et surveiller la frontière entre la vallée de la Meuse et le Luxembourg : 4 bataillons d'infanterie, 4 compagnies de chasseurs de Leloup, 200 volontaires de Limbourg, 4 escadrons de hussards d'Esterhazy (1) ;

A Bury, avec un détachement poussé en avant, à Blaton : 4 bataillons d'infanterie (23 compagnies), 1 compagnie de chasseurs, 7 1/2 escadrons (2) ;

A Tournai : 7 bataillons d'infanterie (42 compagnies), 9 compagnies de chasseurs, 10 escadrons (3) ;

En Flandre : 5 bataillons d'infanterie (28 compagnies), 4 compagnies d'infanterie légère, 2 escadrons (4) ;

En marche de Namur sur Mons : 8 bataillons d'infanterie (48 compagnies), 9 compagnies d'infanterie légère, 8 escadrons (5) ;

---

(1) En cordon de surveillance à Saint-Hubert, Rochefort, Marche et Dinant : 1 bataillon de Bender, 1 division de Vierset, 2 escadrons de hussards d'Esterhazy, 2 compagnies de chasseurs de Leloup, 200 volontaires de Limbourg; à Namur : 2 bataillons d'Ulrich Kinsky, 1 bataillon de Vierset (moins 1 division), 2 compagnies de chasseurs, 2 escadrons de hussards d'Esterhazy.

(2) 1 bataillon de Franz Kinsky, 2 bataillons d'Esterhazy, 1 bataillon du corps franc d'O'Donell (5 compagnies), 1 compagnie de chasseurs de Mahony, 3 escadrons de chevau-légers de Latour, 4 1/2 escadrons de hussards de Blankenstein.

(3) 1 bataillon de grenadiers de Rousseau, 1 bataillon de fusiliers de Ligne, 2 bataillons de Clerfayt, 1 bataillon de Joseph Colloredo, 2 bataillons de Sztaray, 5 compagnies de chasseurs de Mahony, 4 compagnies de chasseurs tyroliens, 2 escadrons de chevau-légers de Latour, 2 escadrons de hussards de Blankenstein, 2 escadrons de hussards de Wurmser, 4 escadrons de uhlans de Degelmann.

(4) 1 bataillon de Ligne, 1 bataillon d'Alton, 2 bataillons de Wurtemberg, 1 bataillon de Murray, 2 compagnies du corps franc de Loudon, 2 compagnies de chasseurs tyroliens, 2 escadrons de uhlans de Degelmann.

(5) 1 bataillon de Bender, 1 bataillon de Vierset, 2 bataillons de Mathesen, 2 bataillons de Hohenlohe, 2 bataillons d'Ulrich Kinsky,

En garnison dans les villes de l'intérieur : 8 1/2 bataillons d'infanterie (40 compagnies), 2 1/2 escadrons (1).

En résumé, les forces autrichiennes comprenaient :

Sur la frontière : 38 bataillons (244 compagnies) et 45 escadrons ;

Dans les garnisons de l'intérieur : 8 1/2 bataillons (51 compagnies) et 2 1/2 escadrons ;

En tout : 46 1/2 bataillons (295 compagnies), 46 1/2 escadrons, représentant un effectif de 50,000 hommes (2).

Cette répartition subit quelques modifications du 1er au 5 novembre, en raison des renseignements reçus par les Autrichiens et des engagements presque journaliers qui eurent lieu entre les avant-postes des deux partis. Nous allons résumer ces affaires, nous réservant d'étudier, d'une façon plus détaillée, les combats qui eurent lieu à l'ouest de Mons et qui peuvent être considérées comme les préliminaires de la bataille de Jemappes.

Le 1er novembre, une partie des troupes aux ordres du général Berneron attaqua le détachement autrichien du colonel Hadik, près de Bon-Secours. La résistance du bataillon O'Donell fit échouer cette tentative. Sur ce point, la situation se prolongea, pendant quelques jours,

---

2 compagnies de chasseurs de Mahony, 6 compagnies de chasseurs de Leloup, 8 escadrons de hussards d'Esterhazy.

(1) 2 bataillons de Vierset, 1 bataillon de Ligne, 1 bataillon de Clerfayt, 1 bataillon de Wurtemberg, 1 bataillon de Murray, 1 bataillon de Wurtzbourg, 1 bataillon de Bamberg, 1 demi-bataillon d'Anhalt, 2 escadrons de Wurtzbourg, 1 demi-escadron de dragons d'Anhalt, plus une compagnie de pionniers, une de mineurs, une de sapeurs, et 7 compagnies d'artillerie.

(2) Ces chiffres, empruntés au capitaine de Christen, ne comprennent pas le petit corps d'émigrés commandé par le duc de Bourbon, établi au sud-ouest de Namur. Le capitaine de Christen dit que le duc de Saxe-Teschen comptait fort peu sur ce corps, auquel manquaient beaucoup d'objets indispensables pour faire campagne.

sans incidents notables. Toutefois, si les lacunes et les insuffisances de son organisation ne permirent pas au général Berneron de pousser activement l'opération offensive qui lui était confiée, il réussit, du moins, à immobiliser les 4,000 à 5,000 Autrichiens, qui occupaient Bury et les positions au sud de cette localité (1).

Comme les premières troupes de Clerfayt atteignaient Mons à cette date, le duc de Saxe-Teschen voulut parer aux éventualités que les nouvelles de Flandre et de Tournai pouvaient faire redouter ; il porta de Saint-Ghislain sur Bury le bataillon de corps d'Esterhazy ; de Bury sur Tournai le bataillon de Franz Kinsky ; de Tournai sur Menin un bataillon. Le lendemain 2 novembre, un mouvement analogue amena : de Mons à Bury, un deuxième bataillon d'Esterhazy et le bataillon de grenadiers de Briey ; de Bury à Tournai, 2 bataillons de Clerfayt ; de Tournai en Flandre, 2 bataillons et 2 escadrons.

Conformément aux ordres de Dumouriez, La Bourdonnaye était venu camper à Sainghin, détachant une partie de ses forces à Tressin, sous les ordres du général Duval. Il fit, le 2 novembre dans la matinée, occuper Lannoy que les Autrichiens évacuèrent presque sans combat ; c'était, écrivait-il au ministre, « le seul poste

---

(1) Dumouriez dit dans ses *Mémoires* (t. III, p. 182) qu'en faisant marcher Berneron sur Blaton et Ath, il voulait couper la communication du corps autrichien chargé de défendre Tournai : « Berneron fut retardé parce que tout lui manquait : il n'avait ni effets de campement, ni vivres, ni chevaux pour le transport de son artillerie, ni argent. Il avait encore sur son flanc gauche le petit camp de Bury, et comme il avait dans sa division beaucoup de corps de nouvelle levée, il craignait de se compromettre ». Le mouvement de Berneron ne put donc s'exécuter en temps voulu pour obtenir les résultats désirés par Dumouriez. Mais celui-ci constate qu'on ne pouvait « accuser de mauvaise volonté le général Berneron, qui montrait au contraire beaucoup de zèle et de courage ».

fermé qu'ils occupassent encore sur le territoire de la République ». Il ajoutait :

Ils y avaient 400 ou 500 hommes, outre les postes avancés ; après quelques coups de canon, ils ont abandonné la ville. Les très mauvais chemins et les coupures multipliées qu'ils avaient faites sur les seuls praticables nous ont empêchés de faire la garnison prisonnière. Les Français ont eu sept à huit blessés. J'avais chargé de la principale colonne le lieutenant-colonel Guiscard, de l'artillerie, que les commissaires de la Convention nationale avaient fait maréchal de camp ; cet officier, qui s'est distingué pendant le bombardement, mérite ce grade de maréchal de camp, et je vous prie de vouloir bien lui en envoyer le brevet (1).

Après cette petite affaire, nous voyons La Bourdonnaye rester trois jours à peu près immobile. Il se plaint au ministre d'être paralysé par l'absence de moyens et rejette sur Dumouriez la responsabilité de cette situation (2).

---

(1) Du quartier général de Bouvines, le 2 novembre 1792. — Le colonel de Guiscard de Bar (Georges), fut définitivement promu le 8 mars 1793 ; il fut tué, dix jours plus tard, à la bataille de Nerwinden (18 mars).

(2) Dans ses *Mémoires* (t. III, p. 157), Dumouriez attribue les lenteurs de La Bourdonnaye à sa mauvaise volonté. A l'ordre de porter l'armée du Nord au camp de Sainghin, La Bourdonnaye aurait objecté : « Que Tournai était bien fortifié et garni d'une nombreuse artillerie ; que les ennemis avaient construit des retranchements hors de la ville, sur les hauteurs de Hertain, Lamain et Marquain ; qu'il serait trop compromis au camp de Sainghin, parce que l'ennemi pourrait le couper d'avec Lille ». Dumouriez envoya alors son aide de camp, Devaux, avec l'ordre positif à La Bourdonnaye de quitter Lille et d'exécuter les opérations prescrites ; il mandait que les renseignements sur l'état de défense de Tournai étaient faux, que l'ennemi, menacé par Berneron, ne s'attacherait pas à défendre cette ville. « Le colonel Devaux remit au lieutenant général Duval le duplicata de cette instruction, avec ordre de la communiquer aux autres généraux et de prendre le comman-

Quand je vous ai demandé, Citoyen, des fonds et de l'artillerie pour l'armée du Nord à Lille, j'avais mes raisons pour cela. C'est que j'étais bien sûr de ce qui arriverait. Le général Dumouriez attire à Valenciennes les ressources et les moyens de tous les genres ; et ensuite, il me mande d'agir.

Vous me faites observer que, mon armée étant en ce moment à ses ordres, il serait possible que ce général fît pour moi les mêmes demandes (1).

---

dement, si La Bourdonnaye persistait à ne pas obéir. Celui-ci prit alors son parti et se rendit au camp de Sainghin, avec la résolution de mettre dans l'exécution des ordres le plus d'obstacles et de retards qu'il pourrait. » Plus loin (p. 183), Dumouriez renouvelle encore ses accusations contre La Bourdonnaye : « Il lui avait dépêché un aide de camp, le 3, pour lui annoncer qu'il marchait pour déposter le duc de Teschen ; il le conjurait de se hâter de s'emparer des hauteurs d'Hertain, Lamain et Marquain, et de mener son gros canon et ses mortiers devant Tournai, l'assurant qu'il n'y trouverait pas de résistance, parce que le général Latour n'avait d'autre parti à prendre que de se rejoindre au duc de Teschen, soit que ce duc abandonnât la position de Mons, soit qu'il se mît dans le cas d'y être forcé. La Bourdonnaye, malgré toutes les instances du général Duval, du colonel Devaux, de son état-major et de ses généraux, malgré les murmures de son armée, ne se mit en marche que le 6 pour arriver à Hertain. Il fut très surpris et très fâché de n'y trouver ni ennemis ni retranchements comme il l'avait annoncé ». Il y a sans doute une part d'exagération dans les appréciations de Dumouriez. Il semble équitable de tenir compte de la réelle pénurie dans laquelle se trouvaient les troupes aux ordres de La Bourdonnaye, tout comme celles que commandait Dumouriez. Les unes et les autres manquaient de maints objets indispensables. Il y avait là des causes de retard inévitables : elles furent aggravées par les dissentiments existant entre les deux généraux.

(1) Le 1er novembre, le ministre avait écrit à La Bourdonnaye :

« J'ai donné des ordres, Général, pour que les canons et les caissons que vous demandez vous soient envoyés incessamment ; mais je vous prie de considérer qu'étant vous-même pour le moment sous les ordres du général Dumouriez, ainsi que votre armée, il serait possible que ce général me fît pour vous les mêmes demandes que vous me faites et qu'il en résultât des doubles emplois. Je vous prie donc de concerter avec lui les demandes que vous avez à me faire et d'en faire note à la tête de ces demandes..... »

J'ai fait venir en poste à Douai les petits effets de campement qui me manquent en ce moment, et le général Dumouriez les a fait demander à Valenciennes.

Ce que je vous mande ici n'empêche pas que je n'exécute les ordres du général Dumouriez; et c'est pour les avoir exécutés qu'une division de 6,000 hommes de l'armée du Nord n'est pas à Bruges en ce moment et sur la route de Gand avec des seconds bataillons et des troupes de nouvelles levées. Le général Dumouriez préfère que je fasse le siège de Tournai : en conséquence il m'envoie six pièces de 24, sur quarante qui sont en marche ou préparées pour lui. Nous ferons tout notre possible pour le succès des armées de la République; et nous avons déjà fait une diversion très favorable, car tous nos rapports nous disent que les ennemis ont 10,000 hommes devant Tournai, 2,000 ou 3,000 sur Courtrai, la Lys et Ypres; ainsi, le général Dumouriez ne peut pas avoir plus de 14,000 à 15,000 hommes contre 40,000 qu'il a rassemblés.

Nous n'avons pas ici des effets de campement pour 13,000 hommes, et j'ai 5,000 ou 6,000 cantonnés. Total, 18,500 à 19,000 hommes (1).

Indépendamment de ces causes matérielles de retard, il y avait chez La Bourdonnaye une intention bien arrêtée d'éviter une action directe contre Tournai. Soit que cette opération lui parût offrir de trop grosses difficul-

---

(1) Lettre du 4 novembre. Le 8 novembre, le ministre accuse réception à La Bourdonnaye de ses lettres des 2 et 4 novembre :

« Le Conseil exécutif a appris avec plaisir l'évacuation de Lannoy et de tout le territoire de la République par les troupes autrichiennes...

« Je remplacerai les petits effets que mon prédécesseur vous avait envoyés et que Dumouriez a fait marcher sur Valenciennes; quant à l'artillerie, la ville de Paris envoie quatorze pièces de campagne à ce général. J'espère donc qu'il vous fera passer celles dont votre armée a besoin. Son expédition serait compromise si tous les corps de troupes qui doivent y concourir n'étaient pas munis de tout ce qui leur est nécessaire.

« Je vous prie de m'adresser, par le premier courrier, les états de situation et d'emplacement des troupes que vous commandez..... »

tés, soit que sa pensée fût toujours attirée vers la basse
Flandre, il était résolu à diriger son attaque prochaine
contre les postes occupés par les Autrichiens le long de
la Lys, en amont de Menin. Cette attaque pouvait être
facilitée par un petit corps de 3,000 hommes rassemblé
à Armentières, sous les ordres du général Tricotel (1);
maître en ce point du passage de la Lys, ce corps devait
se porter sur la rive gauche et prendre à revers les
postes autrichiens, qu'attaqueraient de front les troupes
du corps principal.

Le 4 novembre, La Bourdonnaye fit attaquer, par
1500 hommes, les avant-postes autrichiens près d'Halluin. Cette attaque, qui fut repoussée, avait sans doute
dans sa pensée un caractère de démonstration, pour
favoriser une action plus générale projetée pour le lendemain. Il s'était rendu personnellement au Quesnoy, où
le général Champmorin commandait un rassemblement
de troupes destinées à marcher contre Frelinghien, le
Pont-Rouge et Warneton. Dans l'après-midi du 4 novembre, il adressa à Tricotel l'ordre suivant :

Dépêchez-vous, mon cher Tricotel, de préparer toute votre
troupe pour partir à minuit, avec 1000 à 1200 hommes, y
compris vos 250 chevaux : ainsi la générale vous mettra plus
vite sur pied. Que la municipalité vous donne les chevaux
d'artillerie, les cent travailleurs, les quatre guides. Dites à
votre troupe que l'armée Dumouriez a été huit jours dans la

------

(1) François-Laurent Tricotel (1727-1806), après avoir servi dans les
milices de Lorraine depuis 1743, avait été admis aux Invalides (1768).
Lieutenant-colonel commandant le 3º bataillon de la Meurthe en 1791,
il fut nommé, par les commissaires de l'Assemblée législative, maréchal de camp à titre provisoire (9 septembre 1792).

Il commanda à Lille, puis à Arras. Il s'était porté de cette ville avec
1500 hommes, sur Armentières, où était déjà un rassemblement de
force à peu près égale.

Après des interruptions de service motivées par raison, tantôt de
santé, tantôt de politique, Tricotel fut définitivement retraité en 1799.

boue et que je ne leur demande que douze heures pour planter l'arbre de la liberté dans deux ou trois villes autrichiennes. Vous trouverez des compagnons à Frelinghien. Les Autrichiens ne seront pas nombreux. Adieu, au plaisir de vous voir. Il faut tourner les abatis; il n'y a que quelques misérables chasseurs répandus çà et là.

P.-S. — Vous n'avez pas un moment à perdre.

En raison de l'insuccès d'Halluin, ou peut-être de quelque retard imprévu dans les mouvements de troupe, l'opération projetée fut retardée de vingt-quatre heures. Nous étudierons ultérieurement dans quelles conditions elle fut exécutée, le 6 novembre.

A la suite de l'affaire du 4 novembre, le général Latour fit partir de Courtrai une division du régiment de Ligne pour renforcer la garnison de Menin; il prescrivit en même temps d'établir une sorte de tête de pont pour défendre cette dernière ville. Cet ouvrage complétait les travaux défensifs, déjà exécutés au Pont-Rouge, à Warneton, à Werwicq, pour tenir les passages de la Lys.

A l'extrême gauche, les Français renouvelèrent, le 4 novembre, leur attaque contre Rousbrugge. Ils furent d'abord repoussés; mais le lendemain, ils réussirent à enlever ce poste et à refouler les Autrichiens sur Poperinghe (1). A la suite de cette affaire, les représentants Gustave Doulcet et P.-J. Duhem écrivirent à la Convention :

Dunkerque, 8 novembre 1792.

Il résulte du compte qui nous a été rendu de la conduite des différents corps employés à cette expédition, que nous n'avons que des éloges à faire et à transmettre à la Conven-

---

(1) « Après avoir évacué Rousbrugge, l'ennemi se replia sur Poperinghe. Il avait pratiqué des coupures et des retranchements d'où il n'aurait pas été facile de le déloger, sans les sages dispositions que fit

tion nationale des détachements des 14º et 22º régiments d'infanterie, du 3º régiment de dragons, du 8º bataillon des volontaires de Soissons, des canonniers de ligne, des canonniers volontaires de Bergues et du bataillon de district, commandé par le brave patriote Lemaire. Tous ces dignes soldats de la République se sont montrés ardents et généreux après la victoire. Mais, quant aux grenadiers dits du bataillon de Soissons, tous les rapports nous ont convaincus qu'une grande partie d'entre eux étaient indignes de servir sous les drapeaux de la République. Aussi les officiers de ce corps, que nous avons mandés pour rendre compte de leur conduite, et à qui nous avons reproché, avec les sentiments de la plus vive indignation, la lâcheté, le brigandage et l'indiscipline de leurs soldats, nous ont-ils promis, au nom des bons citoyens du bataillon, de dénoncer les coupables et de les livrer à la rigueur des lois ; et, peu d'heures après, ils nous apportèrent une liste de quatre-vingt-dix-huit sujets qu'ils avaient déjà

---

le général Pascal, et sans l'intrépidité des volontaires du district de Bergues ; et si, plus particulièrement encore, par une marche heureuse et très adroitement dirigée, on n'était pas parvenu à le tourner. » (*Campagnes des Français pendant la Révolution*, par A. Liger, ex-chef de bataillon à la 68º demi-brigade d'infanterie de bataille, aujourd'hui la 15º. — Blois, chez J.-F. Billault, an VIº [1798], t. I, p. 156).

François-Nicolas Pascal de Kerenveyer, né à Roscoff (1729) entra, comme enseigne au régiment de Limousin en 1745, servit ensuite au régiment de Berry comme major et lieutenant-colonel et devint brigadier le 1ᵉʳ janvier 1784. Maréchal de camp le 9 mars 1788, général de division le 15 mai 1793, il fut suspendu le 30 juillet suivant et se retira à Beauvais où il mourut le 11 prairial an IIº (30 mai 1794).

Le 30 octobre 1793, il écrivait (de Beauvais) au ministre de la guerre, Bouchotte :

« Le 5 novembre de l'année dernière, je suis entré triomphant dans Rousbrugge, après un combat de dix heures et en avoir été au moins huit en plastron à plus de 10,000 coups de fusil. Les jours subséquents du même mois, j'ai porté l'arbre de la liberté dans les villes de Furnes, Nieuport, Ostende, Blankenberg, Bruges et Ypres..... Lorsque j'ai fait mon devoir, je n'ai pas cru devoir m'en faire un mérite, en faisant gémir la presse de mes actions et en faire retentir les papiers publics. C'est une jactance dont je suis incapable..... »

désarmés, dépouillés de l'habit qu'ils profanaient et mis en
état d'arrestation. Il est de notre devoir de rendre hommage
à la bravoure et à la bonne conduite du lieutenant-colonel
commandant ce bataillon, qui a été blessé assez grièvement
dans cette affaire, et la Convention nationale n'apprendra pas
sans doute sans émotion que cette expédition a coûté la vie
au brave et excellent officier Rivier, lieutenant-colonel du
génie. Après avoir donné partout l'exemple du courage et du
sang-froid, obligé, au milieu du désordre, de travailler lui-
même à placer un pont volant sur la rivière qui le séparait de
l'ennemi, il a été atteint d'un coup mortel à la cuisse, et hier,
deux jours après l'action, il a rendu le dernier soupir dans
nos bras (1).

Pendant que ces événements se passaient auprès de
Lille et en Flandre, le gros de l'armée, sous les ordres
de Dumouriez, progressait dans la direction de Mons ; il
livrait, les 3, 4 et 5 novembre, une série de combats qui
l'amenaient au contact de la position principale de défense des Autrichiens. Ces combats seront l'objet d'une
étude détaillée qui se lie naturellement à celle de la
bataille de Jemappes. Bornons-nous à dire ici que la
vigueur déployée par les Français dans les engagements
du 4 novembre dissipa les incertitudes qui pouvaient
encore agiter l'esprit du duc de Saxe-Teschen. Il comprit
que l'attaque principale de Dumouriez serait, à bref
délai, dirigée contre Mons ; et, pour la recevoir, il
s'efforça d'appeler à lui toutes les forces susceptibles
d'arriver en temps opportun. Il envoya un courrier à
Clerfayt pour faire accélérer la marche de ses dernières
troupes ; celles-ci rejoignirent, en effet, mais dans un
état d'épuisement qui les rendait incapables d'une offensive vigoureuse ; elles manquaient de manteaux, de sou-

------

(1) Les commissaires de la Convention signalent les services rendus
par Rivier pour la mise en état de défense de la place de Bergues,
dont il avait pris le commandement au mois de mai 1792.

liers, de tentes et auraient eu besoin de quelques jours
de repos pour se refaire. Le duc prescrivit également de
diriger sur Mons toutes les troupes disponibles à Courtrai, à Tournai et à Bury : mais il était difficile de dégarnir ces points en présence des forces considérables que
La Bourdonnaye et Berneron avaient poussées en avant
de Lille et de Condé. Il fallut donc se contenter de
porter, le 5 novembre : de Courtrai sur Tournai, le bataillon de grenadiers de Rousseau ; de Tournai sur Bury,
le bataillon de corps de Clerfayt; de Bury sur Baudour,
le bataillon d'Esterhazy.

En même temps, le duc de Saxe-Teschen avait jugé
nécessaire de se prémunir contre une attaque des Français par la rive gauche de l'Haine, mouvement qui aurait
pu favoriser la marche directe du gros de l'armée sur
Mons, puisqu'il permettait de prendre de flanc la position défensive Jemappes—Hyon. Pour faire face à cette
éventualité, un bataillon d'infanterie et un peloton de
hussards furent, le 4 novembre au soir, envoyés de
Mons à Baudour. Le lendemain ce détachement fut renforcé par le bataillon d'Esterhazy et deux escadrons.

Cette précaution avait certes sa raison d'être; mais
elle diminuait d'environ 2,000 hommes l'effectif, déjà
si restreint, dont le duc de Saxe-Teschen allait disposer
pour recevoir le choc décisif de l'armée française.

A la suite de ces divers mouvements, les troupes
autrichiennes des Pays-Bas se trouvaient réparties de la
façon suivante, à la date du 6 novembre :

1° Troupes de campagne et garnisons des places voisines de la frontière (1).

COMMANDANTS DES CORPS et détachements; EMPLACEMENTS.	DÉSIGNATION des CORPS.	BATAILLONS.	COMPAGNIES.	ESCADRONS.	EFFECTIF.	
					HOMMES.	CHEVAUX.
F.-M.-L. comte Latour, à Menin.	Wurtemberg........	1	6	»	855	»
	Id............	1	4	»	552	»
	Murray...........	1	6	»	830	»
	De Ligne.........	1	6	»	723	»
	Grün-Loudon.......	»	2	»	250	»
	Chasseurs.........	»	2	»	184	»
	Uhlans de Degelmann...........	»	»	2	329	326
	Hussards de Wurmser	»	»	»	62	62
	TOTAUX...	4	26	2	3,782	388
F.-M.-L. prince Frédéric DE WURTEMBERG, à Tournai.	Clerfayt..........	1	6	»	850	»
	De Ligne..........	1	6	»	763	»
	Colloredo.........	1	6	»	1,092	»
	Kinsky-Franz......	1	6	»	1,037	»
	D'Alton...........	1	6	»	1,084	»
	Sztaray...........	2	12	»	1,939	»
	Rousseau..........	1G	6	»	546	»
	Chasseurs.........	»	12	»	485	»
	Dragons de Latour.	»	»	2	322	322
	Hussards de Blankenstein........	»	»	2	384	384
	Hussards de Wurmser...........	»	»	2	444	444
	Uhlans de Degelmann..........	»	»	4	674	674
	TOTAUX...	8	60	10	9,617	1,821
Colonel HADIK, à Bury.	Briey.............	1G	6	»	461	»
	Clerfayt..........	1	6	»	610	»
	Esterhazy.........	1	6	»	948	»
	O'Donell..........	1F	5	»	760	»
	Chasseurs.........	»	1	»	101	»
	Hussards de Blankenstein........	»	»	4	768	768
	Dragons de Latour..	»	»	4	645	645
	TOTAUX...	4	24	8	4,263	1,413

(1) Ces états sont établis (avec quelques simplifications) d'après ceux du capitaine de Christen. Le second renferme certaines discordances de chiffres que nous avons reproduites telles que dans l'ouvrage autrichien.

Les bataillons dont le nombre n'est accompagné d'aucun indice sont des bataillons de fusiliers ; l'indice G désigne les bataillons de grenadiers, l'indice F les bataillons francs.

COMMANDANTS DES CORPS et détachements ; EMPLACEMENTS.	DÉSIGNATION des CORPS.	BATAIL-LONS.	COM-PAGNIES.	ESCA-DRONS.	EFFECTIF.	
					HOMMES.	CHE-VAUX.
Lieut.-colonel BONYHADY, à Baudour.	Murray............	1	6	»	657	»
	Esterhazy..........	1	6	»	915	»
	Hussards de (?).....	»	»	2	257	257
	Totaux...	2	12	2	1,829	257
F.-M. duc DE SAXE-TESCHEN, à Mons.	Pückler...........	1[G]	4	»	418	»
	Leuwen.	1[G]	6	»	587	»
	Morzin............	1[G]	6	»	568	»
	Barthodeisky.......	1[G]	6	»	604	»
	Wurtzbourg	1	6	»	692	»
	Mathesen..........	1	6	»	1,129	»
	Stuart.	2	12	»	2,055	»
	Hohenlohe.........	2	12	»	1,861	»
	Bender............	2	12	»	1,838	»
	Grün-Loudon.......	1[v]	4	»	478	»
	O'Donell..........	1[v]	3	»	305	»
	Mihalovich........	1[e]	5	»	876	»
	Chasseurs.........	»	5	»	504	»
	Détach. de d'Alton.	»	»	»	120	»
	Dragons de Cobourg.	»	»	8	1,208	1,208
	Dragons de Latour..	»	»	2	320	320
	Hussards de Blankenstein.........	»	»	4	382	382
	Hussards d'Esterhazy	»	»	2	258	258
	Totaux...	15	87	16	14,293	2,168
? à Binche.	Mihalovich........	»	1	»	125	»
	Hussards d'Esterhazy	»	»	4	130	130
	Totaux...	»	1	1	255	130
Colonel KNORR, à Charleroi.	Mathesen..........	1	6	»	1,077	»
	Chasseurs.........	»	2	»	235	»
	Hussards d'Esterhazy	»	»	1	159	159
	Totaux...	1	8	1	1,471	159
Général major MOITELLE, à Namur.	Kinsky Ulrich......	2	12	»	2,025	»
	Vierset............	1	6	»	644	»
	Chasseurs	»	2	»	172	»
	Hussards d'Esterhazy	»	»	2	255	255
	Totaux...	3	20	2	3,066	255
Lieut.-colonel DE LUSIGNAN, à Marche.	Bender............	1	6	»	615	»
	Chasseurs	»	2	»	238	»
	Hussards d'Esterhazy	»	»	2	256	256
	Totaux...	1	8	2	1,409	256
TOTAL des troupes de campagne et des garnisons des places voisines de la frontière................		38	246	44	39,695	6,847

2° Garnisons des places dans l'intérieur des Pays-Bas.

COMMANDANTS des DÉTACHEMENTS ; garnisons.	DÉSIGNATION des CORPS.	BATAIL- LONS.	COM- PAGNIES.	ESCA- DRONS.	EFFECTIF.	
					HOMMES.	CHE- VAUX.
Capitaine DE LAHAMAJDE à Gand.	Wurtemberg........	»	2	»	345	»
Colonel MOLITOR, à Anvers.	Wurtzbourg	1	4	»	492	»
	Vierset............	»	2	»	238	»
	Dragons de Wurtz- bourg...........	»	»	1/2	50	50
	TOTAUX...	1	6	1/2	780	50
G.-M. DIESBACK, à Bruxelles.	De Ligne..........	1	2	»	245	»
	Vierset...........	1	4	»	472	»
	Bamberg..........	1	4	»	508	»
	Colloredo (détache- ment de)........	»	»	»	115	»
	Fr. Kinsky (détache- ment de).........	»	»	»	120	»
	Dragons de Wurtz- bourg...........	»	»	1	102	102
	TOTAUX...	3	10	1	1,562	102
? à Malines.	De Ligne........	»	2	»	342	»
? à Louvain.	Wurtzbourg	»	2	»	450	»
F.-M.-L. SCHROEDER, à Luxembourg.	Wurtemberg.......	1	4	»	725	»
	Murray...........	1	4	»	692	»
	Clerfayt..........	1	4	»	612	»
	Anhalt (infanterie)..	1/2	2	»	308	»
	Dragons d'Anhalt...	»	»	1/2	80	80
	TOTAUX...	3 1/2	14	1/2	2,417	80
TOTAL des troupes en garnison dans les places de l'intérieur des Pays-Bas.....................		8 1/2	38	3	6,569	480
Total général des forces autri- chiennes dans les Pays-Bas (total des tableaux 1° et 2°)............		46 1/2	284	46	46,264	7,227

A l'évaluation précédente, il convient d'ajouter :

7 compagnies d'artillerie réparties entre les corps en campagne et les garnisons ;

   1 compagnie de mineurs;
   1 compagnie de sapeurs ;
   1 compagnie de pionniers;
  1/2 compagnie de pontoniers ;
   4 compagnies d'invalides du 3e régiment de garnison
    (Luxembourg).

Ces différentes unités élèvent à 50,000 hommes environ l'effectif des troupes stationnées dans les Pays-Bas. Le duc de Saxe-Teschen devait en avoir à peine le tiers réuni sur le champ de bataille de Jemappes.

CHAPITRE IV

LA BATAILLE DE JEMAPPES

Au milieu des renseignements, parfois contradictoires, qui lui étaient parvenus à la fin d'octobre, le duc de Saxe-Teschen ne pouvait plus douter que les Français préparassent une attaque générale contre la frontière des Pays-Bas, et que leur action principale dût être dirigée de Valenciennes sur Mons. Il n'ignorait pas que, même après la jonction du corps de Clerfayt, il aurait affaire à des forces au moins doubles des siennes ; la répartition de ces forces restait seule enveloppée d'une incertitude qui entraîna, comme on l'a vu, un va-et-vient de plusieurs bataillons entre Mons, Tournai et les places de la Lys.

Il avait trois partis à prendre, fait remarquer Jomini (1) : le premier de renoncer à défendre le pays situé sur la rive gauche de la Meuse, afin de se concentrer entre Liège et Namur ; le second, de risquer une bataille vers Charleroi ; le troisième, enfin, de couvrir entièrement les provinces confiées à sa garde, en s'étendant depuis la Sambre jusqu'à Tournai. Le dernier était le moins sûr, et le duc l'adopta comme le plus conforme aux intentions de son cabinet.

C'est ainsi que, jusqu'au dernier moment, le duc de Saxe-Teschen conserva ses forces disséminées sur un front de 25 lieues, réduites partout à n'opposer qu'une

---

(1) *Histoire des guerres de la Révolution*, t. II, p. 213.

défense passive, à la faveur de retranchements et de coupures barrant les principales routes venant de France. A Mons, qui apparaissait comme l'objectif de l'attaque principale, le duc avait cherché, il est vrai, à réaliser une certaine concentration de troupes; mais il l'avait fait dans une mesure bien restreinte, puisque, après l'arrivée de Clerfayt, l'effectif de ces troupes ne dépassait pas le tiers des forces autrichiennes existantes dans les Pays-Bas.

La ville même de Mons n'avait que des fortifications sans valeur, anciennes et fort mal entretenues. La véritable ligne de défense était constituée par les hauteurs qui s'élèvent au sud-ouest de la place, dominant les vallées marécageuses de l'Haine et de la Trouille. Jemappes, Cuesmes, le faubourg de Bertaimont, Hyon, jalonnent à peu près cette ligne, dont le développement est de 6 kilomètres environ :

Ces positions, dit Jomini, choisies depuis longtemps pour servir de champ de bataille, avaient été retranchées avec un soin tout particulier. Quatorze redoutes, armées de 36 pièces, en couvraient les points accessibles. Indépendamment de cette artillerie, 18 bouches à feu de gros calibre formaient la réserve, et les pièces des régiments étaient distribuées sur le front. Le terrain, quoique assez découvert dans ces contrées, offrait des accidents susceptibles de chicane.....

Depuis un siècle, le développement de l'industrie minière a beaucoup modifié la physionomie de cette région. Non seulement il a déterminé la construction de nombreuses voies de communication et l'accroissement des villages, dont la population a quadruplé, mais les travaux des mines ont produit une dépression considérable des reliefs (1). Il est indispensable de tenir compte

---

(1) D'après M. Chuquet, cette dépression n'atteindrait pas moins de 40 mètres sur certains points.

de ces variations pour apprécier la valeur défensive des positions que l'armée française avait à attaquer.

Un ordre, daté du 1er novembre 1792, montre que les Autrichiens eurent, dès le début, l'intention d'opposer une défense passive à la faveur des obstacles naturels et de quelques travaux de fortification (1).

Cet ordre répartit ainsi les troupes cantonnées à Mons et dans les environs :

Aile droite : le feld-maréchal-lieutenant baron Lilien, ayant comme brigadiers :

Le général major archiduc Charles, commandant les trois bataillons de grenadiers Pückler, Morzin et Barthodeisky ;

Le général major Schmakers, commandant deux bataillons de Bender et un bataillon de Wurtzbourg ;

Le général major prince Charles de Lorraine ayant sous ses ordres sept escadrons (5 de dragons de Cobourg, 2 de hussards de Blankenstein).

Aile gauche : le feld-maréchal-lieutenant Beaulieu, ayant comme brigadiers :

Le général major Mikovini, ayant sous ses ordres six bataillons de grenadiers Leuwen et Briey, le bataillon-colonel de Murray et deux bataillons de Stuart ;

Le général major prince de Lorraine, ayant six escadrons (1 de dragons de Cobourg, 2 de chevau-légers, 3 de Latour) (2).

En cas d'alarme, il était prescrit aux troupes de l'aile droite de prendre position sur les hauteurs de Jemappes,

---

(1) Cet ordre fut trouvé par le général Égalité (duc de Chartres) dans la chambre et sur la table de nuit du colonel baron de Fischer, commandant les dragons de Cobourg. Les *Archives de la guerre* en possèdent une copie qui présente de nombreuses fautes de transcription ; nous avons corrigé celles pour lesquelles il ne pouvait subsister d'incertitude ; nous avons appelé l'attention sur les douteuses.

(2) Il y avait, devant Mons, 2 *escadrons de chevau-légers de Latour*. Le document présente donc une erreur de transcription : les 3 escadrons improprement dits *de Latour* étaient sans doute des escadrons de hussards. (Voir *infrà*.)

à celles de l'aile gauche sur la hauteur de Bertaimont. Le G. M. de Boros devait commander tous les avant-postes et prendre son quartier général à Cuesmes.

La réserve d'artillerie est partiellement destinée pour les deux positions de Jemappes et de Bertaimont; les régiments et bataillons destinés élèveront à côté d'elles leurs batteries et les garderont par une garde proportionnée.

Les charretiers, ouvriers et chevaux de réserve de l'aile gauche seront placés à Hyon et dans les maisons les plus près de Bertaimont; ceux de la droite à Jemappes, pour où partira demain un bataillon de Bender. Le bataillon-colonel de Murray fournira, dans chacune des sept redoutes élevées, une garde composée d'un appointé et de trois hommes. Bender en fournira également une, dans les trois redoutes élevées devant Jemappes, d'un appointé et de trois hommes, un officier, un caporal, deux appointés et dix-huit hommes.

Il est de règle de service et l'on recommande derechef aux commandants des régiments, bataillons, corps et sections, de non seulement s'assurer des chemins de communication entre eux, mais aussi de celui qui conduit au lieu d'alarme et de les faire rétablir dans le cas où ils seraient en mauvais état.

Au premier rapport du matin, les commandants de stations cantonnés hors Mons donneront par écrit quel est le chemin de communication, et le plus praticable, pour se transporter au lieu d'alarme, en combien de temps pourra se porter chaque station à son lieu de rassemblement respectif, et en combien de temps elle pourra de là être rendue au lieu général d'alarme.

A chaque station de cantonnement hors Mons, on élèvera, sur une hauteur apparente, une perche d'alarme qui pourra être aperçue par le commandant des avant-postes; on y postera un piquet d'un caporal, d'un appointé et de six hommes, et, quand on tirera les trois coups de canon de signal sur la hauteur de Bertaimont, on mettra le feu à toutes les perches d'alarme et tout avancera vers les susdites positions.

Un bataillon d'Esterhazy y marchera encore aujourd'hui et le deuxième demain, après 10 heures du matin, à Bury. Chaque bataillon enverra un officier à Bury pour prendre les ordres du colonel comte de Hadik.....

En avant de leur position défensive, les Autrichiens avaient poussé quelques troupes dans la direction de Valenciennes, jusqu'à proximité de la frontière. Ces petits détachements, d'un effectif restreint, avaient pour objet de reconnaître les mouvements des Français, et non de leur opposer résistance à la faveur des accidents successifs du terrain.

Dumouriez indique, dans ses *Mémoires* (t. III, p. 241), le parti que les Autrichiens auraient pu tirer de ces positions avancées:

Si on regardait la position de Jemappes comme la citadelle, il fallait regarder le bois de Sars et le moulin de Boussu comme les ouvrages extérieurs. Dès qu'on avait laissé développer les Français dans la plaine entre le bois et Jemappes, la position ne valait plus rien, parce qu'elle n'avait ni développement ni profondeur, et que la rivière qui l'enveloppait par derrière était un danger de plus. Au contraire, en portant sa défense à Boussu, on avait trois positions à chicaner et les Français n'auraient pu arriver à la dernière qu'après avoir perdu beaucoup de monde aux deux premières attaques.

Dumouriez fait d'ailleurs observer qu'en pareil cas, son intention n'eût pas été de s'obstiner. Il eût cherché à tourner le duc de Saxe-Teschen, en laissant le général d'Harville à Quiévrain pour masquer la position de Jemappes, et en se portant lui-même sur Ath, concurremment avec le petit corps du général Berneron.

Le mouvement offensif de l'avant-garde française détermina, à partir du 3 novembre, une série d'engagements avec les postes autrichiens qui, n'étant pas soutenus par le gros des forces, durent enfin céder devant la supériorité numérique des assaillants et furent refoulés vers Mons. Le 5 novembre, le terrain se trouva dégagé en avant de la position principale de l'ennemi, et Dumouriez put arrêter ses dispositions en vue de l'attaque générale du lendemain.

9

Journées des 3 et 4 novembre.

Dans la journée du 3 novembre, Beurnonville porta toute son avant-garde sur la rive droite de l'Hogneau et chercha à refouler les postes que les Autrichiens avaient poussés jusqu'au moulin de Boussu et à Thulin. Tandis que le gros des forces s'établissait entre Élouges et Wiheries, l'infanterie belge, soutenue par le 2e régiment de hussards (ex-Chamborant), marchait en trois colonnes à l'attaque des positions ennemies qu'occupaient le 2e bataillon d'O'Donell, une compagnie de chasseurs et trois escadrons de hussards de Blankenstein ; ces troupes furent renforcées, au cours du combat, par deux bataillons (de Bender et de Wurtzbourg).

Après avoir enlevé Thulin, l'infanterie belge s'était avancée, avec quelque imprudence, jusqu'au moulin de Boussu. Elle y fut attaquée par les hussards de Blankenstein et refoulée en désordre ; elle fut sauvée d'un désastre complet par les hussards de Chamborant, qui se portèrent à son secours avec beaucoup d'intrépidité (1).

Dumouriez ne fut informé de cet insuccès que dans la

---

(1) L'affaire du 3 novembre est ainsi relatée dans le *Bulletin*, publié le lendemain à Bruxelles par les autorités autrichiennes :

« Les Français ont attaqué hier, à 11 heures du matin, les avant-postes de l'armée impériale du côté de Boussu ; il paraît qu'ils voulaient reconnaître ou faire un fourragement. Le colonel du régiment de Bender, baron de Keim, s'est aussitôt mis à la tête d'une division de hussards pour soutenir les avant-postes ; et il est tombé sur les Français avec tant d'impétuosité qu'il leur a tué 300 hommes et fait 50 prisonniers, entre lesquels se trouve un de leurs chefs dont on n'écrit pas le nom. Les Français ont aussi attaqué hier les avant-postes du côté de Tournai et ont été repoussés avec quelque perte. Ces succès si réitérés n'ont rien qui doive étonner de la part des troupes impériales, animées d'une ardeur dont il y a peu d'exemples dans l'histoire. »

soirée, en revenant de visiter les troupes de sa droite.
Apprenant que Beurnonville se proposait de replier tous
ses postes avancés et d'évacuer la rive droite de l'Hogneau sauf Quiévrain, il jugea que ce mouvement de
recul ferait une mauvaise impression sur les troupes ; il
prescrivit à l'avant-garde de repasser, le soir même, sur
la rive qu'elle abandonnait. Il résolut de renouveler
l'attaque dès le lendemain matin, en faisant appuyer
Beurnonville avec neuf bataillons, sous les ordres du duc
de Chartres. Pour faciliter l'enlèvement de la position de
Boussu, ordre fut donné au général d'Harville de se
porter sur le château de Sars et les bois environnants,
tandis qu'un détachement intermédiaire, sous les ordres
du colonel de Frégeville, agirait, par Blaugies, contre
la lisière des mêmes bois.

A l'approche des Français, les Autrichiens évacuèrent
les villages de Montrœul et de Thulin et prirent position
au sud de Boussu. Ils occupèrent la hauteur du moulin à
vent et le bois de Boussu avec trois bataillons d'infanterie (O'Donell, Bender et Wurtzbourg) et trois escadrons
de hussards (de Blankenstein). Quelques compagnies de chasseurs garnissaient le bois de Montrœul et
le bois l'Évêque.

Dumouriez fit avancer six pièces de 12 pour battre le
moulin de Boussu (1) ; comme ils n'avaient sur ce point
que des canons d'un calibre inférieur et d'une portée
moindre, les Autrichiens souffrirent beaucoup de ce feu
d'artillerie ; ils se maintinrent cependant en position
jusque vers midi. A ce moment, devant la menace de
trois colonnes que Dumouriez avait fait former pour
attaquer le moulin, ils abandonnèrent la hauteur et se

---

(1) *Mémoires de Dumouriez* (t. III, p. 162). Le capitaine de Christen
fait erreur en élevant à 16 le nombre des canons français ; il constate
l'infériorité de calibre et de portée de l'artillerie autrichienne.

retirèrent sur Boussu. Le bataillon d'O'Donell, qui occupait le bois de Boussu, voyait en même temps sa retraite compromise par les progrès du détachement du colonel de Frégeville; il réussissait pourtant à gagner Warquignies et Paturages, non sans avoir subi des pertes assez importantes. Les compagnies de chasseurs se repliaient également sur Frameries.

Dumouriez indique dans ses *Mémoires* l'intérêt qu'il avait à compléter immédiatement ces premiers résultats :

> Il lui était très important de gagner la plaine en avant de la tête du bois : 1º pour que l'ennemi ne pût pas y rejeter du monde pour y recommencer l'attaque, couper sa communication avec d'Harville et reprendre sur lui l'avantage du terrain dominant ; 2º pour s'appuyer de ce même bois pour se secourir mutuellement avec d'Harville contre une seconde attaque de l'ennemi; 3º enfin pour partager l'avantage de la hauteur et, par un développement dans la plaine de Paturages, le forcer à la retraite.

Dans cette seconde partie de la journée, l'artillerie joua encore un rôle important ; ébranlés par son feu, les Autrichiens n'attendirent pas l'attaque de l'infanterie ; ils évacuèrent successivement Boussu, puis Hornu et se replièrent sur Quaregnon.

L'avant-garde française s'avança jusque sur le plateau entre Hornu et Wasmes, où elle bivouaqua. Saint-Ghislain et les passages de l'Haine furent abandonnés sans combat par les chasseurs autrichiens et occupés par les Français. Le détachement de Frégeville bivouaqua près de Quainois. Enfin la division d'Harville s'établit aux environs d'Eugies, Genly et Noirchin.

Les événements de ces deux journées sont ainsi relatés dans la lettre que Dumouriez adressa au ministre (de Mons, 7 novembre 1792) pour lui rendre compte de la victoire de Jemappes et des opérations qui l'avaient précédée :

Vous verrez, par le lieu d'où je date ma lettre, combien le temps a été bien employé depuis la dernière lettre que je vous ai écrite du quartier général d'Onnaing. Je l'ai quitté, le 3, pour aller, avec mon avant-garde, prendre une position entre Élouges et Wiheries. Cette position nécessitait la prise d'un village nommé Thulin, d'où nous avons été repoussés, parce que les Belges, qui étaient chargés de cette attaque, s'étaient trop aventurés au delà du village, près du moulin de Boussu, et n'avaient point pris de canon avec eux. Ils ont été enveloppés par 1200 à 1500 hussards, qui en ont taillé deux compagnies, et qui auraient détruit tout ce corps sans l'extrême valeur du 2ᵉ régiment de hussards, qui, n'étant pas de plus de 300 hommes, a chargé cette forte troupe de hussards autrichiens et a dégagé les Belges, dont il a assuré la retraite. Le même jour, 3, le général d'Harville est arrivé avec son armée à Bavay. Le lendemain, 4, j'ai tiré du camp d'Onnaing neuf bataillons pour fortifier l'attaque de Thulin et prendre de force la position de Boussu. Mon projet alors étant d'effectuer une réunion avec le général d'Harville, il était nécessaire de chasser les Autrichiens de la longue bande de bois qui s'étendent depuis Sars jusqu'à Boussu. J'ai arrangé une attaque combinée, d'après laquelle le général d'Harville devait s'emparer du château de Sars; le colonel du 11ᵉ régiment de chasseurs devait, avec son régiment et de l'infanterie légère, pénétrer par Blaugies en se dirigeant sur le même château de Sars, et, remontant par la droite des bois, devait s'emparer du village de Frameries, pendant que, longeant les mêmes bois par la gauche, je m'emparerais de celui de Boussu.

Ces trois attaques ont parfaitement réussi. Les Autrichiens ont défendu avec assez d'opiniâtreté le moulin de Boussu, d'où je les ai dépostés avec mon artillerie; ils y ont perdu 500 ou 600 hommes. Le combat s'est passé en artillerie. J'ai bivouaqué la nuit avec l'avant-garde à la tête du bois de Boussu, et j'ai ordonné à l'armée de venir bivouaquer sur le terrain d'Élouges. Je me suis renforcé en grosse artillerie et en obusiers, d'après le succès de cette journée.

A l'issue de ce dernier combat, Dumouriez écrivait à

son chef d'état-major Moreton, qui était resté au quartier général d'Onnaing (1) :

Nous venons, mon cher Moreton, de bien battre les ennemis. Ils avaient une excellente position dans le village et le bois de Boussu ; ils n'ont pu rien défendre contre notre excellente artillerie et la vivacité de nos braves troupes.

Ils étaient 6,000 hommes d'infanterie et 2,000 hommes de cavalerie. Nous leur avons tué plus de 150 hommes, d'après ce que nous savons jusqu'à présent ; nous avons déjà plus de 200 prisonniers et plusieurs officiers, dont un très grièvement blessé, pour lequel je vous prie de m'envoyer sur-le-champ une voiture et un bon chirurgien ; j'arrête les troupes à Boussu, pour qu'elles ne se laissent pas trop emporter par leur ardeur.

Nous bivouaquerons cette nuit. Envoyez sur-le-champ par un officier de l'état-major cette nouvelle au général Harville, pour que, dès demain, il marche par la droite du bois de Sars sur la hauteur, en faisant face au village de Frameries ; je passerai par la hauteur de Hornu, pour prendre l'ennemi à revers, s'il est posté à Frameries.

Communiquez mon billet au général d'Hangest (2) et

---

(1) Le billet de Dumouriez est daté de Boussu, 4 novembre 1792, à 5 heures du soir. Le même jour, à 7 heures, Moreton en envoie copie au ministre de la guerre ; il espère que ce premier succès sera le présage de victoires encore plus complètes : « Si quelque chose peut me dédommager de n'avoir pas accompagné aujourd'hui mon général, c'est de penser que j'ai pu lui être de quelque utilité ici pour transmettre à l'armée les différents ordres qu'il m'a adressés dans la journée et la mettre en marche pour suivre l'avant-garde qu'il mène à la poursuite de l'ennemi. Je compte le rejoindre demain matin. Après avoir déblayé le quartier général, j'espère être témoin de quelque nouvel avantage sur l'ennemi ».

(2) Commandant l'artillerie de l'armée du Nord. Louis-Augustin Lamy d'Hangest, né à Wissignicourt (Aisne) le 28 août 1731, était fils d'un commissaire provincial d'artillerie. Il entra en 1742 comme surnuméraire dans le corps de l'artillerie, devint officier pointeur en 1745, capitaine en 1756 ; il se distingua à Clostercamp. Après avoir occupé

donnez-lui ordre de m'envoyer sur-le-champ tout le reste des pièces de 16 et des obusiers. Envoyez sur-le-champ un courrier à Valenciennes pour porter le billet ci-joint au maire de la ville. Tâchez de nous envoyer aussi du pain et de la viande, mais surtout de l'eau-de-vie; nous n'avons pas vingt hommes tués ou blessés. Je doute que je sois dans le cas d'occuper le quartier général de Quiévrain, car mon projet est de ne pas lâcher prise, en y mettant cependant toute la prudence nécessaire.

Le maréchal de camp Dampierre (1), employé à l'avant-garde, a écrit la relation du rôle joué par celle-ci du 4 au 6 novembre. Il passe sous silence l'échec subi dans l'après-midi du 3 novembre par les troupes belges. Son récit mérite cependant d'être reproduit, car il contient quelques détails intéressants sur la journée du lendemain (2) :

---

des emplois divers dans son arme, nous le voyons colonel du régiment de Grenoble (5 avril 1780), brigadier d'infanterie (1er janvier 1478), maréchal de camp (9 mars 1788), lieutenant général (7 septembre 1792). D'Hangest fut suspendu le 25 juillet 1793 et incarcéré à Chauny. D'après un rapport de Pille au Comité de Salut public (23 frimaire an IIIe), on voit que ces mesures de rigueur furent le fait d'une « erreur du Conseil, qui croyait que cet officier général appartenait à la famille des d'Hangest, ci-devant nobles ». Après sept mois et demi de captivité, d'Hangest fut mis en liberté (avril 1794), puis admis à la retraite. Il mourut à Wissignicourt le 21 novembre 1819.

(1) Picot, comte de Dampierre (Auguste–Marie–Henri), né le 19 août 1756, entra aux Gardes françaises en 1772. On le voit successivement capitaine dans le régiment de Chartres-infanterie (1784), major du régiment de chasseurs de Normandie (1788), lieutenant-colonel (1791), puis colonel (5 février 1792) du 5e de dragons. Maréchal de camp (7 septembre 1792), lieutenant général (8 mars 1793), il fut appelé, le 5 avril suivant, au commandement en chef des armées du Nord et des Ardennes, après la défection de Dumouriez. Le 8 mai, à l'attaque du bois de Raismes (près Valenciennes), il eut la jambe emportée par un boulet; il mourut le lendemain de cette blessure. Un décret de la Convention du 11 mai 1793 lui décerna les honneurs du Panthéon.

(2) *Relation de la conduite des troupes composant l'avant-garde de*

Le 3, les neuf bataillons d'infanterie régulière vinrent camper entre Élouges et Wiheries.

Le 4, à 11 heures, le lieutenant général Beurnonville m'ordonna de protéger l'attaque des Belges sur le village de Thulin. Les ennemis étaient postés au moulin de Boussu. Je fis marcher le 71ᵉ régiment (ci-devant Vivarais), les bataillons de Saint-Denis et de la Marne, la compagnie légère de Barrois et toutes les troupes à cheval. Thulin fut enlevé par les Belges. Les ennemis voulurent faire une résistance longue au moulin de Boussu ; ils avaient cinq pièces de 6 et deux de 3.

---

l'armée de la Belgique. — Dampierre donne la composition de l'avant-garde, qui peut ainsi se résumer :

État-major : Lieutenant général Beurnonville. Maréchaux de camp : Dampierre et Rosière. Adjudants généraux et adjoints : Félix, Belliard, Saluces et Lahoussaye.

Troupes à cheval : 1ᵉʳ, 2ᵉ et 6ᵉ régiments de hussards, 3ᵉ, 6ᵉ, 11ᵉ et 12ᵉ régiments de chasseurs (tous à trois escadrons).

Artillerie : 3ᵉ et 6ᵉ compagnies (Hanicque et Barrois).

Infanterie régulière : 2ᵉ et 6ᵉ bataillons de grenadiers, 19ᵉ régiment d'infanterie (ex-Flandre), 1ᵉʳ, 2ᵉ et 3ᵉ bataillons de Paris, 1ᵉʳ bataillon de la Marne (*lire 3ᵉ*), 1ᵉʳ bataillon de Saint-Denis, 71ᵉ régiment d'infanterie (ex-Vivarais).

Infanterie légère : 10ᵉ et 14ᵉ d'infanterie légère, trois compagnies franches (les Quatre-Nations, l'Égalité, les Cambrelots), quatre bataillons belges et liégeois, 1ᵉʳ et 3ᵉ bataillons francs.

La relation de Dampierre, non datée, dut être rédigée quelques jours après la bataille. Elle est précédée d'un envoi à Dumouriez : « En vous rappelant ce que votre avant-garde a fait le 4, le 5 et le 6 novembre de l'an 1ᵉʳ de la République, c'est vous entretenir de votre propre gloire. Continuez, mon brave Général, à unir au suprême degré la prudence et la méthode de Turenne à la bravoure et à l'audace de Condé ; votre place dans la postérité est déjà marquée au-dessus d'eux ; ils n'ont employé leurs talents que pour augmenter la puissance des despotes, et vous n'avez tiré l'épée que pour assurer aux hommes l'exercice de leurs droits et briser leurs fers ». Au début de sa relation, Dampierre dit qu'il se fait un devoir sacré de rendre compte à la nation de la manière dont les troupes de l'avant-garde se sont comportées : « Les grandes occupations de nos braves généraux Dumouriez et Beurnonville ne leur en ont pas laissé le temps. Le lieutenant général Beurnonville est allé prendre le commandement de l'armée du Centre ».

Un grand ravin, à demi-portée de canon, me séparait des ennemis. La route était dépavée et coupée de tranchées. Le général Beurnonville m'ordonna de passer le ravin ; je le fis combler pour pouvoir y faire passer l'artillerie légère.

L'infanterie franchit le ravin sous un feu très vif ; l'artillerie légère se mit aussitôt en batterie. J'ordonnai à quinze escadrons de cavalerie légère de passer le ravin pour protéger et faire avancer l'artillerie légère. Je dois rendre justice aux hussards et chasseurs ; je ne dirai pas qu'ils ont passé un ravin profond de 30 pieds et large de 3 à 4 pieds dans le bas ; je dois dire qu'ils l'ont gravi et qu'ils ne l'auraient pas tenté s'il n'y avait eu des coups de canon à gagner. C'est mon ami Kellermann, colonel du 6e régiment de hussards, (ci-devant Lauzun), et son brave régiment, qui en a donné l'exemple. L'ennemi, voyant cette audace et la manière dont le brave Barrois le chauffait, prit le parti de la fuite, quoiqu'il fût au nombre de 3,000 à 4,000 hommes. Alors, la compagnie d'artillerie, soutenue par les troupes légères, les poursuivit pendant l'espace de deux lieues : nous franchîmes toutes les difficultés, chevaux de frise, chemins dépavés et coupés ; les Français sont nés pour abattre et franchir tous les obstacles. Je calmai l'ardeur de mes braves compagnons sur les hauteurs entre Hornu et Quaregnon, parce qu'ayant la connaissance du terrain, je savais que Quaregnon était fortifié. J'ordonnai au général Rosières de garder la tête d'Hornu ; je fis garder Saint-Ghislain et je cantonnai mes troupes dans les villages circonvoisins, et je restai à la tête de Boussu. A peine avais-je fait ces dispositions, que je reçus ordre de mes généraux, Dumouriez et Beurnonville, de faire positivement ce que je venais de commander. J'avoue que j'éprouvai un grand plaisir à m'être ainsi rencontré avec des hommes que je regarderai toujours comme mes maîtres. Ce fut l'adjoint Belliard, officier très intelligent, qui m'apporta cet ordre. Tous les corps donnèrent les plus grandes preuves de courage. Le bataillon de Saint-Denis, qui allait pour la première fois au feu, eut plusieurs hommes de tués et ne fit que serrer ses rangs. Vivarais et le brave de Bannes se conduisirent à leur ordinaire. La Marne et Baussancourt, son chef, firent de même. La 6e compagnie d'artillerie légère travailla à merveille comme son chef, le citoyen Barrois. Mais l'homme qui a montré le courage le plus bouillant, est le lieutenant-colonel Stephan, officier de génie belge (*sic*). Nous avons poursuivi les ennemis jusqu'au défilé du pont Quaregnon. Là enfin, j'arrêtai Stephan, qui allait être reçu par dix à douze bouches à feu. Les généraux Dumouriez et Beurnonville se trouvèrent partout où le feu était le plus vif, ainsi que le lieutenant général Égalité. Mon ami Félix, adjudant général, m'a secondé de la manière la plus brillante, ainsi que les citoyens Saluces, Belliard et Lahoussaye. Le citoyen Breircourt, aide de camp du général Miranda, vint me joindre au commencement du combat, et m'a donné les plus grandes preuves de courage et d'intelligence.

Ce fut à la suite de ces combats du 4 novembre, que le duc de Saxe-Teschen envoya un petit détachement à Baudour, afin de protéger son flanc droit contre une attaque par la rive gauche de l'Haine. Cette précaution (qui affaiblissait la défense principale) semblera peu justifiée, si l'on remarque que Dumouriez avait manifestement cherché, le 4 novembre, à étendre sa droite pour déborder l'ennemi ; son intention apparaissait clairement de chercher, dans cette direction, la solution décisive ; rien ne donnait à penser qu'il commît la lourde faute de jeter une fraction importante de ses forces au delà d'une vallée difficile à franchir comme celle de l'Haine.

Journée du 5 novembre.

Les succès de l'avant-garde, dans la journée du 4 novembre, assuraient à Dumouriez les points d'appui nécessaires pour permettre de porter en avant et de rassembler le gros de l'armée, en vue de l'attaque ultérieure de la position principale des Autrichiens. Ce mouvement fut exécuté le 5. Il fut accompagné de petites opératious offensives destinées à compléter les résultats obtenus la veille, à chasser l'ennemi des points qu'il occupait encore en avant de sa ligne de défense.

Dans sa lettre au ministre, du 7 novembre, Dumouriez résume ainsi les événements de cette journée :

Le 5, j'ai reconnu la position des ennemis sur les hauteurs de Jemappes ; j'ai attaqué, avec de l'infanterie, le village de Quaregnon, pendant que j'occupais leur gauche par une canonnade assez vive. Le même jour, le colonel Frégeville a tâté leur gauche, et il y a eu divers petits combats d'infanterie et de cavalerie, où nous avons toujours eu le dessus. Le général d'Harville n'a pu arriver ce même jour qu'avec la moitié de son armée, d'environ 6,000 hommes, à hauteur de Frameries. J'ai pris alors mon camp en face de Jemappes, la gauche appuyée à Hornu, la droite à Frameries. J'ai fait venir ma grosse artillerie à Boussu, ainsi que l'hôpital ambulant, m'étant déterminé à attaquer le lendemain les hauteurs de Jemappes d'une manière décisive, pour ne pas laisser le temps à l'armée de Clerfayt d'opérer sa jonction (1).

J'avais fait abandonner ce même soir le village de Quaregnon, qui ne pouvait pas se soutenir contre les forces qui étaient à Jemappes, étant dominé par ce village (2).

---

(1) En réalité, cette jonction avait été opérée les 1er, 2 et 3 novembre. D'après les *Mémoires* de Dumouriez, il semblerait que ce général en avait été informé. Il explique, en effet (page 158), qu'il modifia les instructions primitivement données à d'Harville « parce qu'il n'était plus question d'empêcher la jonction du général Clerfayt ». Estimant que, par cette réunion, le duc de Saxe-Teschen « pouvait avoir au moins 25,000 hommes », il tint à se renforcer « des 12,000 hommes du général d'Harville, pour conserver sa supériorité. Il lui ordonna donc de venir camper, le 1er novembre, à Hon, à la tête du bois de Sars ».

Il y a lieu de remarquer que Dumouriez n'obtenait ses renseignements sur l'ennemi qu'au moyen d'émissaires ou par l'intermédiaire de patriotes belges : sa cavalerie n'envoyait ni partis, ni reconnaissances, en dehors des postes avancés de l'armée. Des retards, des incertitudes, devaient nécessairement altérer la valeur des renseignements ainsi obtenus.

Il suffisait du reste que la jonction de Clerfayt avec le duc de Saxe-Teschen fût *probable* et *imminente* pour que Dumouriez prît la précaution d'appeler à lui les troupes de d'Harville.

(2) L'offensive des Français commençait à inspirer aux Autrichiens

Dans la relation du maréchal de camp Dampierre, on lit :

Le 5, le citoyen Frégeville, colonel du 11e régiment de chasseurs, ci-devant Normandie, et le citoyen Nordmann, colonel du 1er régiment, ci-devant Berchény, avec les deux bataillons de grenadiers, attaquèrent le bois de Sars. Nos troupes dépostèrent beaucoup de troupes légères des ennemis avec beaucoup de résolution. Le colonel Frégeville attaqua Frameries et le prit après une résistance assez vive. Un canonnier, très blessé à la main, ne voulut pas quitter sa pièce, malgré que le brave colonel Frégeville l'engageât de se retirer. Un grenadier du 6e bataillon, nommé Georges, reçut une balle au-dessus de la tempe : « Je suis mort, dit-il, mais je tirerai encore un coup aux soldats des despotes » ; il fait feu et tombe sans vie.

Je reçus ordre du général Beurnonville de passer à l'extrémité du village de Paturages et de former les bataillons entre Paturages et Frameries. Les troupes et les compagnies d'artillerie légère d'Hanicque et Barrois exécutèrent le mouvement avec la plus grande intelligence. Nous nous mîmes en présence de l'ennemi, et, pendant deux heures, nous échangeâmes pendant deux heures 2,000 coups de canon. Plusieurs batteries de l'ennemi firent feu et plusieurs de nos pièces de position leur répondirent. Le général Dumouriez, ayant bien reconnu la position de l'ennemi, fit cesser le feu, voyant

---

des mesures en vue d'une retraite. Une lettre datée de Mons, 5 novembre, porte à ce sujet :

« Les Français ont repoussé hier environ 2,000 hommes de nos troupes qui occupaient Saint-Ghislain et les ont forcés à abandonner ce poste : animés par ce succès, ils sont revenus aujourd'hui attaquer nos avant-postes du côté d'Eugies et de Frameries avec toute l'impétuosité possible ; on s'est canonné depuis 2 heures jusqu'à 7 heures du soir avec le plus grand acharnement, mais sans succès décidé de part ni d'autre. Les Français nous sont supérieurs en nombre et en canons ; mais nous espérons tout de la valeur de nos troupes qui servent de la façon la plus distinguée. Ce matin, on a envoyé les gros bagages de l'armée à Soignies. »

que la journée était trop avancée pour attaquer sérieuse-
ment et que le général d'Harville n'était pas encore en
mesure de masquer et de tenir en échec le mont Bertaimont.
Le général Dumouriez développa dans cette circonstance
tous les grands talents que la nature lui a donnés. Il arrêta
le désir que j'avais d'attaquer, avec cette perspicacité qui
n'appartient qu'à lui (1). Le général Beurnonville se montra
partout. Les troupes étaient toutes prêtes à bien faire. Elles
bivouaquèrent.

Journée du 6 novembre.

A la suite de ces engagements préliminaires, les Autrichiens se trouvaient donc établis sur les hauteurs
voisines de Mons, qui constituaient leur unique ligne de
défense. Cette position, naturellement forte, avait été
améliorée par d'importants travaux ; mais elle présentait un certain nombre de défauts graves. Elle avait un
développement trop considérable pour l'effectif chargé
de la défendre ; elle était commandée par les hauteurs
de Frameries ; en maints endroits, elle manquait de
profondeur ; les vallées de l'Haine et de la Trouille,
avec leurs prairies marécageuses, constituaient, en arrière, un obstacle difficile à franchir ; les lignes de retraite
se réduisaient à deux chaussées se dirigeant vers le nord
et le nord-ouest.

Le capitaine de Christen, après avoir signalé ces inconvénients, rappelle que dans l'entourage du duc de Saxe-
Teschen, plusieurs voix s'étaient élevées contre la
défense d'une semblable position. On avait proposé de
se reporter au nord de l'Haine et de la Trouille ; ou,
s'il fallait livrer bataille au sud de Mons, de ne pas
attendre les Français et de prendre l'offensive. Mais il
ne fut pas donné suite à ces propositions.

---

(1) Dans ses *Mémoires,* Dumouriez fait allusion à une « algarade
indécente » que lui aurait faite Dampierre au sujet de la remise de l'attaque au lendemain.

Les Autrichiens ne disposaient pas de forces suffisantes pour englober, dans leurs lignes de défense, les hauteurs de Frameries. Le 4 novembre, le duc de Saxe-Teschen avait porté sur ce point 3 bataillons et 4 escadrons; il les rappela le soir même.

En définitive, les troupes autrichiennes se trouvaient ainsi disposées, le 6 novembre :

A l'extrême droite, 7 compagnies des corps francs de Loudon et d'O'Donell, chargées de défendre Jemappes;

A l'aile droite, sous les ordres du F. M. L. baron Lilien, occupant les hauteurs au sud de Jemappes : les bataillons de grenadiers Morzin et Barthodeisky (brigadier, G. M. archiduc Charles); 2 bataillons de Bender, (brigadier, colonel Keim); 3 escadrons de hussards de Blankenstein, en 2ᵉ ligne, derrière le régiment de Bender, pour soutenir les batteries installées sur ces hauteurs.

Au centre, sous les ordres du F. Z. M. comte Clerfayt : les bataillons de grenadiers Leuwen et Puckler, et un bataillon de Wurtzbourg (brigadier, G. M. Mikovini) ; 4 escadrons de dragons de Cobourg (brigadier, G. M. Boros). Ces troupes avaient à défendre les hauteurs à l'ouest de Cuesmes, renforcées par 3 batteries.

A l'aile gauche, sous les ordres du F. M. L. baron Beaulieu, occupant les hauteurs sud de Bertaimont : 2 bataillons de Stuart, un bataillon de Hohenlohe, (brigadier, G. M. Jordis).

A l'extrême gauche, près de Ciply, 5 compagnies du corps franc de Mihalovich (Serbes) et un escadron de hussards de Blankenstein.

Entre l'aile gauche et le centre, à la sortie sud de Cuesmes, des deux côtés du chemin de Frameries, 8 escadrons, sous les ordres du G. M. Lamberg.

En réserve : à Mons, un bataillon de Hohenlohe; sur le mont Panisel, une division de Mathesen, destinée à faire croire que cette hauteur était fortement occupée et à empêcher ainsi l'ennemi de tomber sur le flanc gauche; sur le mont Saint-Lazare, une division de Mathesen occupant une redoute et couvrant les derrières.

En avant de l'aile droite, des chasseurs occupaient le petit bois au sud-est de Quaregnon.

L'effectif réellement disponible de ces troupes est ainsi évalué par le capitaine de Christen (1) :

	Fantassins.	Cavaliers.
Extrême droite (7 compagnies franches)............................	873	»
Aile droite (4 bataillons, 3 escadrons).	3,010	287
Centre (3 bataillons, 4 escadrons)....	1,697	604
Aile gauche (3 bataillons)............	2,986	»
Extrême gauche (5 compagnies franches, 1 escadron)................	876	93
Près de Cuesmes (8 escadrons).......	—	1,182
Réserves : à Mons (1 bataillon).......	930	»
sur le mont Panisel (1 division d'infanterie)........	376	»
sur le mont Saint-Lazare (1 division d'infanterie)..	376	»
Postes avancés (5 compagnies de chasseurs)............................	504	»
	11,628	2,168

Dans ces chiffres ne sont pas compris les troupes de la garnison de Mons : une division de Mathesen (377 h.) et un détachement d'Alton (120 h.).

L'artillerie comprenait : 14 canons de 12, 6 obusiers de 7 livres installés dans les batteries et les redoutes (2); 36 pièces de 6 et de 3, réparties, pour la plupart, entre les bataillons.

---

(1) L'infanterie comprenait 12 bataillons de ligne (9,375 hommes), 12 compagnies de corps francs (1749 hommes) et 5 compagnies de chasseurs (504 hommes); la cavalerie, 16 escadrons (2,168 hommes). Le capitaine de Christen fait remarquer que, sur la ligne de combat proprement dite, les Autrichiens avaient environ 8,200 à 8,300 hommes d'infanterie de ligne, 2,100 hommes de corps francs et chasseurs, 2,100 cavaliers.

(2) Plus loin, le capitaine de Christen dit que ces pièces étaient

Il subsiste beaucoup plus d'incertitude dans l'évaluation des forces de Dumouriez. Ce fut seulement le 12 novembre que le chef d'état-major général Moreton put adresser au ministre l'ordre de bataille de l'armée; il ajoutait qu'en raison des difficultés de toute nature rencontrées, il n'avait pu obtenir « de tous les corps de l'armée les états de situation nécessaires pour dresser l'état général ». Il n'existe donc aucune situation de l'armée établie à une date suffisamment voisine de la bataille de Jemappes, pour que l'on puisse en accepter les effectifs comme base d'une évaluation précise.

En principe, l'effectif de guerre des bataillons d'infanterie de ligne devait être de 750 hommes. Comme leur effectif de paix atteignait à peine 500 hommes au début de 1792, le ministre avait décidé, le 15 mars, que chaque régiment d'infanterie fournirait aux armées un seul bataillon et la compagnie de grenadiers de l'autre bataillon. Ce dernier, après avoir complété les unités mobilisées, devait servir de dépôt et de troupe de garnison.

Plus tard, quand les exigences de la défense devinrent plus impérieuses, on appela aux armées un grand nombre de ces seconds bataillons, en renforçant un peu leurs effectifs, grâce à divers expédients.

En tenant compte, d'ailleurs, des pertes subies pendant la campagne de l'Argonne et des hommes indisponibles, on peut admettre que les bataillons de ligne sous les ordres de Dumouriez avaient, au début de novembre, un effectif inférieur à 600 combattants (1).

Quant aux bataillons de volontaires, ils devaient pri-

-----

ainsi réparties : au centre, 8 canons de 12 et 4 obusiers; à l'aile droite, 6 canons de 12 et 2 obusiers.

Il faudrait, à l'effectif des troupes d'infanterie et de cavalerie donné par l'auteur autrichien, ajouter celui des unités d'artillerie affectées au service des pièces.

(1) En consultant des situations d'effectifs aux dates les moins éloi-

mitivement compter 574 hommes ; ce chiffre avait été atteint sans difficulté. Il avait été ensuite augmenté et définitivement fixé à 800, le 14 mai 1792. Mais ce nouvel appel était loin d'avoir donné partout des résultats satisfaisants. En consultant les contrôles des bataillons, on constate, dans certains départements, une grande affluence de volontaires sous l'impression du danger de la patrie. Ailleurs, les incorporations sont fort peu nombreuses à la même époque. Les bataillons de fédérés nationaux, constitués en juillet et août, le furent à l'effectif de 574 hommes seulement. Déduction faite des pertes et des indisponibles, il ne paraît pas que l'effectif moyen des bataillons ait atteint plus de 500 hommes présents sous les armes (1).

---

gnées de la bataille, on reconnaît que ce chiffre de 600 hommes diffère peu de la réalité.

Le 1er décembre 1792, le 1er bataillon du 19e régiment d'infanterie, qui avait combattu à Jemappes, compte 674 hommes, dont 514 présents ; le 2e bataillon, qui avait fait partie du corps de La Bourdonnaye, compte 644 hommes, dont 501 présents.

A cette même date, le 1er bataillon du 54e, qui a combattu à Jemappes, compte 527 hommes.

Le 1er novembre 1792, les deux bataillons du 78e (dont le 1er sous les ordres de Dumouriez et le 2e sous les ordres de La Bourdonnaye) comptent 1519 hommes (d'où il faut déduire les indisponibles).

Le 1er octobre 1792, le 1er bataillon du 94e compte 730 hommes.

A la même date, les deux bataillons du 104e comptent ensemble 1287 hommes.

La garnison de Lille comptait, le 23 septembre 1792, quatre bataillons de ligne d'un effectif total de 2,400 hommes ; les renforts amenés par le général La Marlière comprenaient également quatre bataillons de ligne comptant 2,231 hommes. (Effectif moyen de ces huit bataillons : 579 hommes.)

(1) On trouve, sur une situation au 12 novembre 1792 : 1er bataillon des Côtes-du-Nord, 578 hommes ; 9e des fédérés, 546 hommes ; bataillon des Graviliers, 259 hommes ; bataillon des Lombards, 528 hommes ; bataillon de la Seine-Inférieure, 288 hommes ; et sur une situation au 1er décembre : bataillon de la Butte des Moulins, 392 hommes ;

Enfin, les régiments de troupes à cheval comptaient environ 350 sabres (à peine 120 par escadron).

D'après ces données, les forces directement placées sous les ordres de Dumouriez ne dépassaient pas 30,000 hommes. Celles de d'Harville pouvaient atteindre de 10,000 à 12,000 hommes ; mais elles comptaient une forte proportion de bataillons de nouvelles levées qui n'avaient pas, comme ceux du corps principal, subi l'épreuve de la rude campagne de l'Argonne.

La situation des deux armées étant ainsi définie, la lettre de Dumouriez au ministre va nous montrer comment ce général conçut et s'efforça d'exécuter son plan d'attaque :

Le 6 au matin, j'ai fait avancer 12 pièces de 16, 12 de 12 et 12 obusiers, que j'ai placés en batterie sur tout le front de ma ligne. Le général d'Harville, placé sur les hauteurs de Ciply, flanquait la gauche de l'ennemi, dont j'attaquais la droite en reprenant le village de Quaregnon, par les Belges, soutenus par 9 bataillons aux ordres des maréchaux de camp Ferrand, Rosières et Blottefière. Le centre de l'attaque, composé de 18 bataillons, était aux ordres du lieutenant général Égalité et des maréchaux de camp Stettenhoffen, Desforets et Drouet. La droite, composée de l'avant-garde, était aux ordres du lieutenant général Beurnonville et du maréchal de camp Dampierre. La division du général d'Harville ne pouvait nous secourir dans notre attaque que par son canon, étant trop éloignée des retranchements de l'ennemi (1).

1ᵉʳ corps franc, 391 hommes ; 3ᵉ corps franc, 310 hommes ; 5ᵉ bataillon de la Meurthe, 462 hommes ; 3ᵉ de Paris, 518 hommes ; 9ᵉ de Paris, 510 hommes.

(1) Voir les *Mémoires* de Dumouriez, tome III, page 166 :

« Le 6, à la pointe du jour, le général envoya ordre au général d'Harville de bien observer ce qui se passerait à sa gauche, à l'avant-garde de Beurnonville ; de s'avancer toujours à sa hauteur, en débordant l'aile gauche des Impériaux, qui était située sur Bertaimont ;

L'armée des Autrichiens était composée, selon les calculs les plus modérés, de 20,000 hommes dont 3,500 de cavalerie ; d'autres la portent à 28,000 hommes (1). Nous n'avions pas plus de 30,000 combattants. La position des Autrichiens était formidable ; leur droite, appuyée au village de Jemappes, formait une équerre avec leur front et leur gauche, qui était appuyée à la chaussée de Valenciennes (2). Ils étaient placés, dans toute cette longueur, sur une montagne boisée où s'élevaient en amphithéâtre trois étages de redoutes, garnies de 20 pièces de grosse artillerie, d'au moins autant d'obusiers et de 3 pièces de canon de campagne par bataillon, ce qui présentait une artillerie de près de cent bouches à feu. Nous en avions autant, mais l'élévation de leurs batteries leur donnait un grand avantage, si nous persévérions à vouloir terminer l'affaire à coups de canon. Déjà, depuis longtemps, les troupes, se confiant en leur valeur, m'avaient témoigné le désir le plus vif de se mesurer de près avec l'ennemi. Je partageais cette confiance, parce que, dans tous les mouvements que je leur avais fait faire sous le feu de l'ennemi, je les avais vues manœuvrer et marcher comme à l'exercice. Dans les trois précédentes journées surtout, j'avais admiré moi-même

---

d'ouvrir le feu de son artillerie contre elle et de profiter du moment de sa retraite pour se porter avec promptitude sur le mont Panisel, d'où il gagnerait la hauteur de Nimy, tournant ainsi Mons et coupant aux ennemis la retraite du grand chemin de Bruxelles. »

(1) Voir les *Mémoires* de Dumouriez, tome III, page 168 :

« Cette terrible position était défendue, de l'aveu des Impériaux, par 19,000 hommes ; mais, d'après les états de situation pris à Mons dans les papiers du colonel Fischer, un des chefs de l'état-major, l'armée du duc de Teschen montait à 28,000 hommes. La contradiction n'est qu'apparente. Il pouvait n'y avoir que 19,000 hommes dans les retranchements de Jemappes ; le reste pouvait être dans Mons et sur Bertaimont, devant le général d'Harville. »

Les états mentionnés par Dumouriez devaient comprendre des éléments autres que les troupes réunies à Mons et aux environs. L'ensemble de ces dernières, même en y comprenant le détachement de Baudour, était certainement inférieur à 20,000 hommes.

(2) Il y a dans la lettre de Dumouriez un *lapsus* évident ou une erreur de copie. On doit lire : *de Maubeuge*.

leur précision à exécuter les manœuvres et les déploiements que je leur ordonnais.

La canonnade la plus vive de part et d'autre s'est ouverte à 7 heures du matin ; elle a duré jusqu'à 10 heures, sans que j'aie aperçu un succès assez décisif pour me borner à ce genre de combat (1). A mesure que je parcourais le front de la ligne, les troupes me témoignaient la plus vive impatience d'approcher l'ennemi à la baïonnette. Le général Beurnonville me le proposait depuis très longtemps, ainsi que le général Égalité. Je retenais leur ardeur, pour la rendre encore plus vive, car mon projet était bien décidément de terminer cette affaire en emportant les redoutes. Je me contentai cependant de rapprocher mes batteries pour faire plus d'effet, et j'ordonnai l'attaque du village de Quaregnon, parce que je ne pouvais pas de ce côté attaquer Jemappes, avant d'avoir pris ce premier village. J'envoyai le colonel Thouvenot, adjudant général, officier du plus rare mérite, pour diriger cette attaque et se charger d'emporter Jemappes et tout le flanc droit de l'ennemi. Je mandai au général d'Harville de rapprocher ses batteries, pour qu'elles fissent plus d'effet sur la gauche de l'ennemi. Je mandai au général Beurnonville de faire la même manœuvre et d'être prêt à attaquer à midi précis. Je fis passer le même ordre à la gauche, parce que je calculai qu'alors nous serions maîtres de Quaregnon qu'il était nécessaire d'occuper, parce que mon attaque de gauche aurait pu être tournée par ce village, si l'ennemi en était resté maître.

A midi précis, toute l'infanterie se mit en un clin d'œil en colonne de bataillons, et se porta avec la plus grande rapi-

---

(1) Le colonel La Bayette répartit l'artillerie sur le front, de manière que chaque redoute ennemie fût battue en flanc par deux batteries de deux pièces.

Le général Belliard, qui servait à la bataille de Jemappes comme adjoint à l'état-major de l'avant-garde, note dans ses *Mémoires* (tome I, page 86) :

« Notre canon et même deux pièces de 16, qui étaient sur la droite de l'avant-garde, ne produisaient aucun effet : nos boulets s'enterraient dans les retranchements, tandis que ceux de l'ennemi nous arrivaient et tuaient du monde. »

dité et la plus grande allégresse vers les retranchements de
l'ennemi. Pas une tête de colonne ne resta en arrière. Le
premier étage des redoutes fut d'abord emporté avec la plus
grande vivacité ; mais bientôt, les obstacles se multipliant, le
centre courut des dangers, et je vis de la cavalerie ennemie
prête à entrer dans la plaine pour charger les colonnes par
leur flanc. J'y envoyai le lieutenant général Égalité qui, par
sa valeur froide, rallia très vite les colonnes et les mena au
second étage des redoutes.

Je venais de faire soutenir cette attaque par le 6e régiment
de hussards et le 3e de chasseurs, qui arrivèrent fort à propos
pour contenir et charger la cavalerie ennemie. Je me portais
en même temps à la droite où je trouvais qu'après un plein
succès du général Beurnonville dans l'attaque des redoutes
qu'il avait tournées et emportées, un peu de désordre s'était
mis dans sa cavalerie, pendant qu'il était occupé à la tête de
son infanterie. Je la ralliai très vite, et elle chargea dans
l'instant même avec la plus grande vigueur la cavalerie ennemie, qui déjà gagnait notre flanc droit. Pendant ce rallie-
ment, cette cavalerie voulut enfoncer le 1er bataillon de Paris,
qui la reçut avec la plus grande vigueur, et lui tua 60 hommes
d'une décharge. Dans l'intervalle de ce combat de la droite,
notre gauche avait emporté le village de Jemappes, notre
centre avait enlevé les secondes redoutes. Il fallut donner un
nouveau combat sur la hauteur, mais il fut moins vif et moins
long, les Autrichiens étant entièrement consternés de la
valeur opiniâtre et toujours croissante de nos troupes. A
2 heures ils firent leur retraite dans le plus grand désordre.
Nos troupes occupaient alors tout le terrain des ennemis,
jonché de morts et de blessés des deux partis. Sa perte
était si considérable et sa consternation si grande, qu'il
traversa la ville de Mons sans s'arrêter ni sur Bertaimont, ni
sur le mont Panisel, ni même sur les hauteurs de Nimy.

Je portai toute l'armée victorieuse sur la hauteur du village
de Cuesmes, que j'occupai avec de l'infanterie. On prit dans
ce village une pièce de canon de 13, on y ramassa des blessés
et des déserteurs. Je fis occuper dans la même journée le mont
Panisel par la division du général Harville et celui de Bertaimont par celle du maréchal de camp Stettenhoffen. J'envoyai

sommer la ville de Mons, et on entra dans des pourparlers dont vous verrez le détail dans les pièces ci-jointes. Les troupes qui avaient déjà bivouaqué depuis trois jours, qui n'avaient pas pu faire la soupe le jour de cette terrible bataille, montraient toujours la même ardeur, et me demandaient avec insistance de marcher à Mons et de l'escalader. Je fus obligé de leur promettre qu'elles auraient cette satisfaction le lendemain, et je fis effectivement toutes mes dispositions pour compléter la circonvallation de Mons, et pour l'attaquer dans plusieurs endroits à la fois. Les ennemis avaient profité de la nuit pour l'évacuer, et les derniers 400 hommes qu'ils y avaient laissés, en sont sortis vers 9 heures du matin. Je m'occupais à placer mes batteries, lorsque, à 9 heures, les habitants, après avoir rompu les portes que les Autrichiens avaient fermées, sont venus m'inviter à entrer dans la ville, ce que j'ai exécuté sur-le-champ. Les magistrats se sont trouvés à la porte de la ville, et m'ont offert les clefs; je leur ai dit, en posant la main dessus, que nous venions, comme frères et amis, pour les engager à tenir toujours leurs portes fermées contre leurs anciens oppresseurs, et à défendre la liberté que nous venions de leur conquérir.

Cette journée à jamais mémorable couvre la nation française d'une gloire immortelle. Il n'est pas un bataillon ni un escadron, il n'est pas un individu dans l'armée, qui ne se soit battu et de très près. Vous connaissez déjà les talents et la valeur du général Beurnonville; tous les autres généraux et surtout le général Égalité, ont mis la plus grande intelligence dans la conduite des troupes. Les officiers d'état-major et les aides de camp ont porté les ordres avec la plus grande intrépidité et la plus grande précision, au milieu du feu et du carnage le plus terrible. Le général Drouet (1) a eu une

---

(1) François Richer-Drouet, né à Rouen le 16 janvier 1733, était entré au service en 1753 comme garde du corps (compagnie de Noailles). On le trouve ensuite lieutenant au régiment de La Fère (1755), major du régiment de Beauvoisis (1777), enfin colonel du 2e régiment d'infanterie (25 juillet 1791). Il fut nommé maréchal de camp à titre provisoire en août 1792. Il mourut des suites de la blessure reçue à Jemappes.

jambe cassée d'un coup de feu. Le colonel Chaumont, adjudant général, a eu un bras traversé d'une balle, et son cheval tué sous lui. Le général Ferrand a eu une forte contusion à une jambe, et un cheval tué sous lui. L'adjudant général Montjoie a eu la bouche percée d'une balle, qui lui a enlevé sept dents. Le colonel Dubouzet, du 104ᵉ régiment, a été grièvement blessé, ainsi que le citoyen Bertèche, lieutenant de la gendarmerie nationale, blessé de quarante et un coups de sabre, après avoir tué sept hommes. Le citoyen La Fosse, lieutenant-colonel du bataillon des Deux-Sèvres, a eu un bras cassé d'une balle. Beaucoup d'autres officiers et soldats ont été tués ou blessés. Je ne sais pas encore au juste quelle est notre perte; mais je l'estime à 300 hommes morts et 600 blessés : je vous en enverrai l'état, dès que j'aurai pu le recevoir des différents corps. Ils ont perdu aussi 8 canons, dont 5 pris par l'avant-garde du général Beurnonville, et 3 à notre attaque de gauche. L'artillerie a servi avec son courage et son habileté ordinaires, si redoutés de nos ennemis.

La perte des ennemis, en tués, blessés ou déserteurs, monte au moins à 4,000 hommes, sans compter presque autant d'hommes égarés, débandés et perdus, que nous ramassons tous les jours.

Tel est le détail de cette bataille, qui est décisive pour la conquête de la Belgique; car les Autrichiens n'oseront plus se mesurer en bataille rangée; et nous avons prouvé dans celle-ci, qu'aucun obstacle, même en réunissant les ressources de l'art à celles du terrain, n'arrête le courage des troupes françaises (1).

P.-S. — Je vous adresse cette dépêche par le citoyen Larue, mon aide de camp, lieutenant-colonel, homme du plus grand courage.

---

(1) Voir lettre de Dumouriez au président de la Convention (de Mons, le 7 novembre 1792) :

« .....Je ne peux vous faire trop d'éloges de la valeur surprenante de nos troupes et de leur humanité après le combat le plus terrible de mémoire d'homme ;..... tous les combats précédents avaient été à notre avantage, mais la bataille de Jemappes a tout décidé. Elle a été une des plus générales qui aient jamais été données. Tous les points de la

La relation de Dumouriez ne mentionne pas divers incidents qui marquèrent les attaques dirigées sur les différentes parties de la ligne. On peut la compléter à l'aide de documents rédigés par des acteurs de la journée et qui fournirent sur plusieurs points d'intéressants détails. Nous indiquerons, en outre, d'après le capitaine de Christen, les mouvements successifs des Autrichiens et les principaux ordres donnés par le duc de Saxe-Teschen.

L'action de l'aile gauche française est ainsi relatée, par le général Ferrand (1), dans des *Mémoires* existant aux Archives de la guerre :

---

ligne et des flancs de l'ennemi ont été attaqués à la fois. Tous les corps de l'armée ont donné; tous les individus ont combattu personnellement. Partout, après une résistance très opiniâtre, la nation française a triomphé par ses deux moyens les plus forts, le canon et l'arme blanche.....

.....Il n'était pas possible qu'une bataille aussi disputée et aussi glorieusement gagnée ne fût pas accompagnée d'une perte considérable d'hommes. Je ne peux pas encore en avoir un compte très exact; mais j'estime le nombre des morts à 300 et le nombre des blessés au double. La perte des ennemis, depuis le 3 jusqu'au 7, mais surtout à la journée du 6, s'élève à plus de 1500 prisonniers ou déserteurs et plus de 4,000 morts ou blessés.....

.....Je fais marcher d'un côté le général Berneron avec 8,000 hommes, et de l'autre le général Dampierre avec à peu près autant, pour se saisir de la ville d'Ath et des grands magasins qu'elle renferme. »

Dumouriez annonce que l'armée autrichienne s'est retirée en désordre par la route de Bruxelles et de Braine-le-Comte; il ajoute (détail qui montre l'insuffisance du service des renseignements) qu'elle devait être rejointe le *lendemain de la bataille* par le corps de Clerfayt.

« Les troupes, malgré trois nuits de bivouac, quatre jours de combat et le manque absolu de beaucoup d'objets nécessaires, qui ne pouvaient plus arriver aussi rapidement qu'il eût été à désirer, montrent une ardeur et une constance qui vaincront certainement toutes les difficultés. »

(1) Jean-Henri Becays dit Ferrand (1736-1805), entra au service

Le général Ferrand (1) fut destiné le 5 novembre à diriger l'aile droite, mais le général Dumouriez lui ordonna à 10 heures du soir d'aller prendre le commandement de l'aile gauche, pour attaquer les villages de Quaregnon et de Jemappes, sous le commandement du général Égalité, qui lui fit dire de très grand matin que le bien du service le retenait auprès du général Dumouriez; de sorte que le général Ferrand se trouva commander en chef cette aile gauche; il avait dix-huit bataillons, un régiment à cheval et les généraux Rosières et Blottefière sous ses ordres (2). Lorsqu'il eut reçu l'ordre d'attaquer, il emporta

---

comme lieutenant au régiment de Normandie, devint capitaine (1755), puis major de la place de Valenciennes (1773). Nommé maréchal de camp à titre provisoire (20 août 1792), il fut confirmé le 8 mars 1793 et promu général de division le 15 mai 1793. Il se distingua en commandant la défense de Valenciennes en 1793.

(1) Après avoir sommairement rappelé les événements du 5 novembre, le général Ferrand ajoute : « L'ennemi se trouva porté à l'entrée de la nuit dans les villages de Quaregnon et Jemappes et sur les hauteurs du même nom; cette position était très avantageuse, elle formait un demi-cercle; celle de Dumouriez, placée vis-à-vis de l'ennemi, formait aussi un demi-cercle, de sorte que, lorsque les feux de bivouac furent allumés, on apercevait un cercle parfait. »

(2) Charles-Joseph de Nozières d'Envezin, comte de Rosières, né à Nancy (1739), était entré au service en 1754 dans les chevau-légers de la Garde, fit les campagnes de la guerre de Sept ans et devint lieutenant-colonel de cavalerie. En 1784, il passa au service de la Hollande (dans la légion de Maillebois), prit part aux luttes politiques de ce pays. Il servit comme général-major dans l'armée des Pays-Bas révoltés contre l'Autriche, contribua, en 1792, à organiser les corps de volontaires belges. Maréchal de camp le 7 septembre 1792, il devint général de division le 7 mars 1793. Suspendu, puis incarcéré sous la Terreur, il ne fut plus employé activement et mourut en 1808.

Pierre-Louis de Blottefière, né à Saint-Quentin (1746), entra au service en 1764 dans le régiment de Bourgogne-Infanterie. Il devint lieutenant-colonel au régiment d'Agénois (1788), colonel (1791). Nommé maréchal de camp par le général en chef de l'armée du Nord (26 octobre 1792), il fut confirmé le 8 mars 1793. Suspendu en septembre 1793, il fut admis à la retraite en mars 1795.

à la baïonnette le village de Quaregnon ; mais se voyant foudroyé par les batteries que l'ennemi avait sur les hauteurs de Jemappes qui venaient de lui tuer 200 hommes à l'attaque du village de Quaregnon, il prit la résolution de quitter la chaussée, qu'il laissa sur sa droite, et de se jeter avec ses troupes dans des prairies marécageuses qui sont sur la gauche, pour aller attaquer Jemappes, qui n'était éloigné que d'un petit quart de lieue ; il ordonna aux généraux et aux soldats de prendre le détour, mais s'étant enfoncé dans les marais, il ne put faire suivre son artillerie ; il ordonna au commandant d'en former un ordre de bataille et de la faire charger à mitraille pour en faire usage au cas qu'il fût repoussé. Au milieu de ces prairies marécageuses, entre les deux villages attaqués, il s'aperçoit que, de dix-huit bataillons et d'un régiment à cheval, il n'est suivi que par six bataillons ; les autres, aux ordres des généraux Rosières et Blottefière, au lieu de prendre à gauche, prirent à droite, et furent se réunir et combattre, à ce qu'on lui dit, au centre de l'armée. Dans cette circonstance critique, il juge que s'il se retire dans le village de Quaregnon, l'ennemi qui est en force (de 5,000 à 6,000 hommes) dans celui de Jemappes, sortira de ses retranchements et l'écrasera dans sa retraite ; il prend le parti de l'attaquer, et après avoir fait part de son projet à ses frères d'armes, il fond sur les retranchements, les force, et après trois décharges bien dirigées, met en fuite tout ce qui voulait les défendre ; il tue 400 hommes aux ennemis, leur fait autant de prisonniers, leur prend sept canons et leurs caissons.

La manière dont les six courageux bataillons de l'attaque de Jemappes se sont comportés, mérite que leurs noms soient cités : deux bataillons du 29e régiment ci-devant Dauphin, commandés par le colonel Laroque ; un bataillon du 54e régiment, commandé par le brave colonel Dumesnil ; un bataillon des Gravilliers, commandé par le deuxième lieutenant-colonel Gambin ; et un des Lombards, commandé par le lieutenant-colonel Lavalette, et un bataillon des.....

Les troupes de la droite et du centre poussèrent en même temps l'ennemi avec la même impétuosité. Celles de la droite perdirent beaucoup de monde à l'attaque des bois, l'ennemi y avait des batteries masquées et chargées à mitraille; le général Beurnonville, qui commandait l'avant-garde, attaqua par le flanc gauche de l'ennemi qui, forcé de toutes parts, se retira sur le village de Cuesmes et sur les hauteurs du mont Panisel et ensuite sur celles de Nimy. Le général Harville arriva après la bataille avec une colonne de 12,000 hommes et harcela l'ennemi dans sa retraite jusqu'à la nuit.

On n'a pu connaître au juste la perte de l'ennemi, ayant emporté ses morts et enterré la plus grande partie dans des fosses à houille profondes de cent toises; on a jugé qu'elle pouvait être de 5,000 à 6,000, la nôtre de 3,000 à 4,000.

Le général Drouet fut blessé à mort à l'attaque du bois; le général Ferrand eut une contusion au moment où il était à même d'entrer avec sa troupe dans le village de Jemappes, son cheval fut tué sous lui par un boulet de 27; il continua malgré sa contusion à combattre à pied pendant toute l'affaire.

L'armée ennemie était aussi forte que l'armée républicaine; elle avait de plus l'avantage de la position et des retranchements construits en échelons depuis Quiévrain, jusques aux hauteurs du mont Panisel et Nimy.

L'armée du général Dumouriez est restée deux fois vingt-quatre heures sur le champ de bataille; elle en partit le 8 novembre et fut camper dans la plaine de Lens; ce fut de là que le général Dumouriez donna ordre au général Ferrand d'aller prendre le commandement de la ville de Mons et de son territoire.

Dans ses *Mémoires* (t. III, p. 169), Dumouriez fournit sur l'attaque de la gauche d'assez longs détails, qui ne figuraient pas dans son rapport au ministre et qui diffèrent sensiblement de la relation du général Ferrand :

Le général, après avoir parcouru son front dès la pointe du jour, alla trouver le général Ferrand à sa gauche. Il vit qu'on attaquait très mollement le village de Quaregnon. Il fit entrer le général Rosières avec deux pièces de 12 et quatre bataillons, pour soutenir et lancer en avant l'infanterie légère belge et française; le village fut emporté en sa présence (1). Il donna ordre au général Rosières de continuer à marcher par le grand chemin, d'y mettre en bataille sa cavalerie consistant en huit escadrons et d'attaquer avec l'infanterie le flanc droit du village de Jemappes. Il ordonna au général Ferrand d'attaquer l'angle et l'extrémité droite du front du village, dès qu'il verrait le général Rosières monter sur le flanc droit, de ne plus s'amuser à canonner, et de marcher tête baissée, la baïonnette au bout du fusil.

Il lui recommanda de faire cette attaque en colonne par bataillon, de garder cet ordre dans le village, et de ne se déployer que lorsque sa droite rejoindrait la gauche de la division du centre. Il lui laissa des officiers d'état-major, qu'il devait lui renvoyer pour l'avertir des progrès de son attaque; et il lui dit qu'il allait attendre de ses nouvelles à la division du centre, qu'il mettrait en mouvement dès qu'il saurait son attaque commencée.

Il se rendit promptement au centre, où il attendit inutilement jusqu'à 11 heures des nouvelles de Beurnonville et Ferrand. L'attaque de Beurnonville était lente; mais il était retenu par le feu très vif des cinq redoutes, qu'il ne pouvait pas éteindre par celui de son artillerie, quoique le général l'eût renforcée de quatre pièces de 16. Quant à Ferrand, son retard était inexcusable.

A 11 heures, il pria le général Thouvenot de se porter à cette gauche, de faire commencer l'attaque, de la diriger et de ne le rejoindre que lorsqu'il serait maître de la partie du village à laquelle cette gauche faisait face. Thouvenot trouva en arrivant que le vieux général Ferrand avait perdu la tête, continuait à canonner inutilement et ne se décidait point; que le général Rosières se tenait caché derrière les maisons

---

(1) Le capitaine de Christen dit que, dès l'ouverture du feu d'artillerie, les Belges, soutenus par neuf bataillons d'infanterie, se portèrent à l'attaque de Quaregnon. Six compagnies franches avaient occupé ce village la veille au soir; elles l'abandonnèrent et se retirèrent sur Jemappes. Les Français ne dépassèrent pas Quaregnon pour le moment; les petits bois au sud-est de ce village restèrent occupés par les chasseurs autrichiens.

de Quaregnon, et ne débouchait point ; que les troupes, pleines
d'ardeur, murmuraient et s'impatientaient. Alors, il prend le
commandement de la part du général en chef, ébranle les
colonnes, se porte rapidement sur le flanc droit et sur le front
du village ; il emporte les redoutes avec cette impétuosité
française à laquelle il est si difficile de résister, et cette attaque
brusque décide l'affaire à la gauche.

Dans une note, qui paraît avoir été rédigée en août
1795, le général Ferrand repousse très énergiquement
les accusations de lenteur formulées par Dumouriez :

Dumouriez a sans doute oublié qu'il avait donné l'ordre à
Ferrand d'attendre Rosières, qui commandait l'infanterie
légère, laquelle était à une lieue sur les derrières de l'armée ;
c'est vers les 10 heures qu'il arriva et que commença l'attaque
du village de Quaregnon, qui fut emporté de suite ; et sans
perdre de temps on marcha sur Jemappes.

..... Le vieux général Ferrand n'a point vu Thouvenot. Il
l'a écrit dans le temps à Dumouriez et lui mandait que, s'il
lui avait donné des ordres, il ne les avait pas exécutés et
n'avait point paru. Oui, le général Ferrand a assuré depuis
n'avoir pas vu le colonel Thouvenot, et il l'affirme encore
aujourd'hui. Il en appelle à ses camarades d'armes qui, sans
doute, n'avaient pas plus perdu la tête que leur général ; car
ils ont combattu victorieusement, et ont, par leur courage,
coopéré à la décision de cette glorieuse journée ; qu'ils disent
s'ils ont vu Thouvenot !

Le général Ferrand ne s'amusa pas à canonner, comme le
dit Dumouriez ; il en appelle encore à ses camarades. Son
artillerie n'avait pu le suivre dans les prairies marécageuses
et remplies de fossés ; il la laissa sur les derrières, rangée en
ordre de bataille, chargée à mitraille, pour protéger dans le
cas d'une retraite forcée, qui n'eut pas lieu, quoique le vieux
général Ferrand ne se trouvât plus qu'avec six bataillons, de
dix-huit et un régiment à cheval, qu'il avait précédemment.
Ce dernier corps de troupe, en sortant du village de Quaregnon, au lieu de prendre sur sa gauche, prit à droite et fut se
réunir au centre de l'armée pour repousser l'ennemi.

Malgré son peu de force, le général Ferrand ne perdit pas la tête, ni le courage, ni la confiance qu'il avait dans les six bataillons qui lui restaient. En conséquence, accompagné des deux bataillons du 29e régiment, du 1er bataillon du 54e, du 1er des Lombards, du 1er des Gravilliers, du 1er des Deux-Sèvres, de son état-major, composé des citoyens Bourdois, Cezard (1), Gaspard et Mongenot, il marcha la baïonnette au bout du fusil, chassa l'ennemi et entra dans le village de Jemappes, aussi promptement que dans Quaregnon ; et quoique le général Ferrand ait eu son cheval tué sous lui et une forte contusion à la jambe, il n'en continua pas moins l'attaque à pied. Il y eut, dans cette affaire, 300 à 400 hommes de tués à l'ennemi, autant de prisonniers, qui furent envoyés de suite à Valenciennes ; l'artillerie, qui était dans ce village, consistant en sept pièces de canon et leurs caissons, fut prise (2).

. . . .

C'est lorsque les six bataillons dénommés ci-dessus se furent rendus maîtres du village de Jemappes, que le duc de Saxe-

---

(1) Bourdois et Cezard furent envoyés par Dumouriez et Égalité pour leur apporter la nouvelle du résultat de l'attaque ; ils ne quittèrent que lorsque les six bataillons se furent rendus maîtres de Jemappes. (*Note de Ferrand.*)

(2) Voir une lettre de Ferrand au ministre de la guerre (de Mons, 27 décembre 1792). Il expose la nécessité de retenir les volontaires par un engagement de trois ans et de les verser dans des régiments de ligne. Il signale ensuite l'avantage pour les généraux d'avoir toujours les mêmes troupes sous leurs ordres. « Lorsque l'officier et le soldat connaissent ceux qui doivent les commander, ils serviront la patrie avec plus de sécurité. » A ce propos, il rappelle l'attaque qu'il exécuta contre les villages de Quaregnon et de Jemappes. Disposant au début de dix-huit bataillons, deux escadrons et une assez nombreuse artillerie, il enleva Quaregnon et rejeta l'ennemi vers Jemappes. « Neuf bataillons et les deux escadrons me quittent pour aller à la montagne joindre le corps de la ligne de bataille ; trois bataillons restent dans le village de Quaregnon ; de sorte que je me trouve avec six bataillons pour attaquer Jemappes. Pour me soustraire au feu des batteries de canon de la montagne et de celles dudit village de Jemappes, je laisse ce village sur ma droite, je prends les batteries en flanc, je me

Teschen ordonna la retraite. Voilà ce qu'ont dit nombre d'habitants de Mons, placés en observateurs dans la tour et sur les éminences des remparts. Mais le général Dumouriez ne peut pardonner la sincérité du général Ferrand sur son ami Thouvenot et veut s'en venger; il lui pardonne encore moins d'avoir déjoué, conjointement avec les représentants du peuple qui étaient sur les lieux, son projet du 1er au 2 avril 1793 (V. S.), projet qui ne tendait rien moins qu'à livrer la frontière à Coubourg (*sic*); projet qui le rendit faussaire dans le serment qu'il avait fait à la nation; le général Ferrand resta fidèle au sien, et tant qu'il aura une goutte de sang circulant dans ses veines, il ne se démentira pas.....

Au centre de l'armée française, le commencement de l'attaque était subordonné aux progrès de la gauche. Il fallait que celle-ci eût préalablement gagné assez de terrain au delà de Quaregnon pour que les colonnes, dirigées contre les hauteurs de Jemappes et de Cuesmes, ne risquassent pas d'être prises en flanc par l'ennemi. Cette

---

porte à 150 pas des retranchements de l'ennemi, qui y était, dit-on, au nombre de 3,500 hommes, avec quatre pièces de canon. Je fis faire trois décharges en feu de file. Je parvins à éteindre le feu des batteries. L'ennemi faisant mine de vouloir sortir de son retranchement, je m'avance sur lui avec mes six bataillons. A 50 pas, je fais une mousqueterie de deux décharges. Il ne peut y résister, jette ses armes; je cours dans les retranchements, je les force, fais 160 prisonniers, prends quatre pièces de canon et quatre caissons. Jugez, Citoyen, combien on tire parti d'une troupe exercée et qui connaît ses chefs. Pour prendre ces deux villages, les soldats et volontaires ont tiré tout au plus cinq coups. Il faut vous observer que je n'avais point de canon, n'ayant pu les faire suivre à cause des prairies marécageuses dans lesquelles je m'étais jeté pour pouvoir prendre en flanc les batteries de l'ennemi. Je dois faire connaître les six bataillons que j'avais avec moi : le 29e régiment d'infanterie, ci-devant Dauphin, le 54e, ci-devant Penthièvre, le bataillon des Lombards, celui des Gravilliers, le 1er de la Côte-du-Nord (*sic*) et le 2e de la Marne. »

Cette liste de bataillons paraît devoir être tenue pour exacte de préférence à celle que donne Ferrand dans sa note de 1795.

partie de notre ligne était placée sous les ordres du duc de Chartres (1); Dumouriez s'y tint en personne pendant la plus grande partie de la bataille, de façon à apprécier l'opportunité des mouvements à exécuter ; il attendit, pour ordonner la marche en avant, que Thouvenot eût enlevé et dépassé les retranchements établis entre Quaregnon et Jemappes :

..... Le général (2), qui n'attendait que ce mouvement, met en colonne de bataillons l'infanterie de son centre, et la fait avancer avec la même impétuosité contre le centre du village. Il fait masquer la trouée par sept escadrons de dragons et hussards. Ce centre traverse la plaine assez rapidement pour perdre très peu de monde. Mais une brigade qui marchait sur la trouée, voyant déboucher de la cavalerie ennemie, se jette à droite derrière une maison et laisse un espace vide, par lequel cette cavalerie aurait pu percer ce centre.

Dans le moment, le jeune Baptiste Renard, valet de chambre du général, inspiré par un mouvement héroïque et par son attachement pour son maître, part au grand galop, va trouver le général Drouet (3) qui commandait cette brigade, lui fait honte de sa retraite, ramène la brigade, occupe la trouée, va trouver les sept escadrons que le mouvement timide de cette infanterie avait arrêtés, les conduit dans la trouée, et vient retrouver son maître après avoir rétabli le combat (4).

En même temps que le général Drouet avait plié, la brigade

----

(1) Louis-Philippe d'Orléans, duc de Chartres (1773-1850), maréchal de camp du 7 mai 1792, avait été promu lieutenant général le 11 septembre. Il servait sous le nom de général Égalité.

(2) *Mémoires* de Dumouriez, tome III, page 171.

(3) Les *Mémoires* de Dumouriez écrivent par erreur *Drouin*.

(4) Voir lettre de Dumouriez au ministre (7 novembre 1792) : « J'ose vous recommander le citoyen Baptiste, mon valet de chambre, qui s'est conduit avec la plus grande intrépidité et la plus grande intelligence, et qui a rallié un régiment de dragons et deux bataillons de gardes nationaux. Il ne demande que la permission de porter un uniforme de garde national et il sera parfaitement heureux. »

qui était à sa gauche avait fait halte (1) ; elle ne fuyait pas, mais les trois colonnes de bataillons qui la composaient s'étaient mises en marche et en confusion et perdaient beaucoup de monde, restant exposées à un feu de canon à mitraille, à demi-portée de fusil. Le duc de Chartres s'y porte précipitamment, les rallie, en forme une grosse colonne mélangée qu'il appelle gaiement le *bataillon de Jemappes*, rétablit le combat, force les trois étages de redoutes et de retranchements. Des escadrons de hussards et de chasseurs et dragons s'y portent avec autant de rapidité que l'infanterie ; on se bat avec acharnement. Thouvenot, qui avançait par la droite du village, met les Impériaux entre deux feux ; plus de 400 se noient dans l'Haine, et la bataille est gagnée au centre et à la droite du village.

Pendant que le duc de Chartres ralliait le centre avec autant de vigueur, Dumouriez avait une autre inquiétude. L'attaque de Beurnonville ne faisait aucun progrès ; il s'y porte très rapidement avec deux intentions très contradictoires : l'une, de forcer les redoutes de la gauche de l'ennemi, pour appuyer l'attaque du duc de Chartres ; l'autre d'abandonner cette attaque et de revenir avec les troupes de l'avant-garde dans la plaine de Paturages, y rallier les troupes de son centre et protéger la retraite de l'armée, si l'attaque du duc de Chartres tourne mal : ce qui pouvait se présumer, d'après le premier désordre occasionné par le général Drouet.

---

(1) Cette brigade était commandée par le maréchal de camp Stettenhoffen (1740-1809). Né à Vienne, il avait servi successivement en Allemagne, en France et en Russie. Revenu en France, il fut nommé maréchal de camp (12 octobre 1792), fut suspendu l'année suivante, obtint cependant le grade de général de division (1793) avec lequel il fut retraité l'année suivante. Dans une lettre du ministre de la guerre à la Convention (1er mars 1793), on lit : « Ce général est le même qui, à la bataille de Jemappes, à l'aile gauche de l'armée, attaqua dans les bois une redoute. Il fut repoussé avec perte. Il revint à la charge et fut encore repoussé plus vigoureusement que la première fois. Son courage redoubla alors que le feu terrible de l'ennemi avait désuni le 3e des fédérés. Il courut dessus, se saisit du drapeau et, marchant vers l'ennemi, il le planta au milieu d'eux ».

Jamais général n'est arrivé plus à propos. Il trouve sur la hauteur de Cuesmes deux brigades d'infanterie, dont une composée de trois bataillons de Paris, de ses anciennes troupes du camp de Maulde. Elles débordaient la gauche des cinq redoutes qui étaient garnies de grenadiers hongrois. Elles avaient devant elles une nombreuse cavalerie impériale, qui paraissait prête à les attaquer, et à cinq cents pas en avant, sur leur gauche, une colonne d'infanterie qui attendait le mouvement de la cavalerie pour achever de les détruire. A cent pas derrière ces deux brigades, étaient dix escadrons de hussards, dragons et chasseurs, exposés au canon des redoutes qui les prenaient en écharpe, et à celui du général d'Harville qui, par une erreur inconcevable, les prenant pour les ennemis, les écrasait par derrière.

Ces troupes n'avaient aucun général en tête, car le fameux Dampierre, qui devait les commander, ne s'y trouvait pas, quoique la veille il eût fait une algarade indécente à son général en chef, sur ce qu'il avait remis l'attaque au lendemain (1). Beurnonville venait derrière, à la tête de deux autres brigades et du reste de sa cavalerie.

Le général n'a que le temps de passer devant le front des deux brigades et de leur dire qu'ayant à leur tête leur *père*, ils n'ont rien à craindre. Les cris de : *Vive Dumouriez!* l'assurent de la bonne volonté de cette troupe qui avait une

---

(1) Il y a, dans cette observation de Dumouriez, une malveillance injustifiée à l'égard de Dampierre. Celui-ci fit bravement son devoir à la tête de ses troupes, comme on le verra plus loin. Les *Victoires et Conquêtes* (t. I, p. 72), ont rendu hommage à l'intrépidité de l'attaque dirigée par Dampierre contre la gauche de l'ennemi : « Frappés d'un dévouement aussi héroïque, les blessés, après la bataille, oubliaient un instant leurs blessures pour se demander : Dampierre a-t-il survécu ? Les soldats, souvent justes appréciateurs du vrai mérite, le nommèrent le premier dans les acclamations qui suivirent la victoire et forcèrent Dumouriez de partager avec lui la couronne qui lui fut décernée à son entrée dans Mons. Dumouriez considéra sans doute ce partage comme une injustice, car, dans le rapport qu'il adressa à la Convention, après la bataille de Jemappes, il ne fit aucune mention de la conduite de Dampierre ».

contenance héroïque. Il passe à la tête de la cavalerie; il était temps, elle se mêlait et allait fuir. Il envoya un aide de camp à Beurnonville pour le hâter. Dans le même moment les dragons impériaux s'avancent au galop pour enfoncer les deux brigades qui, par une décharge à bout portant, se font un rempart de plus de cent chevaux ou cavaliers devant eux. Un escadron ennemi arrive par le grand chemin, veut envelopper cette infanterie. Le général, qui avait rallié sa cavalerie, détache les hussards de Berchény qui enfoncent ces dragons. Toute cette cavalerie impériale fuit jusqu'à Mons, et la colonne d'infanterie se met aussitôt en retraite.

Dumouriez fait occuper le terrain du combat par Beurnonville qui arrive, fait faire un à-gauche aux deux braves brigades qui venaient de décider l'affaire, aux chasseurs à cheval commandés par l'aîné Frégeville et par Fournier, aux hussards de Chamborant commandés par le cadet Frégeville et à ceux de Berchény commandés par Nordmann; il entonne l'hymne des Marseillais, se met à leur tête, et ils vont gaiement, et avec un courage qu'on ne peut pas décrire, attaquer les redoutes par la gorge. Il s'y fait un grand massacre des grenadiers hongrois.

Cependant, toujours inquiet pour son centre, il retire de cette attaque, quand il la voit bien décidée, Frégeville l'aîné avec six escadrons de chasseurs, et repartant à leur tête au grand trot, il longe le village pour aller au secours du centre. Il n'a pas fait cinq cents pas, qu'il voit arriver au grand galop Montpensier, jeune frère du duc de Chartres, qui vient lui annoncer que le centre est victorieux, et que son frère est maître du village après un sanglant combat (1). Thouvenot arrive au même instant de la gauche, ayant traversé le village, et longeant derrière les redoutes, et lui dit que tout est en fuite. Le combat avait commencé à midi, et il n'était que 2 heures.

Cette attaque du centre de l'armée fut marquée par

---

(1) Antoine-Philippe d'Orléans, duc de Montpensier (1775-1807) servait à Jemappes en qualité d'aide de camp de son frère.

un épisode que le duc d'Aumale a relaté dans l'*Histoire des princes de Condé* (1) :

Le duc de Chartres, qui commandait le centre de l'armée, conduisait l'infanterie à l'attaque du bois de Flénu ; cette infanterie était composée d'anciens bataillons de ligne et de bataillons de volontaires, qui n'avaient pas encore été amalgamés, suivant l'expression du temps, et que distinguait la couleur blanche ou bleue de leurs uniformes. Au moment de faire battre la charge, le colonel du 5e de ligne, vieil officier à cheveux blancs, se retournant vers sa troupe et se dressant sur son cheval, s'écria, l'épée haute : « En avant ! Navarre sans peur ! » et le régiment de répéter : « En avant ! Navarre sans peur ! » C'était un souvenir du chevalier Bayard « sans peur et sans reproche », qui avait commandé, aux guerres d'Italie, une des premières bandes d'infanterie française, noyau des vieux régiments. Le 17e de ligne, qui marchait à quelque distance, répondit immédiatement par son cri de guerre : « Toujours Auvergne sans tache ! »

On a vu qu'à la suite des mouvements exécutés les jours précédents, l'ancienne avant-garde, aux ordres de

---

(1) Tome I, page 209. Le duc d'Aumale rapporte cet épisode d'après un témoin oculaire « vétéran de 1792 ». Il y a lieu de relever de légères inexactitudes dans le souvenir ainsi évoqué. Le 17e d'infanterie n'a pas combattu à Jemappes : ses bataillons étaient, l'un à l'armée de la Moselle, l'autre sous les ordres de Valence. Le cri qui est attribué aux soldats de ce régiment a dû être poussé par ceux du 18e, ci-devant *Royal-Auvergne*, qui avait été formé en 1776 sous le nom de *Gâtinais*, par dédoublement du vieux régiment d'*Auvergne*, et qui en avait conservé le cri de guerre. Le 18e avait un de ses bataillons à Maubeuge et l'autre dans la division d'Harville. Ce dernier a combattu à Jemappes, mais il s'y trouvait à grande distance du 5e d'infanterie. Il ne semble donc pas qu'il y ait eu entre les deux épisodes la corrélation établie par le narrateur. On doit en retenir seulement la persistance des traditions dans certains corps de ligne, persistance qui ne fut pas entièrement effacée par le premier amalgame. Ajoutons que le 2e bataillon du 5e d'infanterie, seul présent à Jemappes, était commandé non par le colonel, mais par le chef de bataillon Blanchard (Voir l'*Historique du 5e régiment d'infanterie*, par le lieutenant Demiau. — Caen, 1890).

Beurnonville, formait la droite de l'armée. La relation
de Dampierre expose ainsi le rôle de ces troupes :

Le 6, à 7 heures, le général Dumouriez, ayant été instruit
de l'arrivée du lieutenant général Harville, ordonna de canonner les redoutes ennemies ; un feu très vif commença de part
et d'autre. Sur les 10 h. 1/2, le général ordonna l'attaque
générale des redoutes, sur tout le front des Autrichiens,
excepté le mont de Bertaimont, en face duquel était le corps
de d'Harville.

Toute l'infanterie de l'avant-garde fut chargée de l'attaque
des redoutes de gauche, des hauteurs du moulin de Jemappes ;
le brave.bataillon de la Marne n'y était pas ; on l'avait pris
comme troupe d'élite pour garder des ponts sur l'Haine.

Le lieutenant général Beurnonville dirigeait toute l'attaque ;
il avait avec lui, à la droite de l'infanterie, 9 escadrons de
troupes légères, Berchény, Chamborant et Normandie ; et à la
gauche, Lauzun et Flandre ; le reste des troupes à cheval
était réparti dans la ligne.

Je fus chargé d'attaquer avec l'infanterie ; nous marchâmes
en colonne centrale jusqu'à un quart de portée du canon.
Alors, comme nous perdions du monde, les généraux Dumouriez et Beurnonville m'ordonnèrent de faire déployer les
colonnes. J'avoue qu'il est impossible de mieux exécuter
un mouvement aussi compliqué et sous le feu très vif et très
rapproché de 40 bouches à feu. Le mouvement se fit comme
à une manœuvre de paix (1) ; je le commandai à 200 pas en
avant de ma troupe, du côté de l'ennemi. Aussitôt que les
huit bataillons eurent achevé le déploiement, je les fis marcher en avant et battre la charge ; nous enlevâmes à la

---

(1) C'est alors que j'aurais désiré que vous me vissiez, Citoyen Serquigny, vous à qui je dois les premiers principes de l'art de la tactique ;
sans doute, je dois beaucoup aux leçons des Lloyd, des Mellendorf et
aux grands exemples de Dumouriez ; mais la reconnaissance m'impose
le devoir de dire que c'est vous que je regarde comme mon premier
maître. La mauvaise santé du citoyen Serquigny l'a empêché de faire
la guerre de la Révolution, et la Nation a été privée des services d'un
homme de grand talent (*Note de Dampierre*).

baïonnette le premier étage des redoutes; mais l'ennemi redoubla ses efforts pour défendre les autres redoutes. Canons à mitrailles, mousqueteries, charge de cavalerie, tout fut employé et tout échoua devant le courage des Français. Le brave Whirl, à la tête du 6ᵉ bataillon de grenadiers, et mon ancien et digne ami Des Ponchets, à la tête de l'invincible 19ᵉ régiment, ci-devant Flandre, emportèrent la première redoute. Les 3 premiers bataillons de Paris étaient à la gauche de Flandre ; ces 3 bataillons se sont conduits avec la plus grande distinction. Le premier bataillon de Paris, commandé par le brave Balland, a repoussé un escadron de Cobourg, flanqué par des hussards, et s'est fait un rempart honorable d'hommes et de chevaux. Le deuxième et le troisième ont tiré sur les grenadiers hongrois ; ils étaient commandés par deux chefs distingués par leur valeur, les citoyens Malbrancq et Laval. Le 2ᵉ bataillon de grenadiers, commandé par le citoyen Biesquin, s'est conduit à son ordinaire, de la manière la plus brillante. Le bataillon de Saint-Denis a fléchi pendant quelques instants, mais bientôt les deux chefs l'ont ramené sur le champ de bataille, où il s'est bien conduit à la fin de l'action. Le 71ᵉ, ci-devant Vivarais, et le héros de Bannes, ont soutenu trois charges des dragons de Cobourg et leur ont fait perdre beaucoup de monde ; le 10ᵉ et le 14ᵉ bataillons d'infanterie légère, commandés par les citoyens Le Pescheux et Queissac, se sont parfaitement conduits.

L'adjudant général Félix (1) conduisit la gauche de l'attaque que je commandais. Je menai la droite, parce que j'attaquais en oblique les redoutes de la gauche des ennemis, point capital du champ de bataille, et que notre brave infanterie enleva de vive force. Il n'est pas possible d'avoir déployé plus de talents que le citoyen Félix. Fermeté, intelligence et ce coup d'œil du maître, il réunit tout ; je m'arrêtai quelquefois avec plaisir pour admirer son sang-froid au milieu du danger qui l'environnait.

---

(1) L'adjudant général Félix a les plus grands talents. Il y en a d'éminents dans ce corps ; le citoyen Thouvenot est une des têtes les plus militaires du siècle ; le citoyen Foissac, ancien officier du génie, est aussi un homme rempli de talents (*Note de Dampierre*).

Les dernières redoutes furent les plus difficiles à enlever ; les grenadiers hongrois, l'élite des troupes impériales, les défendaient ; ils étaient soutenus par les dragons de Cobourg et les hussards de Blankenstein.

Le lieutenant général Beurnonville ordonna aux 9 escadrons de Berchény, Chamborant et Normandie, de charger les dragons de Cobourg. (L'intrépide Dumouriez, les généraux Beurnonville, Égalité et moi, ont (*sic*) chargé à la tête des escadrons. Les trois chefs des troupes à cheval, les deux frères Frégeville et Nordmann, donnèrent les plus grandes preuves d'intelligence et de courage ; les troupes essuyèrent plusieurs décharges à mitrailles à portée du pistolet). Ce fut le dernier effort des ennemis ; après cette charge, ils s'enfuirent dans le plus grand désordre ; j'établis plusieurs pièces de canon sur le défilé de Cuesmes. Stephan, le bouillant Stephan, fit avancer quelques pièces et nous leur fîmes perdre, dans cet endroit seul, près de 1000 hommes. Les citoyens Barrois et Hanicque se sont distingués dans cette action. Beurnonville (1) se montra partout avec son courage et ses talents ordinaires ; avare du sang des soldats confiés à ses ordres et faisant le plus de mal possible aux ennemis. Le citoyen Saluces s'est distingué par une grande activité et un grand courage. Les citoyens Belliard et Lahoussaye, adjoints aux adjudants généraux, suivirent l'exemple de leur chef Félix ; ils portèrent partout les ordres de Beurnonville et les miens avec une intelligence rare et un courage brillant. Le citoyen Vannotte, officier au 6ᵉ régiment de hussards, mon aide de camp, fils unique d'un négociant aisé de Paris, a prouvé qu'il aimait plus les dangers que les douceurs de la félicité domestique ; mais ce que je dis de lui, ne dois-je pas le dire de tous les volontaires ? Des soldats de Paris et des autres villes de la République, ces jeunes gens,

---

(1) C'est un hasard assez singulier que les deux officiers généraux qui ont depuis trois mois le plus constamment harcelé les ennemis soient du même département, de celui de l'Aube. Nous vengeons un peu notre pays du reproche de paresse et d'indolence qu'on a fait si injustement à ses habitants. Je puis certifier que je n'ai jamais trouvé de Champenois lâches, au moins dans la classe des gens pauvres et vertueux (*Note de Dampierre*).

depuis plus de deux mois, soutiennent des fatigues incroyables, passent la nuit au bivouac, gelés de froid et pénétrés par la pluie. Mères républicaines, élevez vos filles pour ces braves guerriers ; à leur retour, courez au-devant d'eux, le myrte à la main ; que la joie du triomphe les console des fatigues de la guerre et que la plus belle soit destinée au plus brave.

Je ne finirai pas sans rappeler le trait du vétéran, nommé Jolibois, mon ancien camarade. Il apprend, quelques jours avant la bataille de Jemappes, que son fils est déserté du bataillon de Paris. Il vient le matin de la bataille ; il prend la place de son fils, et chaque coup qu'il tirait aux esclaves des despotes, une larme s'échappait de ses yeux ; il s'écriait : « O mon fils, est-il possible qu'un si beau jour soit souillé par le souvenir de ta lâcheté ! » A la fin de la bataille, l'intrépide Balland et mes braves camarades de Paris me l'amenèrent ; je le reconnus pour avoir eu l'honneur de servir avec lui ; je me précipitai dans ses bras en versant des larmes d'admiration. J'ai écrit au brave des braves, au général Dumouriez, pour qu'il demande un brevet d'officier pour ce brave vétéran.

Toutes les autres troupes à cheval et l'avant-garde se sont bien conduites : le colonel Kilmaine, Lefort, Fournier, à leur ordinaire, à merveille.

Enfin, toute l'armée a donné les plus grandes preuves de courage, et l'armée en masse mérite une couronne civique.

Je te remercie, Dieu plébéien, de m'avoir accordé ces trois jours pour aider mes braves camarades à humilier les despotes et les grands de la terre ; je te salue, ô Patrie triomphante ! l'objet de mes plus chères affections ; je te salue, Belgique, terre que nous venons de rendre à la Liberté !

Je te salue, armée victorieuse ; ressouviens-toi sans cesse de Jemappes, où tu fis rougir la terre du sang des esclaves des tyrans ; et que nos épées soient toujours consacrées à faire respecter les lois et la sainte humanité.

Nota. — Je ne dois pas omettre que deux des braves volontaires du bataillon de Paris, le jeune Conseil et le jeune Cardinal, ayant pris un sabre et des pistolets sur le champ de bataille à un officier de hussards autrichiens, m'offrirent ces armes. Je les acceptai des mains de la valeur.

Le 6ᵉ bataillon des grenadiers et le 19ᵉ régiment, ci-devant

Flandre, ont pris une pièce de 7, et ils ont tiré sur l'ennemi le boulet qui nous était destiné. Le 1er bataillon de Paris a pris une pièce de 13. L'avant-garde en a pris 5 à elle seule.

Le brave général Rosières, les bataillons belges et les corps francs se sont parfaitement conduits pendant les trois journées.

De son côté, l'adjudant-commandant César Berthier a rédigé une relation de la bataille qui précise certains mouvements de l'aile droite (1) :

Tandis que la gauche obtenait des succès, l'aile droite, partant du village de Frameries, se déployait en bon ordre et se portait sur les redoutes. Elle eut à essuyer un feu terrible, mais sa marche n'en fut point ralentie, et la première de ces redoutes fut bientôt emportée, le régiment de Flandre et le 6e bataillon de grenadiers l'ayant attaquée de front, tandis que les hussards de Chamborant et de Berchény la tournaient à droite, chargeaient l'ennemi par le flanc. Au même instant, plusieurs bataillons s'avançaient sur les autres redoutes ; un corps de cavalerie ennemie, ayant fait mine de vouloir les arrêter, fut chargé avec tant de vigueur par le 1er bataillon de Paris, qu'il fut contraint de se retirer en désordre. Le reste de la droite, où se trouvaient le régiment de Vivarais, les hussards de Lauzun et le 6e régiment de chasseurs, fut soutenir l'attaque du bois formée par le centre de l'armée.

Cette attaque était très vive et très meurtrière, nos troupes rencontrant partout les plus grands obstacles. Le feu de l'ennemi embusqué dans le bois et celui des batteries qui le dominaient en rendaient l'accès extrêmement difficile. Elles y pénétrèrent néanmoins ; mais plusieurs corps d'infanterie, entre autres le 104e régiment, Bouillon et Vintimille restèrent

---

(1) La relation n'est pas datée ; elle porte l'annotation « *Extrait des mémoires et notes particulières que j'ai entre les mains. B...* » En ce qui concerne les rôles de l'aile gauche, César Berthier reproduit presque textuellement les renseignements fournis par les *Mémoires* du général Ferrand.

pendant longtemps exposés à un feu terrible qui leur fit éprouver beaucoup de pertes.

. . . .

Le reste de l'armée combattait avec la même valeur et obtenait les mêmes avantages (1); l'aile droite emportait toutes les redoutes de gauche, et le centre poussait avec vigueur l'attaque du bois; son artillerie, placée sur les hauteurs de Wasmes, de Ri-du-Cœur et de Frameries, et celle de la division d'Harville, sur les hauteurs de Ciply, répondaient au feu des redoutes et protégeaient la marche de nos troupes. La cavalerie ennemie fit d'inutiles efforts pour les arrêter; partout elle fut repoussée. Vivarais chargea trois fois avec la plus grande impétuosité un régiment qui s'avançait le long du bois et l'empêcha de pénétrer dans la plaine.

Cependant, le succès de l'attaque n'était pas encore déterminé, et l'ennemi tirait avantage de sa position qui offrait les plus grands moyens de défense, lorsque les grenadiers, impatients de rencontrer autant d'obstacles, s'élancèrent le sabre à la main et, gravissant les hauteurs au milieu d'une grêle de mitraille, parvinrent, après des efforts inouïs, jusqu'aux retranchements dont ils s'emparèrent.

Ce moment fut décisif : l'audace de nos troupes porta l'épouvante et la consternation aux rangs de l'ennemi qui, forcé dans toutes ses positions, se retira précipitamment et gagna les hauteurs en arrière de Mons.

La perte de l'armée autrichienne fut de 6,000 à 7,000 hommes et la nôtre d'environ 4,000.

Telle fut l'issue de cette journée mémorable, qui honore la nation française en attestant le courage de ses défenseurs. La multiplicité des traits particuliers de bravoure et d'intrépidité empêche de payer à chacun de ceux qui s'y sont signalés le tribut d'éloges qu'il mérite, et l'on ne citera ici que l'un des plus remarquables.

Le général Beurnonville, chargeant sur la première redoute de gauche à la tête de Chamborant et de Berchény, s'étant

____

(1) César Berthier vient de relater le succès de l'aile gauche contre le village de Jemappes.

laissé emporter par son courage, fut tout à coup enveloppé par des cavaliers ennemis et allait succomber sous le nombre; le citoyen La Bretèche, lieutenant de gendarmerie, s'en aperçoit, se précipite pour le dégager et y parvient, après avoir reçu quarante-deux blessures.....

Nous venons de voir comment les Autrichiens avaient été délogés de leurs formidables positions et contraints à une retraite que rendaient difficile les conditions de viabilité et la configuration du terrain ; elle pouvait devenir désastreuse, si elle eût été inquiétée par des forces suffisantes, lancées en avant au moment et sur le point opportuns. Dumouriez avait destiné ce rôle au corps du général d'Harville ; celui-ci devait déborder la gauche de l'ennemi, tourner la ville de Mons, menacer les lignes de retraite dans les directions de l'est et du nord.

D'Harville se porta de bonne heure sur les hauteurs de Ciply; mais son action se réduisit à une canonnade lointaine, dont les troupes de Beurnonville eurent même à souffrir, à un moment donné. Il se laissa immobiliser par les forces autrichiennes occupant les hauteurs de Bertaimont, au lieu de chercher à gagner du terrain vers sa droite et à atteindre le mont Panisel (1). Ces

---

(1) Belliard rapporte dans ses *Mémoires*, tome I, page 86 à 88 :

« .....Il (*Beurnonville*) m'envoya auprès du général d'Harville, qui débouchait sur les hauteurs en avant de Ciply, pour lui demander de lier sa gauche à notre droite, et pour lui faire connaître les événements de la matinée. En allant porter cet ordre pressé, je fus obligé de passer entre nos deux pièces de 16, qui firent feu dans ce moment; mon cheval se renversa et la commotion fut si forte que, pendant longtemps, j'ai entendu difficilement.

.....Aussitôt que nous fûmes maîtres des hauteurs de Cuesmes, le général Beurnonville m'envoya de nouveau au général d'Harville pour l'engager à se porter rapidement sur le mont Bertaimont, où l'ennemi avait deux batteries et peu de monde, afin de s'en emparer avant qu'il pût y porter ses forces. A 2 heures, la bataille était gagnée..... mais on perdit du temps et l'ennemi ne fut point inquiété. Si on avait porté

hésitations furent surtout funestes au moment où se prononça la retraite des Autrichiens ; elles eurent alors de fâcheuses conséquences que Dumouriez fait ressortir dans ses *Mémoires* (t. III, p. 176 et seq.) :

Le général envoie message sur message à d'Harville, pour le faire hâter d'occuper le mont Panisel, sans pouvoir parvenir à l'y déterminer. Ce général voyait encore des troupes sur Bertaimont. Il croyait le mont Panisel et les hauteurs de Nimy bien retranchés ; effectivement, les Impériaux y avaient établi quelques redoutes. Il a beau recevoir les avis réitérés que la bataille est gagnée, que l'ennemi est en fuite ; il n'avance pas, et on a bien de la peine à faire cesser son feu contre la hauteur de Cuesmes qu'occupait Beurnonville.

Cependant, l'armée était horriblement fatiguée. Elle bivouaquait et se battait depuis quatre jours. Il fallait absolument lui donner deux heures de repos, et lui distribuer du pain et de l'eau-de-vie. Elle n'avait encore rien mangé, et, alors, on n'enivrait pas les soldats pour les mener au combat. Pendant ce repos, le général s'impatientait de voir les Autrichiens se retirer sans être poursuivis, puisque, par leur retraite, il y avait entre eux et lui la ville de Mons, et que d'Harville était seul en position de tourner cette ville, s'il eût suivi son instruction. Le général s'y serait porté lui-même ; mais il ne lui restait pas un seul cheval en état de soutenir cette fatigue, et il avait beaucoup d'ordres à donner, surtout pour ses vivres et ses blessés.

---

de suite les corps des généraux Beurnonville et d'Harville sur Bertaimont, puis sur le mont Panisel, les Autrichiens eussent difficilement opéré leur retraite, puisque l'on eût pu couper la chaussée de Bruxelles. »

Un peu plus loin, page 89, Belliard dit encore : « Notre armée bivouaqua sur les hauteurs de Cuesmes, et l'avant-garde prit position en avant du village sur la route de Mons. On fit occuper le mont Bertaimont, et le général d'Harville eut ordre de se porter sur le mont Panisel et Nimy ; mais ses troupes, de nouvelles levées, étaient difficiles à manier ; sa marche fut lente, il ne put arriver que le lendemain matin à la position qu'il devait occuper. Dans la nuit, l'ennemi évacua Mons et se retira sur Bruxelles ».

Il se tenait alors à son avant-garde, à la tête du village de Cuesmes. A 4 heures, il ordonna que chacun reprît les rangs, et il annonça qu'il allait marcher en avant. Ces braves soldats oublient leur fatigue et témoignent leur joie par leurs cris. Il fait occuper les faubourgs de Mons par les troupes légères et il envoie sommer la ville. Il porte deux brigades sur Bertaimont que les ennemis venaient d'abandonner. Un événement bizarre le contredit encore. Ces deux brigades, qui venaient de montrer un courage héroïque, qui venaient d'attaquer une position effrayante, de braver un triple étage de mousqueterie, de forcer des redoutes garnies d'une nombreuse infanterie, au milieu d'un feu épouvantable d'artillerie à cartouches, sont saisies d'une terreur panique. Elles s'imaginent que les Impériaux ont miné la montagne. D'après cette supposition impossible, cinq bataillons abandonnent cette position malgré toutes les représentations du général Stettenhoffen, qui les commande ; un seul bataillon reste avec lui, les autres se rejettent dans le village de Cuesmes dans le plus grand désordre.

Le général, instruit de cet événement très inattendu, renvoie d'autres troupes pour occuper Bertaimont. Enfin, le général d'Harville arrive ; il se poste sur le mont Panisel : parvenu sur cette hauteur, il n'occupe celle de Nimy qu'avec de légers postes, au lieu d'y marcher avec tout son corps d'armée. Pendant tous ces retards, l'ennemi avait assuré sa retraite, la nuit était venue.

Après avoir montré, d'après les diverses sources françaises, le développement des mouvements offensifs, il convient de faire connaître les dispositions successivement ordonnées par le duc de Saxe-Teschen pour faire face à ces attaques. Nous les résumerons d'après l'ouvrage du capitaine de Christen :

De bonne heure, jugeant que les Français menaçaient principalement sa gauche et son centre, le duc avait appelé de Mons le bataillon de Hohenlohe avec ordre de s'établir sur la hauteur, au sud-ouest de Cuesmes, pour renforcer le centre ; une division de Mathesen, avec 2 canons, dut occuper le mont

Saint-Lazare pour protéger la ligne de retraite par Mons.

Un peu plus tard, comme le mouvement des Français contre Bertaimont paraissait arrêté, le F. M. L. baron Beaulieu, commandant l'aile gauche autrichienne, songea à prendre à son tour l'offensive. Il obtint du général en chef l'envoi du bataillon de Hohenlohe comme renfort; 2 escadrons de dragons de Cobourg et les 8 escadrons de cavalerie massés près de Cuesmes furent également envoyés à l'aile gauche. Le baron Beaulieu, avec une partie de son infanterie et plusieurs escadrons, essaya de rejeter sur le plateau de Frameries l'aile droite des Français; ceux-ci renforcèrent bientôt leurs troupes les plus avancées, qui d'abord avaient cédé; les Autrichiens durent se replier sur la hauteur de Bertaimont, poursuivis seulement à coups de canon.

Vers 10 heures du matin, voyant se dessiner une attaque importante contre la position de Jemappes, le F. Z. M. Clerfayt rapprocha de l'aile droite les bataillons de Leuwen et de Pückler, qui avaient d'abord été placés au centre de la ligne. Cette dernière partie ne fut plus, dès lors, occupée que par 1 bataillon (Wurtzbourg) et 3 escadrons (2 de Cobourg, 1 de Blankenstein) : faible effectif pour garnir un front de plus de 2,000 pas. Pour échapper au feu de l'artillerie française, le bataillon s'était abrité dans une dépression de terrain; les escadrons étaient sur les pentes nord de la hauteur. Les retranchements du centre se trouvaient ainsi dégarnis d'infanterie, sauf une redoute occupée par des pionniers (1 capitaine et 40 hommes).

Le feu de l'artillerie française se prolongea cinq heures presque sans interruption; vers midi se dessina l'attaque générale de l'armée française.

L'aile droite se porta de Frameries vers les hauteurs de Cuesmes. Les trois escadrons établis sur les pentes nord, lâchèrent pied un instant, sous le feu de l'artillerie française; et les canonniers autrichiens commencèrent à retirer leurs pièces des retranchements, pour les mettre en sûreté. La redoute occupée par les pionniers tenait bon; les troupes françaises se précipitèrent dans les autres et un escadron de hussards s'empara de plusieurs pièces qui n'avaient pu être retirées à temps.

Bientôt le prince d'Anhalt-Cöthen, qui commandait la division de dragons de Cobourg, réussit à la rallier. Cette division fit demi-tour, chargea et enfonça l'escadron de hussards français; ensuite, de concert avec un escadron de chevau-légers Latour, qui arrivait de la gauche en contournant par l'est la hauteur de Cuesmes, elle reprit les pièces autrichiennes qui venaient d'être perdues; elle se précipita ensuite contre l'infanterie et la força d'évacuer les redoutes et la hauteur de Cuesmes (1).

Plusieurs des bouches à feu qui avaient été retirées furent remises en position; et comme l'infanterie était insuffisante pour occuper les redoutes, leur protection fut assurée par les trois escadrons de cavalerie établis à proximité.

Le duc Albert fit alors revenir au centre le bataillon de Hohenlohe, ainsi que la cavalerie qui avait été précédemment mise à la disposition de Beaulieu (2).....

Une demi-heure plus tard, l'aile droite française renouvela son attaque contre la position, où les Autrichiens n'avaient pas encore envoyé de renforts; elle chassa les escadrons par des feux d'artillerie, puis occupa la hauteur de Cuesmes et les redoutes.

Alors le bataillon de Wurtemberg déboucha de la position

---

(1) « La cavalerie française venait de pénétrer près de Cuesmes, à l'aile droite des Autrichiens, entre les redoutes avancées, et cherchait à s'emparer de l'artillerie impériale, qui était engagée dans l'exécution d'un mouvement de retraite, lorsqu'elle se vit arrêtée tout à coup par une charge vigoureuse de deux escadrons du régiment de Cobourg. Au même moment, le chef d'escadron de Mesemacre (*du régiment de Latour*), accourant de la gauche de la ligne à la tête de son escadron, tombe avec impétuosité sur l'ennemi et lui reprend les quelques pièces qui déjà étaient tombées entre ses mains. » (*Histoire des régiments nationaux des Pays-Bas*, par le lieutenant général baron Guillaume. Bruxelles, Maquardt, 1877, page 187).

(2) Le capitaine de Christen estime que cette cavalerie, arrivant au moment opportun, aurait pu rétablir le combat et peut-être mettre en déroute la droite française; mais son mouvement fut ralenti par les haies et les fossés; elle perdit beaucoup d'hommes et de chevaux par la mitraille française.

où il était abrité ; reçu par une fusillade et une mitraille très violentes, il dut faire demi-tour. Le bataillon de grenadiers de Leuwen, envoyé comme renfort par le F. Z. M. Clerfayt, fut également arrêté.

Après l'attaque infructueuse de Beaulieu, le duc Albert envoya le bataillon de Hohenlohe au secours du centre ; mais cette troupe était encore en marche au moment de l'enlèvement de la hauteur de Cuesmes.

Une fois maîtresse de la hauteur de Cuesmes, l'aile droite française s'y établit, et n'agit plus que par son artillerie en attendant que le combat se fût décidé du côté de Jemappes. Cette affaire est ainsi relatée par le capitaine de Christen :

L'attaque des Français contre le sommet de la hauteur (*de Jemappes*) fut repoussée deux fois grâce à la valeur du régiment de Bender (1). Les escadrons des hussards de Blankenstein et des dragons de Cobourg chargèrent à plusieurs reprises avec intrépidité.

Mais la valeur des Autrichiens ne put, à la longue, résister au nombre, au moins quadruple, des Français et surtout à la supériorité de leur artillerie. Après des attaques réitérées, l'infanterie française réussit à s'établir au sommet de la hauteur, près du petit bois qui s'étendait au sud.

Une riposte demeurait encore exécutable de la part des Autrichiens : si les retranchements de Jemappes, occupés par les compagnies franches, assuraient à l'aile un appui solide, il était possible avec les bataillons du centre et de la droite, non ébranlés par ce combat inégal, d'essayer une contre-attaque pour rejeter les Français de la hauteur au sud de Jemappes.

Les bataillons de grenadiers de Morzin et de Barthodeisky avaient jusqu'alors tenu, avec un inébranlable sang-froid, les pentes qui, du sommet de la hauteur, descendent au nord vers le village de Jemappes. Au quartier général autrichien, on considérait le flanc droit comme absolument protégé par le

---

(1) Il perdit 14 officiers et près de 400 hommes.

cours infranchissable à gué de l'Haine, par les prairies marécageuses qui la bordaient, par les retranchements de Jemappes, enfin par la présence de sept compagnies franches. Grande fut la stupeur quand on apprit que trois bataillons français avaient tourné l'aile autrichienne ; au moyen d'une grande barque, d'échelles, de planches, etc., ils avaient réussi, aidés par les habitants, à franchir l'Haine et avaient pénétré dans Jemappes par le nord ; les compagnies franches avaient dû abandonner le village ; maintenant les bataillons français en débouchaient pour attaquer la droite de la position des Autrichiens ; la retraite de ceux-ci était menacée, sinon coupée.

Une division des grenadiers de Morzin s'élança alors dans Jemappes avec beaucoup de vigueur et d'à-propos, s'établit vis-à-vis des trois bataillons, malgré le feu violent de ceux-ci, et les força de s'arrêter. Sous la protection de ces deux comcompagnies de grenadiers, la plus grande partie des troupes autrichiennes, avec l'artillerie, battit en retraite à travers le village et franchit la Trouille en suivant la chaussée de Mons.

..... Quelques fractions de l'aile droite gagnèrent Mons, en suivant les pentes nord des hauteurs, jusqu'au delà de Cuesmes.

Le centre suivit bientôt le mouvement de retraite de la droite.

Les Français s'arrêtèrent sur les hauteurs qu'ils venaient d'occuper et se bornèrent à canonner les troupes en retraite.....

Après la contre-attaque essayée par Beaulieu, les Français n'avaient plus inquiété l'aile gauche des Autrichiens..... Le F. M. L. baron Beaulieu resta donc tranquillement en position sur la hauteur de Bertaimont jusqu'au moment où la droite et le centre eurent achevé leur retraite ; lui-même ne se replia qu'après avoir rallié le bataillon franc et les hussards en position à Ciply, ainsi que les deux compagnies du mont Panisel.....

De ce côté encore, les Français se contentèrent de canonner l'arrière-garde autrichienne ; ils n'occupèrent que plus tard le mont Panisel et les hauteurs de Bertaimont.

..... Les pertes des Autrichiens s'élevèrent à : 305 tués, 513 blessés, 423 prisonniers.

Après une canonnade de cinq heures, le combat d'infanterie avait à peine duré deux heures. Le tir à mitraille des Français causa la majeure partie des pertes autrichiennes.....

Quand les troupes autrichiennes eurent évacué leurs positions et se furent retirées au nord de Mons, le duc de Saxe-Teschen les porta sur la rive droite de l'Haine, qui fut franchie au pont de Nimy. Il les établit pour la nuit entre cette localité et Maisières, près de la lisière sud-est du Bois-Brûlé. Elles étaient couvertes par des postes qui tenaient les passage de l'Haine, à Ghlin, Nimy et Obourg (1). Le duc se contenta de laisser dans Mons un bataillon d'infanterie et deux escadrons de cavalerie sous les ordres du colonel baron Spiegel.

Dumouriez avait cherché à menacer la gauche de la route de Mons à Bruxelles, en dirigeant un petit détachement de cavalerie et de troupes légères sur Ghlin et la Chapelle-Notre-Dame. Mais ce corps était trop faible pour inquiéter l'armée impériale, du moment que son action n'était pas secondée sur l'autre flanc par la division d'Harville.

Dès qu'il fut maître du champ de bataille, Dumouriez adressa au commandant de la place de Mons une sommation, qu'il renouvela le soir même, en l'accompagnant

---

(1) A Ghlin, quelques compagnies de chasseurs et un détachement de hussards; à Nimy, un bataillon d'infanterie et une division de cavalerie, établis près du pont, sur la rive gauche de la rivière; à Obourg, les corps francs de Loudon et d'O'Donell. En outre, le bataillon de Mihalovich, avec un parti de hussards, fut envoyé à Saint-Denis (à 3 kil. 5 au nord d'Obourg).

d'une menace de bombardement (1). Le colonel Spiegel répondit que la garnison autrichienne était prête à faire son devoir ; il transmettrait la sommation au général en chef et se conformerait aux ordres de ce dernier. Il ne s'agissait, pour le commandant autrichien, que de gagner quelques heures.

La place de Mons n'était pas susceptible d'être défendue. Ses remparts, avec fossés pleins d'eau, la mettaient à l'abri d'un coup de main ; mais elle ne possédait que de vieux canons de médiocre valeur, et l'armement de ses batteries était incomplet. Elle était dominée au sud par les hauteurs où venait de se décider la bataille. Enfin, il suffisait que le mont Saint-Lazare fût occupé par les troupes françaises pour que la garnison eût toute retraite coupée. Dans ces conditions, les Autrichiens n'avaient d'autre objectif à se proposer que de tenir jusqu'à ce que leur armée eût franchi l'Haine ; il devenait ensuite inutile de laisser dans la place une garnison qui eût été sacrifiée à très bref délai.

Dans la nuit du 6 au 7, Dumouriez fit établir quelques batteries au sud de Mons ; dès 6 heures du matin, il adressa une nouvelle sommation au commandant autrichien (2). Mais déjà le colonel Spiegel avait reçu de

---

(1) Ces deux sommations figurent à la suite des comptes rendus adressés par Dumouriez au ministre et à la Convention. Voici le texte de la seconde :

« Le général des armées de la République française a eu la complaisance d'attendre pendant trois heures le quartier-maître général de l'armée autrichienne.

Il a été fort surpris que la ville ait tiré sur nos troupes qui montaient à Panizel.

Il déclare qu'il va établir ses batteries, qu'il mettra la ville en feu et passera la garnison au fil de l'épée : un seul moyen d'éviter ce malheur, c'est de recevoir, dès ce soir, dans la ville, un bataillon français et 25 chevaux, qui s'empareront des portes à mesure que les troupes évacueront. »

(2) Dumouriez l'invitait à se rendre « sur-le-champ et sans aucune

Clerfayt l'ordre d'évacuer la ville dès 7 heures et de
replier la petite garnison sur Nimy ; il devait y franchir
l'Haine pour suivre la marche de l'armée, qui battait
en retraite de Maisières sur Soignies.

Ces mouvements s'exécutèrent sans être inquiétés par
les troupes françaises. Celles-ci prirent possession de
Mons deux heures après le départ des Autrichiens (1).

Elles y ont été accueillies au milieu des cris d'allégresse ; et
ceux d'entre les Monstois qui souffraient impatiemment la
domination impériale les ont reçues en frères et amis. Les
magistrats de Mons ont offert au général Dumouriez les clefs
de la ville ; mais il a voulu se conduire en libérateur et non
en vainqueur. En posant seulement la main sur les clefs :
« Les Français viennent ici, leur a-t-il dit, comme frères et
amis pour vous engager à tenir toujours vos portes fermées
contre vos anciens oppresseurs et à défendre cette liberté
qu'ils vous ont conquise ». Le général est monté ensuite dans

---

capitulation » au lieutenant général Beurnonville, commandant l'avant-
garde française. Il menaçait de punir de mort le commandant et tous
les officiers de la garnison, s'ils le forçaient de tirer un seul coup de
canon sur la ville.

Il le chargeait, en outre, sous peine de la vie, de transmettre aux
magistrats de Mons une lettre annonçant que l'armée française venait
apporter la liberté aux Belges et les délivrer de la tyrannie des Autrichiens : « Je viens de faire la circonvallation de votre ville; une poignée d'Autrichiens qui y restent me proposent de les laisser sortir avec
les honneurs de la guerre, pendant qu'il dépend de moi de les prendre
tous à discrétion..... Votre devoir, comme représentant du peuple,
est de détourner les calamités qui résulteraient d'une défense téméraire
autant qu'inutile; ainsi, je vous somme d'engager ou de forcer le commandant autrichien à livrer, sans aucun délai et sans aucune capitulation, la porte que j'indiquerai pour l'entrée des troupes françaises.....
Je vous déclare, Messieurs, que si, malheureusement, je suis obligé de
faire tirer sur la ville, je vous rendrai personnellement responsables, sur
vos biens et sur votre tête, du tort irréparable que votre faiblesse ou
votre connivence aura attiré sur votre patrie ».

(1) Voir *Mémoires* de Belliard, tome I, page 90 : « Le 7, au matin,
une députation de Mons vint chez le général Beurnonville; il l'envoya

la salle du conseil; et là, il a répété au peuple « que les Français ne venaient point pour le conquérir, mais pour le rendre
libre ». Tout s'est passé dans le plus grand ordre ; pas un seul
excès, soit de la part du soldat, soit de la part du peuple, n'a
été commis. Les travaux n'ont point été suspendus. Le soir,
et hier, il y a eu illumination générale et grand bal (1).

Tandis que Dumouriez occupait Mons, où nous le verrons immobilisé pendant quelques jours, l'armée autrichienne effectua sa retraite en bon ordre et vint, le soir
du 7 novembre, camper à Soignies (18 kilomètres au
nord de Mons) ; elle y fut ralliée par le détachement de
Baudour. Le duc de Saxe-Teschen établit son quartier
général à Braine-le-Comte.

Dès le 6 au soir, le petit détachement de Binche (1 compagnie de Mihalovich et 1 escadron d'Esterhazy) s'était
replié sur Haine-Saint-Pierre, d'où il gagna Nivelles le
lendemain. Enfin, après la bataille, le détachement de
Charleroi (1 bataillon de Mathesen, 2 compagnies de
chasseurs, 1 escadron de hussards d'Esterhazy), avait
reçu, du duc de Saxe-Teschen, ordre d'aller occuper
Nivelles, pour couvrir la ligne de retraite de l'armée
sur Bruxelles. Il exécuta cet ordre dans la journée du
7 novembre.

A partir de ce moment, les deux armées cessèrent
d'être en contact pendant plusieurs jours. Les Autrichiens, vaincus à Jemappes, échappaient à la destruction
totale qu'eût permis d'obtenir une énergique poursuite

---

au général Dumouriez. A 10 heures, le général Beurnonville fit son
entrée dans la ville à la tête du 1er hussards ; le général Dumouriez y
vint plus tard. Ce fut à Mons que le général Beurnonville reçut l'ordre
d'aller prendre le commandement de l'armée de la Moselle. Il partit le
soir même pour sa nouvelle destination ; le général Dampierre le remplaça et je restai avec lui, faisant fonctions de chef d'état-major ».

(1) Récit de la bataille de Jemappes, publié à Valenciennes le
9 novembre 1792, d'après une copie existant aux archives de la guerre.

entreprise dans la soirée du 6 novembre ou même dans la matinée du lendemain.

Si la victoire des Français demeurait incomplète à cet égard, elle n'en portait pas moins un coup décisif à la domination des Autrichiens dans les Pays-Bas. Nous allons voir qu'elle détermina un recul général des troupes qui garnissaient les autres parties de la frontière.

*
* *

Le jour même de la bataille, La Bourdonnaye avait pris enfin une offensive assez vigoureuse contre les postes ennemis installés sur la Lys. Il se proposait ainsi de faciliter sa marche ultérieure contre Tournai.

J'ai fait, écrivit-il au ministre (1), forcer le Pont-Rouge et Warneton autrichien, afin de rendre la navigation de la Lys libre jusqu'à la Deule. Cette opération était indispensable pour nos convois. Rien ne nous arrêtera pour marcher sur Tournai, que quelques chevaux d'artillerie et petits effets de campement qu'on nous a enlevés pour en fournir le général Dumouriez par préférence : mais nous ferons toujours quelques attaques. Avant-hier les Autrichiens passèrent un bataillon de Tournai à Courtrai et sans doute qu'ils vont demander encore du secours à Mons.

Nous fîmes 70 prisonniers, tant à Roncq que sur la Lys et il y eut 48 hommes tués ; nous eûmes 20 à 30 blessés et peu de morts.

Contrairement à ce que pensait La Bourdonnaye, les Autrichiens n'avaient nullement l'intention de diriger, de Mons, des renforts sur Tournai. Les engagements des 3, 4 et 5 novembre avaient montré au duc de Saxe-Teschen sur quel point il avait à craindre l'effort principal des

---

(1) De Sainghin, 7 novembre.

Français. En prévision d'une retraite qui semblait devoir s'imposer bientôt, il adressa (6 novembre, 7 heures du matin) l'ordre suivant aux détachements du prince de Wurtemberg, du comte Latour et du colonel Hadik (1) :

L'ennemi nous a canonnés hier et recommencera aujourd'hui avec un plus grand nombre de batteries.

Nous tiendrons aussi longtemps que possible ; nous prendrons même l'offensive dès qu'elle paraîtra avantageuse.

Si nous battons en retraite, ce sera derrière l'Haine.

L'état des défenses d'Ypres et de Tournai leur permettait à peine une résistance de quelques jours, même avec des garnisons relativement fortes (2 à 3 bataillons chacune). Aussi, le duc de Saxe-Teschen n'avait-il aucunement l'intention de défendre ces deux places jusqu'au bout, non plus que celle de Mons.

Le détachement du prince de Wurtemberg devait se maintenir le plus longtemps possible à Tournai et sur l'Escaut ; quand il serait obligé de céder, il appellerait à lui le détachement du colonel Hadik pour aller prendre position à Leuze, puis à Ath. Le détachement du comte Latour devait se retirer par Courtrai sur Gand.

Les engagements du 6 novembre sont ainsi relatés dans une lettre adressée à la Convention par les représentants du peuple Delmas et de Bellegarde (de Lille, 7 novembre) :

Le général La Bourdonnaye avait donné l'ordre d'attaquer hier matin les ennemis sur plusieurs points et de faire au même instant une fausse attaque sur Menin. Ces différents mouvements ont été parfaitement exécutés. Les Autrichiens ont été battus au Pont-Rouge, à Comines, à Warneton, et

____

(1) Voir l'ouvrage du capitaine de Christen. Nous avons résumé, d'après cet auteur, les intentions des Autrichiens pour la défense de cette partie de la frontière.

tous ces postes, bien retranchés, ont été évacués. Le maréchal de camp Champmorin a prouvé, dans ces trois attaques, beaucoup d'intelligence et d'intrépidité.....

Dans ces trois affaires, nous avons eu environ 15 hommes de blessés et 5 ou 6 volontaires qui se sont noyés ; nous avons fait aux ennemis 50 prisonniers ; on leur a, sans doute, tué et blessé du monde, car on a vu beaucoup de sang sur les chemins ; plusieurs prisonniers, qui arrivent dans ce moment, nous assurent que les Autrichiens ont eu 52 hommes de tués au Pont-Rouge, Comines et Warneton (1). Maintenant, la rivière de la Lys est libre, et c'est un avantage inappréciable pour l'armée, car les fourrages commençaient à manquer et un seul bateau en porte 60 charretées.

Le citoyen des Brunières, colonel du 12e régiment d'infanterie, commandait la fausse attaque sur Menin. Les disposi-

---

(1) Le capitaine de Christen dit qu'à Warneton le major Wöstenrædt se défendit, avec deux compagnies du régiment de ligne et un escadron de hussards, contre près de 4,000 Français, qui avaient traversé la Lys entre Frelinghien et Pont-Rouge, au moyen d'un pont de bateaux envoyé d'Armentières. Le détachement de Warneton se retira sur Werwicq par Comines, sous la protection du poste qui occupait cette localité.

Voir encore *les Campagnes des Français pendant la Révolution*, par Liger (tome I, page 154). Après avoir rappelé qu'à plusieurs reprises les gardes nationales du pays, réunies à un corps de Belges, avaient essayé vainement d'enlever le Pont-Rouge, l'auteur ajoute : « Quatre colonnes furent chargées de faire une nouvelle tentative. La première et la seconde, composées en majeure partie de divisions de gendarmerie à pied, se dirigèrent sur le Pont-Rouge et sur Warneton ; les deux autres sur Comines, Halluin et Roncq. L'attaque du Pont-Rouge se fit sous la protection d'une artillerie formidable. Ce poste fut emporté de vive force ; l'ennemi perdit beaucoup de monde dans ses retranchements et dans sa retraite sur Warneton. Après s'être emparé du pont, de la rivière et du poste, nos troupes marchèrent sur Warneton.....

L'attaque sur Comines fut plus meurtrière pour nous ; nous y perdîmes du monde ; il y eut même quelques habitants de tués ; mais l'ennemi fut obligé de l'évacuer, ainsi qu'Halluin et Roncq, qui furent emportés par les deux colonnes de droite. Pendant ces quatre attaques, La Bourdonnaye faisait canonner le pont de Menin et celui de Rous—

tions qu'il a faites dans cette affaire et la manière dont il s'est
conduit prouvent la bravoure et les talents militaires de cet
excellent officier. Les premiers bataillons des volontaires de
la Gironde et du 12e régiment d'infanterie ont attaqué le poste
d'Halluin, fortement retranché; ils ont soutenu le feu de
l'ennemi avec une intrépidité digne d'éloges, et, sans tirer un
coup de fusil, ils ont forcé ce poste la baïonnette au bout du
canon. Les Autrichiens ont eu 30 hommes de tués, et on leur
a fait 49 prisonniers, dont 2 officiers. Nous avons eu 13 morts
et 17 blessés; plusieurs l'ont été par une fausse manœuvre
du 81ᵉ régiment d'infanterie, ci-devant Penthièvre, qui était
placé en seconde ligne. A mesure que les troupes de la Répu-

---

brugge, sur la route de Bergues et d'Ypres, afin de faire diversion..... »
   Liger commet ici une confusion : le poste de Rousbrugge avait été
enlevé, dès la veille, par les Français, qui s'étaient avancés ensuite sur
Poperinghe.
   Ces attaques auraient pu être facilitées et rendues décisives par l'intervention du petit corps commandé par le général Tricotel. On a vu
déjà quel rôle lui avait assigné La Bourdonnaye. Après que l'opération
eût été retardée de vingt-quatre heures, on voit le maréchal de camp
Champmorin lui écrire (de Quesnoy, 5 novembre) : « ..... Nous agi-
rons donc, demain 6, à même heure et signal convenu que hier.....
Je crois donc devoir vous prévenir que c'est la 3ᵉ division de la gendarmerie nationale qui passe dans des bateaux à Frelinghien et que la 2ᵉ
passera au Pont-Rouge, dès que le poste de l'ennemi sera forcé. L'une
et l'autre seront ensuite à vos ordres pour l'attaque de Warneton, de
votre côté de la Lys, jusqu'au moment de notre jonction après la prise ».
La coopération projetée ne se produisit pas, soit par la faute du général
Tricotel, soit par l'insuffisance de ses troupes. Voir à ce sujet un rapport
du chef de brigade du génie Flayelle (29 vendémiaire an VI — 20 octobre
1797) :
   « Le général Tricotel, qui se trouvait passé la rive gauche, occupait
Armentières, ayant sous ses ordres 1500 volontaires, pour se porter sur
Messines, afin de couper la retraite à 900 hommes et 4 pièces de canon
qui défendaient Warneton et le Pont-Rouge, ce qu'il ne fit point, ayant
fait sa retraite, tandis que les généraux La Marlière et Champmorin
attaquèrent les postes de Pont-Rouge, Warneton et Comines, qu'ils ont
emportés pendant le cours de cette journée, après beaucoup de difficultés. » (*Archives du Comité de l'artillerie.*)

blique s'avancent sur le territoire encore soumis à la maison d'Autriche, la désertion augmente dans l'armée ennemie.

L'avant-garde du camp de Sainghin, commandée par le maréchal de camp La Marlière, est partie ce matin, dirigeant sa route sur Tournai : l'armée ne tardera pas à la suivre.

Le comte Latour apprit, le 7 novembre à 8 heures du matin, le résultat de la bataille de Jemappes et l'imminente évacuation de Mons par les Autrichiens. Le duc de Saxe-Teschen, en l'instruisant de cette nouvelle, annonçait sa prochaine retraite sur Bruxelles. Le détachement du comte Latour avait ordre d'évacuer les Flandres et de se retirer sur Hal par Audenarde ou Gand.

De son côté, le prince de Wurtemberg reçut, dans la nuit du 6 au 7, l'ordre de rassembler ses troupes, d'évacuer Tournai, de se replier sur Leuze (où le colonel Hadik avait ordre de le rejoindre), puis sur Ath ; après avoir rallié la garnison de cette place, il devait enfin se diriger sur Hal. C'est vers ce point que le duc de Saxe-Teschen comptait concentrer toutes ses forces pour couvrir Bruxelles.

Les Autrichiens exécutèrent rapidement leurs mouvements de concentration et de retraite, de sorte que La Bourdonnaye ne rencontra aucune résistance dans sa marche en avant et put occuper Tournai sans combat dans la soirée du 8 novembre.

Les représentants de Bellegarde et Delmas adressent encore à la Convention quelques détails sur les affaires précédentes (de Lille, 8 novembre) (1) :

Le général La Bourdonnaye est parti ce matin du camp de Sainghin pour venir un instant ici, où il avait des ordres à donner. A midi, l'aide de camp du maréchal de camp Ruault

----

(1) Ils annoncent qu'ils ont reçu, le matin vers 9 heures, la nouvelle de la prise de Mons ; mais ils n'ont point de détails sur la victoire de Dumouriez.

lui a apporté la nouvelle qu'un citoyen de Tournai venait
d'arriver à toute bride au quartier général pour l'informer
que les Autrichiens avaient évacué cette ville la nuit dernière
à 2 heures du matin.

Des ordres ont été donnés sur-le-champ pour faire marcher
une forte avant-garde, chargée de s'assurer si Tournai est
effectivement évacué.

Il arrive à chaque instant un grand nombre de déserteurs ;
plusieurs viennent de nous assurer que l'armée ennemie
manque de tout, que son courage est entièrement abattu, et
que sous peu de jours des compagnies entières déserteront
avec armes et bagages : 100 hommes de l'armée de Clerfayt
lui ont échappé et sont entrés à Charleville avec leurs armes.
La Convention nationale pèsera dans sa sagesse s'il ne con-
viendrait pas d'organiser les soldats étrangers qui viennent
défendre la cause de la liberté, de manière à ne pas leur laisser une trop grande influence dans l'armée des frontières du
Nord ; il serait fâcheux qu'il se formât un parti dans la Belgique qui voulût, les armes à la main, y influencer l'opinion
du peuple (1)....

... Werwicq, situé entre Comines et Menin, a été pris hier
au soir à 11 heures.

... 50 chasseurs à cheval du 5e régiment s'étant portés en
avant du camp de Sainghin, pour faire une reconnaissance,
ont tué 43 Tyroliens ; ils auraient pu se retirer sans perdre
un seul homme ; mais, ayant voulu sabrer les ennemis restés
sur le champ de bataille, des hulans, cachés dans un bois, leur
ont tué 10 hommes. C'est une perte, car ce régiment fait parfaitement la guerre.

L'artillerie française mérite les plus grands éloges ; c'est
un corps bien précieux pour la République ; il est aussi

---

(1) Voir lettre de La Bourdonnaye au ministre (Tournai 10 novembre) :
« ...Il m'est arrivé 150 déserteurs depuis deux jours. J'ai fait acheter
leurs armes et ils ne m'ont demandé que la liberté, étant nés pour la
plupart dans les provinces belgiques. »
De même que les représentants en mission, La Bourdonnaye signale
les abus résultant de cette affluence de déserteurs.

patriote que brave et se couvre de gloire dans toutes les actions.

Les chasseurs à pied de Paris, nouvellement organisés, se conduisent parfaitement et se battent comme des lions.

Le général Duval a fait dégrader avant-hier, à la tête du camp, un officier et un maréchal des logis des hussards de la République, qui avaient fui devant l'ennemi ; ils ont été rasés, et leur uniforme et marques distinctives ont été brûlés. Les troupes ont applaudi à cette punition ; les défenseurs de la liberté n'aiment pas les lâches.

De son côté, en arrivant à Tournai, La Bourdonnaye écrit au ministre (8 novembre):

L'évacuation de Mons a entraîné celle de Tournai, les derniers postes des ennemis ayant quitté notre frontière ce matin. Nous avons cru que Tournai ne se soutiendrait pas : j'y suis entré ce soir avec la 1re division de mon armée ; la 2e, campée à Cysoing, me suivra demain, et nous nous préparons à continuer les opérations combinées. La joie des habitants de Tournai est si marquée que tout annonce que les armées françaises, combattant pour la liberté et pour la destruction des pouvoirs héréditaires, elles trouveront des alliés chez tous les peuples (1).

La victoire de Jemappes avait ainsi pour résultat de faire tomber sur tous les points le système de défense

---

(1) Le 23 novembre, les représentants d'Aoust, Delmas et Duhem écrivent, de Lille, à la Convention que les habitants de Lille ont célébré les victoires par une fête civique : « Le grand aigle en bronze doré, qui était au haut du beffroi de Tournai, qui en avait été descendu à l'arrivée des Français pour faire place au bonnet de la liberté, et que le général La Bourdonnaye avait fait arriver le matin même à Lille, a été traîné dans les principales rues de cette ville, à la suite du cortège formé par des hussards, ces braves canonniers, qui ont si heureusement dirigé leurs bombes sur les barbares, le bataillon des enfants, celui des vieillards, vos commissaires, la municipalité, les corps administratifs et judiciaires de ce district. La joie éclatait sur tous les visages..... »

des Autrichiens ; elle ne leur permettait plus de disputer aucune voie à l'invasion française. Les efforts du duc de Saxe-Teschen n'allaient plus avoir d'autre objet que de rassembler, de soustraire à la destruction les troupes qui couvraient les territoires désormais perdus ; il devait y réussir moins par le mérite de ses dispositions qu'à la faveur des circonstances qui entravèrent les mouvements ultérieurs de l'armée victorieuse.

Sans entrer dans le détail de ces opérations nouvelles, il nous reste à en indiquer les grandes lignes, de façon à mettre en lumière les conséquences de la bataille de Jemappes et à dégager les enseignements stratégiques et tactiques qu'elle comporte.

CHAPITRE V

LES SUITES DE LA BATAILLE DE JEMAPPES
CONCLUSIONS

Il y avait, pour l'armée française, un intérêt capital à compléter par une poursuite active, immédiate, les résultats de la victoire de Jemappes. Dumouriez était le premier à en apprécier l'importance. Dès qu'il eut pris possession de la ville de Mons (1), il se proposait de continuer sa marche, de façon à empêcher la concentration des Autrichiens aux environs de Bruxelles ; mais, les conditions matérielles où se trouvait l'armée lui paraissant rendre impossible ce mouvement immédiat, il crut devoir y renoncer. Voici en quels termes il exprime au ministre de la guerre (de Mons, 10 novembre) les regrets que lui causent ces retards :

J'irais beaucoup plus vite si j'avais reçu les tentes, les couvertures, les souliers et les capotes que vous m'annoncez et

---

(1) Voir lettre de Dumouriez au président de la Convention (de Mons, 9 novembre 1792) : « ..... La forme du gouvernement de la province du Hainaut, dont Mons est la capitale, a été changée spontanément et sans aucune influence. Hier, trente magistrats, choisis au scrutin par le peuple entier, se sont partagé toutes les branches du gouvernement. La tranquillité et la joie règnent dans cette ville qui lève 1000 hommes pour joindre l'armée de la République. Je fais demain un mouvement en avant ».

Le 8 novembre, Dumouriez avait publié une proclamation au peuple belge conforme à l'*Instruction pour la conduite politique,* adressée aux généraux le 30 octobre. (Voir chapitre III.)

qui n'arrivent pas. Retardé malgré moi par cette lenteur, je suis obligé de donner relâche à un ennemi que j'aurais achevé de détruire très vite, si j'avais eu tous mes moyens dans la main. J'espère cependant vous écrire sous peu de jours de Bruxelles, et c'est demain au soir que je pourrai vous mander positivement quel jour je pourrai y entrer (1).

Le 19 novembre, il renouvellera, d'une façon encore plus catégorique, ses plaintes au sujet des difficultés administratives qui contrarient, à chaque instant, ses opérations militaires :

Ma marche devait être rapide, et le seul moyen de préparer les succès que nous avons obtenus était d'assurer les approvisionnements de l'armée, de manière à ce que, quelque part que les circonstances me forçassent de la porter, soit en totalité, soit en partie, je fusse assuré de l'y faire vivre. Cependant, je n'avais alors de votre part aucune fourniture, et malgré mes demandes réitérées, les approvisionnements ne venaient point. Je ne connais point l'art de faire la guerre sans faire vivre le soldat; je regarde comme mon devoir le plus sacré de veiller à la subsistance des braves gens qui se dévouent sous mes ordres à la défense de la liberté; et j'aime mieux, en pareil cas, prendre sur moi une disposition utile au service de la République, que de laisser compromettre sa gloire et ses succès par la mauvaise volonté d'un commis, ou par l'impéritie d'un fournisseur (2).....

---

(1) Cette lettre contient ce *post-scriptum*, relatif à un incident de la bataille du 6 novembre : « Un des frères de l'Empereur, que je crois être l'archiduc Charles, a eu un pouce emporté d'un coup de feu à la bataille de Jemappes, et a dit à sa maîtresse, qu'un aide de camp a dépistée à Mons : « Ces b..... de Français sont des diables ; le feu « leur sort par la bouche et par les yeux..... l'armée est en déroute ; « tout est f..... ».

(2) Dumouriez insiste ici pour le maintien des marchés qu'il avait conclus et qui rencontraient une vive opposition de la part de l'administration de la guerre. Ces démêlés sont exposés avec beaucoup de clarté et d'impartialité par M. Arthur Chuquet. (*Jemappes et la conquête de la Belgique*, chapitre V.)

Je ne puis vous exprimer à quel point les embarras et la
pénurie que nous éprouvons, depuis le commencement de la
campagne, dans les fournitures de tous genres, font souffrir
l'armée, retardent ma marche et nuisent à nos succès. Je suis
souvent obligé de m'arrêter au moment même où les circonstances demanderaient une marche plus rapide, parce que je
n'ai pas devant moi les moyens de faire subsister l'armée ; et
j'ose répondre que, si j'avais eu plutôt les facilités que me
donnera l'exécution du plan que je propose, les ennemis
seraient déjà au delà du Rhin, et j'aurais épargné du sang et
des trésors.

Au surplus, je dois vous déclarer qu'il est impossible que
j'entreprenne rien d'important, tant que je n'aurai pas l'esprit
tranquille sur les vivres, les fourrages et le numéraire ; et
que, quelque positives que soient les différentes lettres par
lesquelles vous m'avez successivement annoncé ces fournitures, je suis si mal servi et vos ordres sont si mal exécutés
que, sans le marché fait par le commissaire Malus le 8 de ce
mois, et sans les emprunts faits, soit aux abbayes, soit à des
particuliers, je serais absolument sans farine, sans fourrages
et sans numéraire. Ce n'est sans doute là ni l'intention du
Conseil exécutif ni la vôtre ; mais, comme l'intention ne peut
pas réparer les malheurs qu'entraîne une situation aussi
désastreuse, si elle se prolongeait, j'insiste de toute ma force
pour que vous adoptiez et fassiez adopter mon plan au Conseil
exécutif, et que vous m'adressiez, sans perdre une minute,
les ordres nécessaires pour l'exécuter.

Dumouriez se trouva ainsi paralysé, après sa victoire,
par les mêmes causes qui avaient entravé son entrée en
campagne. Il donne dans ses *Mémoires* (t. III, p. 187),
quelques détails sur les objets administratifs qui s'im-
posèrent alors à ses préoccupations :

Sa position était beaucoup plus embarrassante qu'avant sa
victoire. Ses commissaires des guerres, ses administrateurs
des vivres étaient restés à Valenciennes. Il était sans vivres,
sans argent, sans moyens pour marcher en avant. D'Espagnac, homme d'esprit et fertile en ressources, vint l'y trouver.

Il avait l'entreprise des convois de l'armée. Il lui prêta cinquante mille écus, et il fit, par ordre du général, avec le commissaire ordonnateur Malus, différents marchés pour des souliers et des capotes, dont le soldat avait grand besoin dans une saison aussi rigoureuse. Des capitalistes belges firent des marchés pour assurer les vivres et les fourrages de l'armée pour deux mois. Le général fit une ordonnance pour exiger du clergé un emprunt forcé d'une année de revenu, avec promesse de faire garantir cet emprunt par la nation belgique, avec laquelle la nation française s'acquitterait par un solde de compte à la fin de la guerre.

Cet emprunt sur le clergé était pour lui une assurance de la conservation de ses biens et servait à mettre en circulation le numéraire enfoui dans les couvents. Quant aux marchés pour les vivres et les fourrages, outre qu'ils assuraient la subsistance de l'armée, et que les premières livraisons devaient mettre le général dans le cas de ne plus être arrêté dans sa marche, devant commencer sous huitaine et continuer sans interruption, il en résultait un autre avantage, c'est que les entrepreneurs, devant être payés en assignats, avaient autant d'intérêt que la France elle-même à les faire entrer en circulation.

Ces détails d'administration l'occupèrent jusqu'au 11 et l'empêchèrent de poursuivre vivement son avantage, ce qu'il eût fait s'il n'eût pas manqué de tout.....

Il vit arriver avec plaisir, à Mons, le général Miranda, qui revenait de Paris, et les maréchaux de camp Stengel et Eustace, qui étaient restés malades à Valenciennes. Il rendit au premier le commandement en second de l'avant-garde. Il donna au second, qui était Américain, le commandement du corps des flanqueurs de gauche.....

Ce fut à Mons que Dumouriez apprit l'arrivée de Valence à Givet, avec l'aile droite de l'armée des Ardennes (1). Bien qu'elles fussent assez fatiguées par les

---

(1) Valence arriva de sa personne à Givet le 3 novembre. Le surlendemain, 5, nous le voyons écrire à d'Harville : « ..... Je ne puis me

marches pénibles qu'elles venaient d'exécuter (1), ces troupes constituaient un important appoint de forces, dont Dumouriez pouvait tirer un parti d'autant plus avantageux qu'elles se trouvaient toutes placées pour menacer la ligne de retraite de l'ennemi par la vallée de la Meuse.

---

décider encore sur le parti que je prendrai parce que, l'ennemi dégarnissant Namur, je dois ne pas perdre de vue à quel point il serait important de prendre cette place ; d'ailleurs l'attaque est même un moyen de diversion si puissant qu'il vous secondera mieux qu'une marche sur Mons. Au reste, d'ici à ce que je puisse me mettre en mouvement, j'aurai le temps de recevoir de vos nouvelles et les derniers ordres du général Dumouriez. Je voudrais toujours le voir le 7 ; et si, avant cette époque je ne prends pas Charleroi, au moins je ferai croire que je veux l'attaquer..... »

(1) Voir sur cette marche les *Souvenirs de la campagne de 1792*, par James Money, ex-maréchal de camp au service de la France (traduit par P. Mérat. Paris, Corréard, 1849). L'auteur dit que les colonnes étaient encombrées de malades ; il signale la mauvaise qualité des chaussures, qui s'usaient dans les vingt-quatre heures : « C'est à peine si les semelles étaient un peu plus épaisses que le cuir supérieur ; même il y en avait un grand nombre dont les semelles étaient du cuir ordinaire tout simplement imprégné de colle, afin de présenter de la raideur au toucher ».

Après trois jours de repos à Sedan, où l'on répara un peu l'habillement, mais où il ne fut pas possible de se procurer tous les souliers nécessaires, l'armée se rendit à Rocroi. La marche s'effectua dans une boue « d'une demi-aune de profondeur », sous une pluie qui ne cessa de tomber : « La plus grande partie de nos hommes portèrent leurs souliers dans leurs mains ; les femmes marchèrent dans la boue, après avoir retroussé leur robe jusqu'à la hauteur de cette fange, et pourtant chacun allait sans le moindre murmure..... Les hommes étaient tristes et silencieux ; beaucoup d'entre eux abandonnaient leur corps pour prendre à travers champs ou suivre des petits chemins de traverse ; personne n'osait le leur défendre. En un mot, chacun cherchait, le plus promptement possible, le cantonnement qu'il devait occuper. »

A partir de Rocroi le temps s'améliora ; une partie de l'armée se dirigea sur Mariembourg, une autre sur Fumay et Givet. Money ajoute que Valence laissa cinq ou six jours de repos aux troupes sur ce dernier point. Il fait remarquer que, si l'ordre de marcher sur Charleroi avait

Mais au lieu de pousser vigoureusement dans cette direction, ce fut vers la gauche que Dumouriez porta le gros de ses forces, en quittant Mons. Il croyait que le duc de Saxe-Teschen prendrait position derrière le canal de Vilvorde, pour y soutenir une nouvelle attaque. Il prescrivit donc à Valence d'être le 13 ou le 14 novembre à Nivelles, afin de tourner la forêt de Soignies et d'inquiéter l'ennemi au passage de la Dyle (1). Lui-même partit de Mons, le 11 novembre, et marcha sur Enghien, mais il ne put atteindre cette ville que le 12 et poussa son avant-garde jusqu'à Hal. En même temps, d'Harville recevait l'ordre de venir, le 11, à Braine-le-Comte et Berneron à Hérinnes ; le premier de ces mouvements fut exécuté au jour indiqué, le second avec quarante-huit heures de retard. Quant à La Bourdonnaye, il devait marcher de Tournai sur Gand, porter ensuite son avant-garde sur Dendermonde et se trouver, le 13 novembre, à hauteur de cette ville (2).

été immédiatement donné, ce mouvement eût rendu inutile la bataille de Jemappes. Cette observation n'est pas exacte, car l'armée des Ardennes n'était pas en état de quitter Givet avant le 6 novembre, c'est-à-dire au moment même où s'engageait la bataille. Il eût fallu que Valence, se séparant de Kellermann trois jours plus tôt, atteignît Givet vers le 1er novembre pour que son action pût s'exercer dans le sens indiqué par l'auteur anglais ; il ne pouvait plus ensuite que participer à la poursuite des Autrichiens.

(1) De Givet, l'armée des Ardennes avait envoyé des partis dans la vallée de la Meuse jusqu'à faible distance de Namur. Le gros s'était avancé dans la direction de Charleroi, qu'il atteignit le 11 novembre. — Voir lettre de Valence au Ministre (12 novembre), annonçant qu'il a occupé « la ville appelée autrefois *Charles-Roi* et que le peuple nomme à présent *Charles-sur-Sambre* ». Il atteignit Nivelles le 14 novembre.

(2) Dans son *Histoire des guerres de la Révolution* (tome II, page 237), Jomini critique sévèrement la manœuvre de Dumouriez : « Calculant ainsi toujours mal sous les rapports stratégiques, au lieu de se prolonger par sa droite, il rabattait cette aile sur lui et donnait à sa gauche l'ordre inconcevable d'aller courir sur Gand, tandis que de Jemappes même on

*
* *

Pendant que Dumouriez était arrêté à Mons, les Autrichiens avaient continué leur retraite et opéré la tardive concentration ordonnée après la défaite de Jemappes. Le 8 novembre, le corps principal, aux ordres du duc de Saxe-Teschen, fut rallié à Tubize par le prince de Wurtemberg, amenant les troupes de Tournai et de Bury : l'ensemble formait une masse d'environ 25,000 hommes (6 bataillons de grenadiers, 19 bataillons d'infanterie, 18 compagnies de chasseurs, 17 compagnies de corps francs, 35 1/4 escadrons). Le détachement du colonel Knorr (1 bataillon, 3 compagnies de chasseurs, 2 escadrons) était à Nivelles, couvrant la route de Charleroi à Bruxelles.

A cette même date, le comte Latour atteignit Gand avec 4 bataillons et 2 escadrons.

Le 9 novembre, le duc de Saxe-Teschen convoqua un conseil de guerre, à Tubize, pour examiner s'il fallait tenter le sort d'une nouvelle bataille ou continuer la retraite (1). Il fut décidé que l'armée se replierait sur

---

aurait dû lui prescrire d'accourir sur Ath. Il semblait ainsi tourner toutes ses vues sur Bruxelles et le bas Escaut, sans s'inquiéter de la Meuse ni des avantages que lui assurait la configuration du théâtre de la guerre ».

L'observation de Jomini est des plus fondées. On peut toutefois faire remarquer que, les Autrichiens n'étant pas en mesure de défendre Gand, l'occupation de cette ville retardait fort peu la marche de La Bourdonnaye ; celui-ci pouvait parfaitement atteindre Dendermonde à la date indiquée et concourir à déloger l'ennemi de la position qu'il aurait occupée au nord-est de Bruxelles. La Bourdonnaye manifesta une fois de plus sa mauvaise volonté et n'arriva à Dendermonde que le 16. Heureusement la retraite de l'ennemi rendait son intervention inutile.

(1) Le capitaine de Christen développe, d'une façon très détaillée,

Bruxelles et chercherait à tenir cette ville le plus longtemps possible, sans risquer de bataille décisive et en
évitant de compromettre sa retraite sur la Meuse ; celle-
ci s'effectuerait par Louvain, puis Namur ou Liège,
suivant les circonstances. Un petit corps de troupes
devait être dirigé vers Namur, de façon à assurer les
communications avec cette ville et s'opposer aux entreprises des Français dans la vallée de la Meuse. On devait
enfin activer l'évacuation des hôpitaux, des magasins
d'artillerie et de tous les dépôts établis à Bruxelles
et à Malines.

En conséquence, l'armée autrichienne se porta, le
10 novembre, sur Hal, où elle séjourna vingt-quatre
heures. Le duc Albert de Saxe y tint, avec ses lieutenants, une nouvelle conférence à la suite de laquelle
ordre fut envoyé au comte Latour d'évacuer Gand
et de se replier jusqu'à la ligne Malines—Vilvorde—
Bruxelles. La mission d'assurer les communications avec
Namur fut confiée à un détachement de 8 bataillons
et 7 escadrons, commandé par le F. M. L. baron
Beaulieu (1) : il partit le 11 novembre pour Etterbeek,
d'où il marcha sur Louvain, le 12 ; il devait ensuite se
rabattre sur Namur.

Le 12 novembre, le corps principal se porta de Hal
sur Bruxelles ; son arrière-garde s'établit près d'Anderlecht (2) sur la rive gauche de la Senne.

Ce fut à cette même date que l'avant-garde de Dumouriez atteignit Hal ; lui-même vint la rejoindre dans la
soirée.

---

les raisons qui militaient en faveur de l'une ou de l'autre solution.
(*Mittheilungen des K. und K. Kriegs Archivs*, tome XII, pages 290 et
seq.)

(1) Ce détachement fut bientôt renforcé de 2 bataillons, 4 compagnies de chasseurs et 4 escadrons.

(2) A 4 kilomètres à l'ouest de Bruxelles.

Le 13 au matin, il donna un détachement de 200 chasseurs à pied et 50 à cheval au colonel Devaux, son aide de camp, pour avoir des nouvelles précises de l'ennemi. Deux heures après, Devaux lui manda qu'il était engagé avec l'arrière-garde des Impériaux qu'il avait trouvée à Saint-Peterslewe (1), qu'il les amusait et que, si on voulait lui envoyer du renfort, il les pousserait ; que les paysans lui avaient dit que l'armée impériale était au delà de Bruxelles, et qu'une arrière-garde de 2,000 ou 3,000 hommes était sur les hauteurs d'Anderlecht.

Le général prit 3,000 hommes de son avant-garde avec deux compagnies d'artillerie à cheval et s'avança à Saint-Peterslewe, ayant envoyé ordre au général Miranda d'amener l'armée à Hal ; il donna le même ordre au général d'Harville, ne voulant pas le porter de l'autre côté de la Senne, pour ne pas l'engager dans la forêt de Soignies. Il lui manda de lui envoyer son avant-garde, qui se joindrait au corps de ses flanqueurs de droite et au reste de son avant-garde pour la soutenir.

Arrivé à Saint-Peterslewe, il poussa facilement devant lui les troupes légères impériales ; mais, quand il fut devant Anderlecht, il se vit débordé à sa gauche par un corps plus fort que le sien, ayant 5,000 à 6,000 hommes devant lui. Ce n'était pas le cas de se faire battre à la tête d'une légère avant-garde ; il ne voulait pas non plus reculer. Il s'étendit sur un très grand front et il établit une grande canonnade à la tête du grand chemin. L'ennemi, le croyant plus fort, ne voulut pas s'engager. Enfin, sur les 3 heures après-midi, le reste de son avant-garde arriva ; alors il attaqua vigoureusement le village, qui fut emporté. Les dragons de Latour et un corps de hulans furent maltraités par sa cavalerie. Un major impérial, nommé Mahony, se distingua à cette retraite, qui coûta 500 à 600 hommes aux ennemis.

Miranda et d'Harville marchaient tous les deux sur Hal ; en y arrivant, ils apprirent que le général était engagé contre des forces supérieures et demandait du secours. Les troupes entendaient un grand feu du côté de Bruxelles ; on rapportait

----

(1) Ou Leeuw-Saint-Pierre, à 6 kilomètres au sud-ouest d'Anderlecht.

des blessés. L'armée s'inquiète, veut aller au secours de son général, de son *père*, jette sa soupe et se remet en marche en courant vers Anderlecht. C'est un des traits de ses soldats auquel Dumouriez a été le plus sensible. Il se dépêche de leur envoyer dire que l'ennemi est battu et en retraite. L'armée retourne prendre son camp à Hal, murmurant contre son général qui s'expose à l'avant-garde. Le lendemain, avant le jour, elle était en marche, et le général a le plaisir d'être bien grondé par ses soldats (1).

A la suite du combat d'Anderlecht, les Autrichiens ne cherchèrent pas à défendre Bruxelles ; la petite garnison de cette ville suivit le mouvement général de l'armée qui se retira sur Louvain. Le 14 novembre, Dumouriez fit son entrée dans Bruxelles, aux acclamations des habitants.

Il se trouva encore immobilisé pendant six jours par ces difficultés politiques, administratives et financières qui lui avaient déjà fait perdre à Mons un temps si précieux (2). Cependant, dès le 16 novembre, l'avant-garde, commandée par Stengel, occupa Malines et mit la main sur l'importante fonderie, dont les Autrichiens n'avaient pas eu le temps d'évacuer le matériel ni les

---

(1) *Mémoires* de Dumouriez (tome III, pages 191 et seq.).

(2) Au moment de l'entrée à Bruxelles, il ne restait que 14,000 francs dans la caisse de l'armée ; le prêt était arriéré de trois jours et la troupe commençait à murmurer. La conclusion des marchés de subsistances et les mesures à prendre pour faire circuler les assignats en Belgique furent les principaux sujets de discussion entre Dumouriez et les Ministres de la guerre et des finances.

Le compte rendu de la séance de la Convention du 5 décembre 1792 rapporte ces paroles de Barbaroux : « Un volontaire du bataillon des Bouches-du-Rhône nous a attesté la vérité d'une partie des faits énoncés dans la lettre de Dumouriez. Il nous a dit qu'à Bruxelles les officiers des volontaires et ceux des troupes de ligne avaient été obligés de se cotiser pour réaliser le prêt des troupes ». (*Moniteur* du 7 décembre 1792.)

approvisionnements. Le 19, Dumouriez put enfin quitter Bruxelles avec le gros de l'armée et se dirigea sur Louvain, qu'il atteignit le lendemain.

Découragé et malade, le duc de Saxe-Teschen venait de remettre (15 novembre) le commandement des troupes autrichiennes au feldzeugmeister comte Clerfayt.

Celui-ci ne disposait que d'un effectif de 18,000 hommes environ, trop faible pour barrer la route à Dumouriez ; il prit le parti de se replier lentement sur Liège, en faisant bonne contenance et sans se laisser entamer. Le 20 novembre, il campa près de Tirlemont, sur la rive gauche de la grande Geete, couvert par une forte arrière-garde établie sur les hauteurs de Cumptich.

Le 21 novembre, l'avant-garde française se heurta à cette position ; comme elle comprenait principalement de la cavalerie et de l'artillerie, la rencontre donna lieu à une longue et vive canonnade. Dumouriez se proposait de prononcer l'attaque le lendemain avec le gros de ses forces, en même temps qu'il chargeait la division d'Harville de tourner la gauche de l'ennemi (par Meldert et Hougaerde) et menaçait son flanc droit par un second détachement (dirigé sur Oplinter). Mais les Autrichiens se dérobèrent dès le matin du 22 novembre et se retirèrent sur Saint-Trond, sans être poursuivis. De là, ils continuèrent leur marche sur Liège, qu'ils atteignirent le 26.

Le passage de la Meuse fut couvert par une forte arrière-garde, établie sur les hauteurs de Waroux (au nord-ouest de Liège). Le G. M. comte Sztaray, qui la commandait, soutint avec beaucoup d'énergie l'attaque de l'avant-garde française ; il conserva ses positions toute la journée du 27, puis, à l'entrée de la nuit, passa la Meuse pour rallier le gros de l'armée (1).

---

(1) A propos de ce combat de Waroux, Dumouriez fait l'observation suivante : « Le général Sztaray, avec très peu de troupes, a déployé

Le 28 novembre, Dumouriez entra dans Liège et substitua un gouvernement démocratique à celui du prince-évêque. Cette occupation fut suivie d'un nouvel arrêt, qui devait être à peu près définitif, car les difficultés précédemment signalées au ministre étaient aggravées, depuis quelques jours, par une inquiétante diminution des effectifs. Maintenant que l'ennemi était rejeté loin de la frontière, beaucoup de volontaires refusaient de poursuivre la campagne ; ils déclaraient n'avoir pris les armes que pour défendre la patrie en danger ; et, le péril étant conjuré, ils prétendaient être libres de rentrer dans leurs foyers.

L'armée, écrit Dumouriez au ministre, diminue de jour en jour d'une manière effrayante. Je n'ai pas plus de 21,000 hommes à mes ordres. Il y a fort peu de bataillons qui s'élèvent à 300 hommes. Des compagnies sont réduites à 7 ou 8 hommes. Le décret qui a déclaré la patrie hors de danger fait croire à la plupart des volontaires qu'ils sont libres de s'en aller. Un très grand nombre est parti sans demander de congés. Parmi ceux qui me restent, la plupart, et des bataillons presque entiers, ayant fait leur déclaration il y a deux mois, demandent à partir le 1er décembre, c'est-à-dire demain, et si la Convention nationale ne prend pas une mesure très

---

une grande défensive sur un front très étendu, et il a resserré sa défensive peu à peu, sans se presser, avec beaucoup d'habileté et de sang-froid. Les mouvements des ailes des Français ont encore été lents, ce qui a rendu l'attaque du front molle et circonspecte. D'ailleurs, le général Sztaray avait des batteries de grosses pièces, très bien disposées et parfaitement servies, qui ont eu, ce jour-là, une grande supériorité sur l'artillerie française, qui n'a pas déployé sa vivacité ordinaire.

Le général Dumouriez a observé à ce combat que le soldat français compte infiniment sur la supériorité de son artillerie ; que du succès de cette arme dépend le plus ou moins de confiance et d'impétuosité des troupes, et que son courage se refroidit sensiblement s'il voit son artillerie recevoir un échec ou se rebuter. » (*Mémoires*, tome II, page 245).

prompte, je ne pourrai, aux termes du décret, en retenir aucun (1).

Après avoir évacué Liège, les Autrichiens s'étaient retirés en bon ordre sur Herve et Henri-Chapelle. Ils se maintinrent pendant une quinzaine de jours à l'extrême limite des Pays-Bas, tandis que l'armée française restait immobile à Liège et aux environs. Cette période fut marquée par de petites affaires d'avant-postes, à la suite desquelles Clerfayt se décida à passer sur la rive droite de la Roer, évacuant Aix-la-Chapelle, où le général Desforets fit son entrée le 15 décembre.

Pendant que Dumouriez refoulait ainsi les Autrichiens jusqu'à la frontière orientale des Pays-Bas, La Bourdonnaye achevait, presque sans combat, la conquête de la Flandre (2). Il entrait le 12 novembre à Gand et le 18 à Anvers ; la garnison de cette ville s'étant réfu-

---

(1) De Liège, 30 novembre.

Dans ses *Souvenirs de la campagne de* 1792, James Money signale également le mécontentement des gardes nationaux des Ardennes et de Paris après la prise de Namur : « Ce mécontentement alla même si loin que bientôt il ne se passa plus une nuit sans que 20 à 30 hommes par régiment abandonnassent leur corps pour s'en retourner chez eux ; d'autres me demandaient la permission de rentrer dans leurs foyers, permission que je ne pouvais pas leur accorder, en me donnant pour raison que la patrie n'était plus en danger et qu'il n'y avait plus de motif pour les retenir loin de leurs femmes, de leurs enfants et de leurs ménages ». (Page 162.)

Ces défections devinrent si nombreuses que la Convention dut rendre, le 13 décembre, un décret invitant, *au nom de la patrie, les volontaires nationaux à ne pas quitter leurs drapeaux*, et déterminant *les formalités* à remplir pour *obtenir des congés*. En vertu de ce décret, les volontaires déjà partis durent rejoindre leur corps dans le délai d'un mois.

(2) Les villes de la Flandre occidentale (Ypres, Furnes, Bruges) furent occupées par une petite colonne que le général Pascal de Kerenveyer avait fait partir de Dunkerque, sous les ordres du colonel Maschek.

giée dans la citadelle, il fallut entreprendre des travaux
de siège qui, au bout de quatre jours, la forcèrent à
capituler (28 novembre). Ce fut au cours de ces opérations que, faisant droit aux plaintes réitérées de Dumouriez, le Conseil exécutif prononça le rappel de La Bourdonnaye. Miranda (1) vint le remplacer dans le commandement de l'armée du Nord (26 novembre).

Quelques jours plus tard, Miranda se dirigea vers la
Gueldre autrichienne, en longeant la frontière hollan-
daise ; le 11 décembre, il occupa sans coup férir la ville
de Ruremonde, important point de passage sur la Meuse
inférieure (2).

De son côté, Valence reçut de Dumouriez, aussitôt
après l'occupation de Bruxelles, l'ordre de rétrograder
de Nivelles sur Namur, pour en assiéger le château ;
le 16 novembre, il se mit en route et, le 17, il atteignit le
Mazy (à 15 kilomètres au nord-ouest de Namur). Depuis
le 15, le corps de Beaulieu était cantonné dans la vallée
de la Méhaigne, à une quinzaine de kilomètres au nord
de Namur, couvert par des avant-postes à Leuze, Upigny,
Asche.

---

(1) Miranda (François), né à Caracas, vers 1750, avait servi dans les
troupes espagnoles et pris part à la guerre d'indépendance des Etats-
Unis. Venu en France au moment de la Révolution, il prit du service
et fut coup sur coup nommé maréchal de camp (1er septembre 1792),
puis lieutenant général (30 octobre). Après la bataille de Neerwinden,
dont la perte lui fut imputée, il fut traduit devant le tribunal révolutionnaire, mais acquitté (16 mai 1793). Incarcéré de nouveau à cause
de ses relations avec les Girondins, il fut mis en liberté après le 9 ther-
midor. Condamné à la déportation après le 18 fructidor, il se réfugia
en Angleterre, prit une part active à la révolte du Venezuela contre
l'Espagne. Vaincu et forcé de capituler, il mourut dans les prisons de
Cadix (1816).

(2) Voir lettre de Dumouriez à Pache (Liège, 29 novembre 1792) ;
il déclare qu'il ne *pourra se regarder maître de la Meuse* que lorsque
Ruremonde sera prise.

Le 18 novembre, l'avant-garde de Valence attaqua les postes autrichiens et les rejeta au delà d'Eghezée. Cet échec partiel fit craindre à Beaulieu d'être accablé par des forces très supérieures ; il prit le parti de se porter, le 19, à Huy, important point de passage sur la Meuse, à mi-distance entre Namur et Liège. Il se maintint aux environs de cette ville pendant une dizaine de jours, qui furent à peine signalés par quelques escarmouches ; à la nouvelle de l'occupation de Liège, il se mit en retraite dans la direction de Luxembourg, ralliant les détachements établis en surveillance vers la frontière française ; il atteignit Arlon le 9 décembre.

Après la petite affaire du 18, Valence s'occupa d'investir Namur, en attendant l'arrivée de son artillerie de siège. Comme la ville n'était pas susceptible de défense, le G. M. de Moitelle s'enferma dans la citadelle avec la petite garnison de 2,600 hommes placée sous ses ordres (21 novembre) (1). Couronnant un éperon de terrain qui sépare la Meuse de la Sambre, au sud de leur confluent, cette citadelle était suffisamment armée pour imposer à l'attaque l'exécution de travaux assez importants. Le 21 novembre, Valence reçut ses équipages de siège ; le 24, il fut renforcé par la division d'Harville, que Dumouriez avait détachée du gros de l'armée, après l'occupation de Tirlemont (2). Les travaux furent activement poussés, sous la direction de

---

(1) Comprenant trois bataillons d'infanterie, deux compagnies de chasseurs, 30 hussards et 99 artilleurs (d'après le capitaine de Christen).

(2) Voir lettre de Dumouriez à Pache (Tirlemont, 22 novembre 1792). Il annonce qu'il va détacher d'Harville sur Huy « pour mettre entre deux feux le général Beaulieu qui paraît se séparer de l'armée pour se diriger sur Huy ou sur Namur ». Il émet la crainte que Hohenlohe ne marche du Luxembourg sur Ciney pour rejoindre Beaulieu et secourir Namur.

l'ingénieur Gobert et du lieutenant général Bouchet, qui avait pris part au siège de la place en 1746. Enfin, les dehors ayant été enlevés et plusieurs batteries menaçant d'écraser le corps de place sous leurs feux croisés, le général Moitelle dut capituler (2 décembre 1792).

Ainsi était achevée, en un mois, la conquête des Pays-Bas autrichiens. Toutefois, l'armée ennemie avait échappé à la destruction que l'on aurait pu espérer à la suite de la bataille de Jemappes. Nous voyons, au milieu de décembre, Clerfayt et Beaulieu conserver derrière la Roer, et dans le Luxembourg, des troupes éprouvées sans doute par le feu, la maladie et la désertion, mais ne présentant aucun symptôme de désorganisation.

Un nouvel effort était donc nécessaire pour réaliser complètement la résolution prise, le 24 octobre, par le Conseil exécutif, de poursuivre la campagne jusqu'à ce que les ennemis eussent été rejetés au delà du Rhin.

On sait que Dumouriez ne crut pas son armée en mesure de tenter immédiatement cet effort ; il lui fit prendre ses quartiers d'hiver, qu'elle conserva jusqu'au milieu de février 1793.

*
* *

Les événements que nous venons d'étudier comportent des enseignements militaires que nous allons essayer de dégager. Nous attachant surtout à ceux qui ont un caractère général et permanent, nous ferons porter cet examen sur les points suivants : Conception générale du plan de campagne ; dispositions prises par Dumouriez pour l'invasion de la Belgique ; dispositions défensives des Autrichiens ; considérations tactiques sur la bataille de Jemappes ; opérations de Dumouriez après la bataille.

Conception générale du plan de campagne. — On ne peut contester la justesse de l'idée maîtresse qui inspira Dumouriez dès le début de la guerre et qu'il s'était efforcé déjà d'appliquer, d'abord pendant son ministère, puis au moment où lui échut le commandement de La Fayette. Il jugeait avantageux d'éviter, s'il était possible, une conflagration générale ; de localiser la guerre sur le théâtre des Pays-Bas où, livrée à elle-même, l'Autriche pourrait plus aisément être vaincue. Porter les armées françaises en Allemagne offrait l'inconvénient d'entraîner presque forcément la guerre avec l'Empire, éventualité dangereuse en raison des complications de tout genre qui en résulteraient (1).

Si Dumouriez échoua dans les négociations qu'il entreprit pour isoler l'Autriche, le but qu'il s'était proposé n'en était pas moins conforme aux véritables intérêts de la France et de la Révolution ; le plan de guerre adopté doit être considéré comme la conséquence rationnelle de cette action diplomatique. Du moment que l'Autriche apparaissait comme l'âme de la coalition, c'était contre elle qu'il fallait diriger l'effort principal des armées françaises ; les Pays-Bas étaient le point sur lequel il était le plus facile de l'atteindre et de lui porter un coup décisif. La pensée de Dumouriez à cet égard

---

(1) Les conséquences d'une guerre avec l'Empire ne doivent pas s'évaluer en envisageant seulement la valeur militaire des contingents fournis par les petits États allemands : ces troupes étaient trop faibles pour peser beaucoup dans la balance des forces en présence. Le danger d'une rupture avec l'Empire résidait surtout dans ses conséquences politiques et diplomatiques, dans les difficultés qui en résulteraient pour le rétablissement de la paix. On le vit en 1798, quand le congrès de Rastadt aborda les délicates questions que Bonaparte avait réservées à Campo-Formio pour obtenir la signature de l'Autriche. La porte se trouva ouverte à de longues discussions qui, sous l'influence des événements d'Orient et d'Italie, aboutirent à une nouvelle conflagration presque générale.

est très nettement exprimée dans une lettre adressée au ministre de la guerre quatre jours après la victoire de Jemappes (1) :

..... Je suis très opposé à toute guerre offensive et extérieure, surtout à toute guerre qui nous porte au delà, de nos limites naturelles, c'est-à-dire du côté du midi, les Pyrénées et les Alpes, du côté de l'est et du nord-est, le Rhin. Je serais même opposé à l'invasion des Pays-Bas, si je ne voyais dans la liberté de nos voisins une barrière plus solide que celle des places fortes, et beaucoup moins dispendieuse.....

Tous les despotes sont bien positivement nos ennemis, mais il n'y en a qu'un de très dangereux, c'est le chef de la maison d'Autriche. Sa haine contre nous est personnelle : elle est fondée sur la perte immense que lui occasionne notre liberté; sur son amour-propre outragé dans la personne d'Antoinette; enfin, sur ce que le contact de ses États avec notre territoire ne laisse à son ambition et à son avarice que le choix de nous asservir comme par le passé, ou de perdre ses plus belles possessions ou le plus beau fleuron de sa couronne en perdant la Belgique.

Par conséquent, c'est lui qui a excité contre nous la conjuration des rois; c'est lui qui la soutient par le prestige de sa politique contre leurs propres intérêts; c'est donc la maison d'Autriche que nous devons écraser dans cette guerre, sans quoi notre liberté est perdue.....

Si nous nous enfonçons dans l'Allemagne, si nous nous jetons au delà du Rhin, nous ne savons plus ni où nous irons, ni comment nous en reviendrons. Notre guerre devient aventurière, ruineuse en hommes et en argent; elle se prolonge nécessairement, et elle force à continuer à se tenir alliées à l'Autriche, pour leur propre intérêt, pour leur propre sûreté, pour leur propre vengeance, les puissances germaniques que, d'après mon plan, il est essentiel de ménager, en faisant tomber sur l'Autriche seule tout le poids de la guerre (2).

---

(1) De Mons, 10 novembre 1792.
(2) Dumouriez dit plus loin : « .....J'espère que nous aurons une

En même temps qu'elle s'annonçait féconde en grands résultats, l'invasion des Pays-Bas paraissait devoir être favorisée par un ensemble de circonstances au premier rang desquelles Dumouriez plaçait l'hostililé de la population contre l'Autriche. L'événement fut loin de justifier ses espérances. Sans doute, la révolution récemment avortée avait laissé dans ces provinces beaucoup de mécontents, mais il ne s'ensuivait pas que ceux-ci fussent disposés à appuyer activement les armées françaises. Les éléments les plus hostiles à l'Autriche s'étaient groupés dans ces bataillons belges et liégeois qui firent souvent bonne figure dans les combats d'avant-garde (1). Quant aux déserteurs des régiments wallons, ils cherchèrent surtout à profiter des avantages pécuniaires établis en leur faveur et ne procurèrent pas un sérieux appoint de forces (2). En définitive, les appels de Dumouriez et des comités de réfugiés ne réussirent pas à sou-

---

paix prompte, à moins que nous ne fassions la folie de faire des pointes au delà des Pyrénées, au delà des Alpes et au delà du Rhin ». Il condamnait formellement l'éparpillement des efforts ; il blâmait surtout l'expédition de Custine sur la rive droite du Rhin, expédition qui, après un succès de surprise, devait avoir une issue malheureuse. Le 16 novembre, Pache répondit à Dumouriez : « Je pense comme vous, que l'Autriche est, par excellence, l'ennemi qu'il faut écraser, et je ne suis point d'avis qu'en nous portant au delà des bornes naturelles nous fassions la double faute de nous affaiblir et de nous susciter des ennemis ».

(1) Voir les *Souvenirs militaires du général baron Lahure* (Paris, A. Lahure, 1895). L'auteur, natif des Pays-Bas, fit la campagne de 1792 comme capitaine à la légion belge ; il poursuivit sa carrière au service de la France et devint lieutenant général en 1818.

(2) Il a déjà été question des abus auxquels donnaient lieu ces dispositions (lettre des représentants de Bellegarde et Delmas à la Convention, 8 novembre ; et lettre de La Bourdonnaye au ministre, 10 novembre). L'*Argus du département du Nord* signale, le 15 novembre, l'affluence des déserteurs, affluence qu'il exagère beaucoup, puisqu'il l'estime à 10,000 hommes, « tant Autrichiens que Prussiens ». Il se

lever la population, qui demeura spectatrice inactive de
la lutte entre les deux armées et se contenta de manifester, après nos victoires, un enthousiasme bruyant
mais éphémère. Encore ces acclamations étaient-elles
loin de traduire un sentiment unanime ; les partisans de
la France ne formaient de groupes importants que dans
certaines villes ; et, si l'on considère l'ensemble du pays,
on doit tenir pour très exacte cette appréciation for-
mulée par un écrivain militaire, qu'un long séjour dans
les Pays-Bas mit en situation de bien connaître l'esprit
des habitants :

Le principal mobile qui dirigeait les premières opérations
de cette campagne était l'espérance que les Belges nous ap-
puieraient, sinon par une insurrection générale, du moins en
nous procurant de nombreuses intelligences dans leur pays.
Cette espérance était la chimère de Dumouriez. Il l'a poussée
aussi loin qu'elle ait pu aller, jusqu'à l'instant où il a quitté
le commandement de nos troupes. Elle avait motivé ses expéditions sur Mons et Tournai ; et ni leur funeste issue, ni l'in-
différence qu'à quelques faibles exceptions près tous les
Belges témoignaient à notre approche, ne purent faire ouvrir
les yeux sur la fausseté de ce système, qui n'avait d'autre
fondement que des rapports exagérés sur le mécontentement
qui régnait dans le pays. On ne fit pas assez d'attention à la
diversité de leurs opinions : elle était cependant trop mar-

---

plaint des *frais injustes* et *onéreux* qu'entraîne pour la nation le paye-
ment des gratifications et pensions promises aux déserteurs.

Le 17, il publie une lettre dont l'auteur signale d'autres inconvénients : « Il est un autre abus, qui est au moins aussi intolérable ; c'est
que ces brigands, pour la plupart, après avoir reçu leur gratification et
s'être enrôlés dans nos troupes, retournent prendre leurs anciens fers,
après avoir été revêtus de l'uniforme de la République. Il en existe
encore un autre : c'est que ceux qui ne s'engagent pas viennent toucher leurs 50 livres à Valenciennes, s'en vont à Lille en toucher encore
autant, ensuite à Douai ou ailleurs, et continuent de cette manière
jusqu'à ce qu'ils trouvent l'occasion de s'échapper ».

quée pour que l'on pût raisonnablement espérer de trouver les esprits disposés à se déclarer en notre faveur.

J'ai été à portée de me convaincre, pendant trois ans que j'ai fait la guerre dans la Belgique, que les données, qui nous ont été présentées sur les habitants du pays, étaient aussi fausses que celles que les émigrés fournissaient dans le même temps aux Prussiens, sur les dispositions des Français, pour les encourager à faire leur expédition sur la Champagne. Dans la vérité, nos succès les plus réels dans tout le pays ne commencent à dater que de l'époque où, sans nous reposer avec trop de confiance sur l'amitié prétendue des Belges, nous nous sommes déterminés à faire la guerre, dans cette contrée, d'après les règles ordinaires (1).

Dans l'établissement du plan d'invasion, l'erreur commise par Dumouriez entraîna certaines dispositions qui n'eussent pas été sans danger si le duc de Saxe-Teschen eût adopté un meilleur système de défense.

Ce fut surtout quand il s'agit d'occuper et d'organiser le pays, que la déception fut sensible; on se heurta, dès lors, à des difficultés de tout genre, à des résistances inattendues qui contribuèrent certainement à l'insuccès de la campagne suivante (2).

Dispositions prises par Dumouriez pour l'invasion de la Belgique. — On a vu quelle était la situation des

---

(1) *Campagnes des Français pendant la Révolution* (tome I, page 18), par A. Liger. L'auteur formule ces appréciations à propos de la première tentative d'invasion faite au mois de mai. L'état des esprits ne paraît pas s'être modifié entre cette époque et le mois de novembre.

(2) A ce propos, il y a lieu de faire observer que les guerres de la Révolution et de l'Empire offrent maint exemple de semblable erreur. On voit presque toujours échouer les projets d'opérations militaires pour lesquelles avait été escompté le concours de populations que la communauté de sentiments ou d'intérêts semblait devoir inféoder à la cause française. Qu'il s'agisse des Bataves, des Irlandais, des patriotes suisses, cisalpins ou romains, les résultats furent également peu satisfaisants.

armées françaises, au moment où le Conseil exécutif provisoire décida de porter la guerre en Belgique, pendant que Kellermann et Valence harcèleraient les arrière-gardes prussiennes jusqu'à leur sortie du territoire (1). Dumouriez était alors en mesure, comme le fait remarquer Jomini, de descendre la vallée de la Meuse avec 40,000 hommes, de façon à menacer les communications du duc de Saxe-Teschen avec l'Allemagne. Cette manœuvre eût permis à Dumouriez de rappeler aisément à lui la division d'armée qui, sous les ordres de Valence, appuyait le mouvement de Kellermann ; elle eût empêché ou retardé beaucoup la jonction de Clerfayt avec les troupes autrichiennes établies dans le bassin de l'Escault.

Nous avons montré que l'avantage de cette manœuvre n'avait pas échappé à Dumouriez (2), qui paraît y avoir renoncé devant le danger que le siège de Lille faisait courir à notre frontière du Nord.

A ce propos, il y a lieu de remarquer que les Pays-Bas constituaient pour l'armée autrichienne une véritable base d'opérations, lui permettant d'assurer ses ravitaillements et ses évacuations, alors même que ses

---

(1) Nous ne prétendons pas discuter ici les considérations, politiques autant que militaires, qui inspirèrent les négociations entamées avec le roi de Prusse au lendemain de Valmy. Au point de vue qui nous occupe, nous n'avons qu'à envisager la situation telle qu'elle résultait de la décision prise par le Conseil exécutif, et à examiner les dispositions arrêtées à la suite de cette décision.

(2) A l'appui de cette observation nous avons cité une lettre de Servan au commissaire Petiet (de Paris, 5 octobre). On peut encore rappeler qu'à la fin d'août, Dumouriez avait eu le projet de partir de Sedan pour entrer dans les Pays-Bas ; les nouvelles de la prise de Longwy et de l'investissement de Verdun l'obligèrent alors à se diriger vers l'Argonne et à abandonner un plan de campagne, susceptible de produire de grands résultats si l'invasion de Brunswick eût été moins menaçante.

communications avec l'Allemagne eussent été interrom-
pues pendant quelque temps. Dès lors, il est improbable
qu'une action dans la vallée de la Meuse eût déterminé
le duc de Saxe-Teschen à abandonner sa tentative
contre Lille. D'ailleurs, cette ville ne risquait-elle pas
de succomber avant que l'armée française fût en mesure
de déboucher de Givet (1) sur Namur? Devait-on, après
l'exemple si récent des capitulations de Longwy et de
Verdun, courir la chance d'un semblable événement,
dont les conséquences auraient pu être irrémédiables ?

Lorsque l'héroïque résistance de Lille eut forcé les
Autrichiens à la retraite, il n'était plus temps pour
modifier le mouvement ordonné et préparé au moment
où le péril semblait imminent.

Il restait possible cependant d'assurer aux opérations
projetées quelques-uns des avantages qu'eût offerts une
action immédiate dans la vallée de la Meuse. Dès le
20 octobre, Dumouriez disposait d'une masse de 50,000
hommes, occupant, de Valenciennes à Maubeuge, un
front de 35 kilomètres ; en la faisant agir par la droite
dans la direction de Binche, il eût rompu le frêle cordon
des troupes autrichiennes et les eût ensuite accablées,
en détail, avec le double avantage du nombre et de la
situation stratégique (2). Cette manœuvre devait être

---

(1) Ce fut le 19 octobre que Beurnonville atteignit le Quesnoy, à la
tête des troupes qu'il conduisait de l'Argonne dans le Nord. Il les eût
amenées à Givet dès le 15 ; mais on doit évaluer à huit jours au moins
le délai indispensable pour les mettre en état d'entreprendre une campagne offensive. L'action de l'armée française ne pouvait donc se faire
sentir dans la vallée de la Meuse que vers le 25 octobre.

(2) Voir *Histoire des guerres de la Révolution*, par Jomini (tome II,
page 228, etc.) : « Il est un principe essentiel dont il ne faut jamais
s'écarter à la guerre ; c'est de marcher au point stratégique décisif
avant de combattre et de n'engager l'affaire que quand on est parvenu
à s'en rendre maître : or c'était par la route qui conduit de Binche et
de Charleroi à Mons que les Français, venant de la Champagne ou de

favorisée en portant l'armée du Nord vers Condé, d'où elle eût menacé également Mons et Tournai ; le cas échéant, elle eût maintenu l'ennemi pendant l'exécution du mouvement sur Binche. Cette manœuvre présentait en outre l'avantage de faciliter la liaison avec Valence qui avait reçu l'ordre de ramener sa division d'armée sur la Meuse, une fois qu'elle ne serait plus indispensable pour appuyer Kellermann.

Au lieu de concentrer ainsi ses efforts, Dumouriez crut devoir multiplier les points d'invasion, afin de favoriser cette insurrection, dont il escomptait le concours : il passa outre aux très sages objections que lui soumit l'adjudant général Vergnes, dans la conférence tenue à Valenciennes le 20 octobre. D'autre part, il méconnut l'intérêt majeur qu'il avait à manœuvrer par sa droite ; ce fut vers la gauche, jusqu'à la Lys, qu'il étendit la zone de son action : cette dispersion des efforts fut encore aggravée par les dispositions de La Bourdonnaye, toujours hanté de ses projets de conquête de la Flandre.

Dumouriez dut bientôt apporter une première modification à son plan ; il se décida à entamer le mouvement

---

Maubeuge, devaient attaquer le duc Albert, et Dumouriez ne s'en aperçut pas..... Dès qu'on devait agir par la droite, d'abord sur Charleroi et Binche, et ensuite sur Nivelles ou Namur, la position de La Bourdonnaye était vicieuse, et le détachement de Berneron une faute plus grande encore. Pourquoi employer ainsi 24,000 hommes devant 10,000 Autrichiens, qui eussent été perdus, en les laissant paisiblement où ils étaient? Ces deux divisions devaient être dirigées par Valenciennes ou par Ath sur Mons et le gros de l'armée par Charleroi, sur Nivelles ou Rœulx, suivant le parti que l'ennemi eût adopté : si le duc fût resté dans son camp de Mons, on serait arrivé sur lui, la droite à l'Haine vers Havré, la gauche à la route de Chimay vers Spiennes, faisant occuper le passage de Nimy par une forte division de l'avant-garde ; s'il décampait, on le prévenait par Nivelles et Braine-la-Leud sur Bruxelles, ou encore par Wavre sur Jodoigne. Quelque route qu'il prît, il fallait qu'il se fît jour pour rejoindre la Meuse, ou qu'il capitulât..... »

d'invasion sans attendre l'entrée en ligne de Valence, dont Kellermann ne voulut pas se séparer avant l'occupation de Longwy (1). Il rapprocha donc de sa masse principale le corps de d'Harville, qui devait marcher sur Charleroi et se lier à Valence ; il lui assigna Binche pour nouvel objectif. Ce petit corps pouvait ainsi concourir plus efficacement à une action contre Mons, où les Autrichiens semblaient devoir concentrer leur défense.

Mais, au même moment, Dumouriez constituait, sous les ordres de Berneron, un détachement de 8,000 hommes qui, partant de Condé, devait agir intermédiairement entre l'armée du Nord et l'armée principale. Celle-ci se trouvait sensiblement affaiblie, en vue d'un résultat médiocre et mal défini. La petite garnison de Condé, renforcée par quelques escadrons de cavalerie, suffisait pour inquiéter les communications des Autrichiens entre Mons et Tournai. Quant à la liaison entre les opérations

---

(1) Il était légitime que Kellermann voulût être en mesure de faire face à tout événement et conservât à sa disposition le corps de Valence jusqu'à la capitulation de Longwy. Mais il n'était pas nécessaire que ce corps fût poussé jusqu'à cette ville. Il eût été préférable de le laisser en seconde ligne, entre Longuyon et Marville, prêt à marcher sur Givet, dès que sa présence ne serait plus nécessaire. On eût ainsi diminué la distance à parcourir et surtout épargné aux troupes des marches fatigantes, qui rendirent un repos indispensable. Dans ses *Souvenirs de la campagne de 1792*, le général James Money fait ressortir les conséquences fâcheuses de ce retard : « Le 20 octobre, l'armée de Valence marcha vers le Petit-Sivry, village situé à une bonne demi-lieue sur la gauche de Longwy, tandis que le général Kellermann prenait position sur la droite de cette ville..... Nous restâmes cinq jours à Petit-Sivry, sans que personne en pût deviner le motif, ce qui ne laissa pas que de mécontenter beaucoup de monde. En effet, nous perdîmes là un temps précieux : nous aurions donc pu arriver cinq jours plus tôt aux frontières du Brabant. Depuis que la reddition de Longwy avait eu lieu, il n'y avait plus rien qui pût nous retenir. L'armée de Kellermann était déjà plus nombreuse que celle des Prussiens, et les Autrichiens s'étaient retirés bien loin de nos frontières ». (Page 106 et seq.)

des deux armées, le détachement de Berneron n'était pas en mesure de l'assurer efficacement. Le seul moyen d'y parvenir eût été de ne pas tolérer les visées indépendantes de La Bourdonnaye et de le faire agir au sud de Tournai, au lieu d'étendre son champ d'action jusqu'à la Lys et à Courtrai.

Au dernier moment, apprenant que Clerfayt était sur le point de rallier le duc de Saxe-Teschen, Dumouriez chercha à compenser la réduction d'effectif que son armée avait subie par la constitution du détachement de Berneron. Il appela le corps de d'Harville à Bavay, afin de lier étroitement ses opérations à celles de la masse principale; il renonçait, dès lors, à agir par Binche contre le flanc et les derrières des Autrichiens.

Dispositions défensives des Autrichiens. — L'infériorité numérique des troupes autrichiennes, le mauvais état des rares places fortes qui subsistaient dans les Pays-Bas, les menaces d'insurrection populaire, toutes ces circonstances rendaient difficile la tâche du duc de Saxe-Teschen. Après son échec devant Lille, il ne pouvait plus songer à tenter une nouvelle offensive contre le territoire français. Il eut pendant quelques jours l'espérance d'une interruption des hostilités, qui eût permis à son armée d'attendre des renforts pour une nouvelle campagne. Mais, dès le 20 octobre, il dut reconnaître que les Pays-Bas étaient, à leur tour, menacés d'une invasion prochaine. Nous avons indiqué les dispositions défensives qu'il prit alors; nous nous bornerons à rappeler les termes dans lesquels Jomini les apprécie (1) :

Passant à l'examen de la conduite des Autrichiens, on voit qu'ils suivirent leur fameux système de cordon. Il est inconcevable qu'une armée aussi faible ait détaché encore la moitié de ses forces. Croyait-elle donc tout couvrir?...

---

(1) *Histoire des guerres de la Révolution* (tome II, page 233).

Le seul parti à prendre pour concilier la tâche imposée au duc Albert, avec sa faiblesse et la situation bizarre de sa ligne de retraite, était d'occuper Charleroi avec les deux tiers de ses forces, et de faire du reste un corps volant pour couvrir Mons et Bruxelles, abandonnant la West-Flandre aux incursions des Français et à la surveillance de quelques partisans. Le rassemblement de toute l'armée impériale à Binche, avec des flanqueurs à Charleroi et Mons, eût peut-être rempli le même but. Cependant Valence, en débouchant sur Namur, eût été plus dangereux pour cette armée postée à Binche que si elle eût été campée à Charleroi ; car, de ce dernier point, elle se fût trouvée en mesure d'arriver sur lui en une seule marche, et de s'en débarrasser pour rétablir sa communication.

La résolution du duc Albert d'attendre l'ennemi dans ses retranchements avec des forces aussi inférieures était une faute qui lui eût coûté cher si Dumouriez avait su profiter de sa supériorité. Le prince, voulant remettre le sort des Pays-Bas à une bataille, aurait dû réunir ses forces par un mouvement dérobé et attaquer les Français avec 30,000 hommes (1) par Frameries, sur leur extrême droite, pendant que 4,000 à 5,000 hommes, faisant feu des redoutes, eussent contenu tout le front ; alors il aurait vraisemblablement gagné la bataille. Supposé même qu'il l'eût perdue, il n'aurait jamais couru autant de risques qu'en demeurant immobile dans sa position, car il se fût retiré par Charleroi sur sa communication directe, ce qui lui était impossible dès qu'il laissait prendre l'initiative à l'ennemi.

Considérations tactiques sur la bataille de Jemappes. — En raison de la configuration du terrain et des importants travaux exécutés, la position occupée par les Autrichiens opposait de sérieuses difficultés à une attaque de front. Il importait donc d'appuyer celle-ci par une action contre les flancs, action susceptible de produire

---

(1) « Je comprends naturellement dans ce nombre le corps stationné à Tournai et les détachements moins considérables. » (*Note de Jomini.*)

des résultats d'autant plus décisifs que l'ennemi, garnissant une ligne trop étendue pour son effectif, n'avait pour ainsi dire aucune réserve. L'aile droite autrichienne étant appuyée à la vallée marécageuse de l'Haine (1), c'était la gauche qu'il y avait lieu de déborder, de façon à prendre pied sur le mont Panisel et à couper la ligne de retraite des ennemis.

Effectivement, dès le 5 novembre, Dumouriez donna l'ordre à d'Harville d'aller se poster sur les hauteurs en avant de Ciply, d'où il n'avait guère plus d'une lieue à parcourir, presque sans combat, pour atteindre le mont Panisel.

On a vu comment d'Harville, perdant de vue son véritable objectif, s'immobilisa devant quelques troupes autrichiennes établies sur les hauteurs de Bertaimont, perdit ainsi un temps précieux et ne fut plus en mesure de menacer la retraite de l'ennemi (2).

La bataille de Jemappes se réduisit ainsi à une attaque

---

(1) Cette vallée présentait cependant des couverts qui favorisaient la marche de petites fractions d'infanterie. C'est ainsi que le village de Jemappes fut pris à revers par des compagnies françaises qui, avec le concours des habitants, avaient franchi l'Haine. Mais le terrain ne se prêtait pas au développement d'une attaque importante.

(2) Dans ses *Mémoires*, Dumouriez critique sévèrement l'erreur de d'Harville. « Cependant, fait observer Jomini, les instructions qu'il lui donna n'étaient point en harmonie avec le but qu'il devait atteindre, car elles lui prescrivaient de se tenir à la hauteur de l'aile droite de Beurnonville. En voulant suivre littéralement cet ordre, Harville donna de front sur le corps de Beaulieu, qui même le déborda : s'il eût voulu gagner l'extrême gauche de ce corps, il n'aurait plus été à la hauteur de Beurnonville ; ainsi un point essentiel de l'instruction était en contradiction avec l'autre et en détruisait l'effet. Sans doute un général plus consommé qu'Harville se fût attaché à gagner l'extrême gauche de Beaulieu, en se prolongeant à droite ; mais cela ne disculpe pas le général en chef d'avoir fait un simple accessoire de l'objet principal. » (Page 231.)

de front, préparée par une violente canonnade et exécutée avec la plus grande énergie.

Malgré une énorme consommation, qu'on peut évaluer à deux cents coups par pièce (1), ce tir de l'artillerie ne paraît pas avoir produit un grand effet matériel contre les redoutes et les troupes qui les garnissaient; en dehors de son action morale, son meilleur résultat fut de balayer le terrain ondulé qui s'étendait en arrière des retranchements, de gêner la position et les mouvements des réserves ennemies.

---

(1) Voir la lettre adressée au ministre de la guerre par le général d'Hangest, commandant l'artillerie de l'armée (de Liège, 22 décembre 1792) : « D'après l'ordre que le général Dumouriez vient de me donner d'approvisionner toutes les bouches à feu de l'armée à 1000 coups par pièce, il me serait bien difficile de l'exécuter si vous n'aviez la bonté d'ordonner dans les places frontières qu'on fasse construire toutes ces cartouches.....

« Il est certain qu'eu égard à l'usage qu'on fait aujourd'hui de l'artillerie, il faut en augmenter prodigieusement l'approvisionnement. L'expérience de cette campagne a fait connaître qu'il n'y a pas eu de canonnade d'avant-garde où il n'ait été tiré 100 et 150 coups par pièce, et plus par l'artillerie légère, que m'étant trouvé plusieurs fois au moment de manquer de munitions, je ne peux plus courir ces mêmes risques, ni ne pas avoir de dépôts sur les derrières de l'armée, ainsi que le prescrit l'article 135 du règlement du 1er avril 1792. » D'Hangest fait observer qu'il *faudrait un caisson de plus à la suite de chaque pièce*. Tout au moins, par mesure d'économie, demande-t-il qu'on attribue un caisson supplémentaire à chaque pièce de 12, et un pour deux pièces en ce qui concerne les calibres de 8 et de 4 et les obusiers. L'approvisionnement serait ainsi :

Pour les canons de 12	281 coups.
Pour les canons de 8.....................	245 —
Pour les canons de 4.....................	243 —
Pour les obusiers........................	186 —

« Cette augmentation restant en réserve au parc, on s'en servirait le jour d'une action pour alimenter les pièces qui consommeraient le plus, ce qui m'a été impossible d'avoir cette campagne par l'indispensable nécessité que les 200 coups suivissent leur pièce. »

Si incomplète qu'ait été cette préparation par le feu
de l'artillerie, elle ébranla la défense dans une mesure
suffisante pour permettre à l'infanterie d'exécuter son
attaque, à l'arme blanche, presque sans tirer un coup de
fusil. Ce fut une véritable poussée en avant, dont les
principaux éléments de succès furent l'énergique impul-
sion des chefs, l'enthousiasme des troupes, le courage et
l'émulation qui animaient toute l'armée. Il convient
d'ajouter que, faute de réserves, les Autrichiens n'étaient
pas en mesure de profiter des passagères défaillances
qui se produisirent sur certains points et furent promptement réparées (1). Les différentes lignes de la défense
furent ainsi enlevées successivement, avec un élan que ne
ralentirent ni les obstacles matériels, ni les pertes subies.

Toutefois, à la suite de cette série d'efforts, nos
troupes se trouvaient trop éprouvées pour qu'on pût
leur demander de compléter la victoire par une énergique poursuite de l'ennemi. Cette tâche incombait
naturellement à d'Harville, dont la division avait à peine
combattu ; il pouvait encore se porter, avec décision et
rapidité, contre le mont Panisel et réparer dans une
certaine mesure les conséquences des fâcheuses dispositions prises le matin. Ce mouvement fut marqué par
des hésitations, des lenteurs, qui laissèrent aux Autrichiens le temps d'évacuer Mons et de franchir l'Haine.

---

(1) Voir les *Mémoires* de Dumouriez (tome II, page 179) : « Le succès
de cette bataille est dû principalement : 1° au colonel Thouvenot, qui
a déterminé et conduit l'attaque de gauche ; 2° à la valeur brillante
avec laquelle le général de Chartres, tout jeune encore, a rallié la
cavalerie, l'infanterie et la cavalerie du centre gauche, attaqué et
emporté les positions de l'ennemi par l'endroit le plus formidable ; 3° à
l'impétuosité de l'attaque des redoutes de la droite par le général en
chef ; 4° au valet de chambre du général, Baptiste Renard, qui, par une
présence d'esprit et un courage étonnant, répara la faute du général
Drouet et rallia la brigade de ce dernier, et la cavalerie qu'un moment
d'hésitation avait arrêtée. »

Faute de cette intervention suprême, la bataille de Jemappes n'eut pas les résultats matériels que permettaient d'espérer la supériorité numérique de nos troupes et les conditions désavantageuses de la position ennemie au point de vue d'une retraite.

Opérations de Dumouriez après la bataille. — Au lendemain même de Jemappes, il restait possible d'atteindre les Autrichiens qui, ce jour-là, campèrent à moins de 20 kilomètres de Mons. Si l'armée avait besoin de repos et si maintes difficultés administratives entravaient son mouvement, Dumouriez aurait pu détacher, pour suivre l'ennemi, les troupes presque fraîches de d'Harville, en les renforçant de quelques éléments pris parmi ceux qui avaient été le moins engagés devant Jemappes.

Les conditions devinrent beaucoup moins avantageuses quand le duc de Saxe-Teschen eut été rallié par le prince de Wurtemberg (le soir du 8 novembre, à Tubize) ; il se trouvait, dès lors, à la tête d'une masse de 25,000 hommes, difficile à entamer.

Une nouvelle occasion s'offrit encore à Dumouriez, au moment où il quitta Mons. Les Autrichiens s'étaient, eux aussi, arrêtés à Bruxelles, pour assurer la retraite des détachements et l'évacuation du matériel existant dans diverses places des Pays-Bas. Les 20,000 hommes que Valence lui amenait, permettaient à Dumouriez d'étendre ses opérations vers la droite, de marcher sur Nivelles et Wavre, manœuvre qui eût probablement déterminé l'évacuation de Bruxelles, sans combat, et lui eût permis, en tout cas, d'atteindre l'ennemi sur sa ligne de retraite. On a vu que Dumouriez orienta son mouvement du côté opposé, comme pour lier ses opérations à celles de La Bourdonnaye ; le combat d'Anderlecht ne fut qu'une affaire d'avant-garde, engagée avec des forces insuffisantes qui, malgré leur énergique offensive, ne purent empêcher l'ennemi d'effectuer sa retraite en bon ordre.

Dans la dernière période de la campagne, les circonstances devinrent de moins en moins favorables pour l'armée française. Les difficultés administratives s'augmentaient au fur et à mesure de l'allongement de la ligne d'opérations ; les véritables sentiments de la population belge commençaient à se manifester, surtout à la suite de mesures imprudentes d'ordre politique ou financier ; enfin, la défection de nombreux volontaires affaiblissait et désorganisait les corps de la façon la plus inquiétante. En arrivant à Liège, Dumouriez jugea la situation trop grave pour tenter un nouvel effort qui eût rejeté les Autrichiens au delà du Rhin (1). Peut-être une audacieuse offensive eût-elle été couronnée de succès ; mais elle comportait des risques auxquels Dumouriez ne crut pas devoir exposer son armée (2). Dès lors qu'il avait laissé échapper les précédentes occasions, beaucoup plus favorables, il n'était guère en mesure de faire aboutir, à travers des circonstances si critiques, une

---

(1) Jomini estime que Dumouriez n'avait *plus qu'un pas à faire*, une *simple démonstration à tenter sur la gauche des Impériaux*, pour les rejeter au delà du Rhin (tome II, page 258). Belliard admet également qu'après la prise de Liège, on aurait pu continuer à marcher sur le Rhin et rejeter les Impériaux au delà de ce fleuve.

(2) A une lettre de Pache, qui le pressait de poursuivre sa campagne, Dumouriez répondit (8 décembre 1792) :

« .....Non, Citoyen Ministre, je ne me chargerai jamais de l'exécution d'un plan aussi funeste pour la République ; je me regarderais comme très coupable si je balançais à vous en tracer les dangers, ou si j'acceptais une pareille mission.....

« .....Je vous déclare que les troupes ont tant souffert qu'elles sont entièrement découragées, que leur misère a rompu toute idée de discipline ; qu'il est très prouvé que le seul motif du manque de subsistance et de la désorganisation de toute la partie de l'administration ne me permettent pas même de rester sous la tente. Il est absolument nécessaire de cantonner sur-le-champ cette armée, sinon elle n'existera plus dans quinze jours..... »

résolution dont une absolue confiance pouvait seule déterminer l'heureuse issue.

*
* *

Nous venons de passer en revue les principales observations d'ordre militaire, auxquelles ont donné lieu la campagne de Dumouriez dans les Pays-Bas et spécialement la bataille de Jemappes. Pour l'une et l'autre, les critiques ont pu relever des erreurs que souligne la comparaison avec d'autres campagnes de la Révolution et de l'Empire ; ils ont fait ressortir, non sans justesse, les résultats fâcheux que mainte disposition du commandement aurait entraînés en présence d'un adversaire plus habile et de circonstances moins favorables.

Il importe cependant de ne point se méprendre sur la portée de ces observations, ni perdre de vue le véritable caractère et les conséquences profondes des événements.

C'est à bon droit que la victoire de Jemappes produisit dans toute l'Europe une impression extraordinaire : en France, unanime enthousiasme et confiance absolue pour les luttes prochaines (1) ; à l'étranger, surprise, déception amère et même quelque découragement chez

---

(1) Les documents de l'époque fournissent de nombreux témoignages de cet enthousiasme. Une de ses curieuses manifestations nous est fournie par le ministre des affaires étrangères, Lebrun, qui donna à sa fille, née le 11 novembre, les prénoms de *Civilis, Victoire, Gemappe, Dumourier* (*sic*). (Voir *Moniteur* du 13 novembre.)

Marat donna seul une note discordante, que signale le même journal : « Dans son numéro du 12, Marat attribue l'affaire de Mons à une nouvelle trahison de Dumouriez, et surtout à l'intention d'exterminer les bataillons patriotes parisiens, dont il n'a pu se défaire lors du massacre des quatre prétendus déserteurs prussiens ».

ceux qui présageaient naguère, avec le plus d'assurance, le succès facile de la coalition (1).

Elle marquait l'avènement d'un nouveau système de guerre, nouveau moins par les formes que par l'esprit qui allait désormais l'inspirer. La lutte entre la France et l'Europe va, d'une façon de plus en plus nette, se dégager des tendances, des errements traditionnels qui dominaient l'art militaire du XVIIIe siècle. Grâce à cette transformation morale, en même temps que par le développement de certains progrès matériels, on verra les méthodes nouvelles surgir, se confirmer par l'expérience, se modifier sous l'influence du génie des chefs. C'est précisément la campagne de Belgique qui a permis de marcher dans la voie où devaient être fixées ces méthodes, car elle a fourni à l'armée nouvelle l'occasion de donner la mesure, inconnue jusqu'alors, de sa puissance offensive.

---

(1) Voir, dans le *Moniteur* du 26 novembre, une correspondance des bords du Rhin : « La victoire de Jemappes a glacé les langues de ceux qui croyaient déjà les Français vaincus et toujours vaincus en bataille rangée ».

Voir *Esprit du système de guerre moderne*, par Bulow (traduit par Tranchant-Laverne. Paris, 1801) : « Les Allemands commencèrent, dès ce moment, à revenir du mépris qu'ils imaginaient avoir le droit de nourrir pour les troupes françaises, depuis la guerre de Sept ans ».

PIÈCES JUSTIFICATIVES

I

La bataille de Jemappes devant la Convention.

Pour apprécier l'impression produite en France par la bataille de
Jemappes, il est intéressant de lire dans le *Moniteur* le compte rendu
de la séance de la Convention, dans laquelle fut reçue l'annonce officielle de la victoire (samedi 10 novembre 1792). La séance était pré-
sidée par Hérault de Séchelles. Un des secrétaires donna lecture de la
lettre que Dumouriez écrivait de Mons au président de l'Assemblée :

Les applaudissements recommencent à plusieurs reprises.

Larue, lieutenant-colonel, aide de camp de Dumouriez,
porteur de la dépêche de ce général, paraît à la barre. (*Nouveaux applaudissements.*)

« Je ne suis qu'un soldat et je ne suis point orateur. Un
soldat de l'armée républicaine ne doit ouvrir la bouche que
pour déchirer sa cartouche. Mais je présente à la juste admiration de l'Assemblée le valet de chambre de Dumouriez, le
brave Baptiste, qui a rallié cinq escadrons, trois bataillons,
et s'est jeté le premier, le sabre à la main, dans un retranchement qu'il a forcé. Le général lui ayant demandé ce qu'il
voulait comme récompense : « L'honneur de porter l'uni-
« forme national », a répondu Baptiste. »

Baptiste entre dans la barre ; la salle retentit d'acclamations réitérées.

Larue embrasse à trois reprises ce brave compagnon. Les
applaudissements recommencent et se prolongent.

Le Président. — Brave citoyen, vous vous êtes élevé jusqu'à
la qualité de premier défenseur de la République. En attendant la récompense qu'elle vous doit, entrez dans le temple
des lois, au milieu de nos acclamations. Les législateurs se

trouveront heureux de voir à leurs côtés un des braves de la journée de Mons. (*On applaudit.*)

PHILIPPEAUX. — Je demande que le président donne le baiser fraternel à ce brave homme. (*Nouveaux applaudissements.*)

Baptiste est conduit au président, qui l'embrasse.

La salle retentit d'acclamations.

POULTIER. — Je demande qu'il soit donné à l'intrépide Baptiste un uniforme complet aux dépens de la République. (*Un grand nombre de voix simultanément : Aux voix la proposition.*)

BARRÈRE. — Ce n'est pas assez d'applaudir au courage du citoyen Baptiste dans la journée célèbre de Mons ; il faut donner ici un grand exemple d'égalité et de justice nationale. Il faut donner à ce brave citoyen un témoignage de la reconnaissance publique, qui puisse compatir avec les principes des pays libres. Nulle décoration personnelle, nulle distinction extérieure ne doit contrarier les bases d'une Constitution républicaine. C'est avec une feuille de chêne que les Romains commandèrent de grandes et belles actions. La monnaie de l'honneur fut le trésor des républiques anciennes : eh bien ! tirons de ce trésor un équipement militaire pour ce brave citoyen. Je demande que la Convention nationale décrète que le citoyen Baptiste sera armé, monté et équipé aux frais de la République française. (*On applaudit.*)

SERGENT. — Je fais la motion de faire autoriser, par le ministre de la guerre, le général Dumouriez d'employer le citoyen Baptiste dans son armée.

Les propositions de Barrère et de Sergent sont unanimement décrétées.

Le président annonce que le ministre de la guerre vient de lui adresser la relation officielle du général Dumouriez. On en fait à l'instant la lecture..... (1).

---

(1) Le *Moniteur* reproduit ici la lettre, précédemment citée, de Dumouriez au ministre de la guerre (de Mons, 7 novembre). Il fut aussi donné lecture d'une lettre de Beurnonville au ministre, annonçant qu'il allait incessamment partir pour Metz, où il devait remplacer Kellermann :

« Je ne vous dis rien de la bataille de Jemappes, où j'ai eu plus à

Jean Debry. — Je demande que, pour célébrer la première victoire gagnée en bataille rangée par les armées de la République française, il soit institué une fête nationale.

Égalité *monte à la tribune. (Applaudissements.)* — Citoyens, j'ai demandé la parole pour vous apprendre ce que la modestie de Dumouriez lui a fait taire dans son récit; c'est qu'après avoir rallié sa droite, il a marché lui-même à la tête des corps qui ont emporté successivement toutes les redoutes, la baïonnette au bout du fusil. (*Applaudissements réitérés.*)

Après que Cambon eut fait adopter la proposition d'expédier la relation de Dumouriez, par courriers extraordinaires, à tous les départements et aux armées, une assez longue discussion s'engagea au sujet de la proposition de Jean Debry. Appuyée par Henry, elle fut combattue par Lasource et Barrère. Ce dernier déclarait qu'il ne pouvait être question de célébrer une fête après une journée qui avait coûté la mort à des milliers d'hommes :

Laissons aux rois de l'Europe à faire célébrer des fêtes, quand ils ont inondé la terre de sang..... 4,000 ou 5,000 hommes ont péri, et nous parlons de fêtes ! Je m'y oppose et je demande un simple monument funèbre.

Vergniaud répliqua en termes émus et éloquents :

..... Il a péri des hommes sans doute dans ces batailles; mais, enfin, c'est la Liberté qui triomphe. Il a péri des hommes; mais, pourquoi donc avons-nous déclaré la guerre? Nous savions bien qu'elle coûterait la vie à des Français; c'est parce que nous savions aussi qu'elle devait consolider la paix et qu'elle ferait, par l'établissement de la Liberté universelle, le triomphe durable de l'humanité.

Son intervention détermina le succès de la proposition, qui fut adoptée finalement en ces termes :

---

admirer qu'à faire; cette bataille, qui sera fameuse par les dispositions du général en chef et l'intrépidité des troupes, comme par les résultats qui assurent invariablement la conquête de la Belgique, sera un monument de gloire pour la nation française. Je laisse le plaisir bien dû à notre intrépide général de vous en faire le récit. »

La Convention nationale décrète qu'il sera célébré une fête nationale pour honorer les succès des armées de la République, renvoie au Comité d'instruction publique pour présenter les moyens d'exécution.

CALON, *commissaire inspecteur de la salle.* — La Convention a décrété que le citoyen Baptiste recevrait, au nom de la République, un uniforme national ; l'en voici revêtu.

Baptiste paraît à la barre sous l'habit national : on le fait entrer dans l'Assemblée..... Elle applaudit avec une nouvelle effusion au courage et au dévouement généreux de ce citoyen.

Le président, au nom de la République française, lui remet entre les mains une épée, en lui donnant le baiser fraternel. Il le fait asseoir parmi les législateurs.

LARUE, *l'embrassant avec transport.* — C'est ce brave homme qui, avec Dumouriez, a sauté le premier dans les retranchements de l'ennemi ! (*La salle continue de retentir des acclamations de l'Assemblée et des spectateurs.*)

II

Le général d'armée Dumouriez au citoyen Pache, ministre de la guerre.

Bruxelles, le 20 novembre 1792, l'an 1er de la République.

Vous me mandez, vertueux Ministre, de vous désigner moi-même les récompenses convenables à tous les citoyens qui ont mérité la gratitude de la patrie à la bataille de Jemappes. Il est difficile d'accorder les décrets, qui restreignent infiniment les nominations, avec les désirs et la justice que la Convention nationale et le pouvoir exécutif doivent porter dans une circonstance aussi rare qu'une bataille rangée et aussi décisive que celle du 6 novembre. Je vais commencer par vous mettre sous les yeux plusieurs états :

1º Celui des officiers généraux, officiers supérieurs et d'état-major que j'avais été obligé de nommer pour organiser l'armée de la Belgique, sans cependant me permettre d'en proportionner le nombre à la force de cette armée.

Tous les officiers ont rempli leur devoir de la manière la

plus méritante dans les grades auxquels je les avais élevés, avant l'époque où un décret a ôté aux généraux la faculté de nommer aux places de leur armée. Tous ont combattu : plusieurs ont été tués ou blessés dans leur nouveau grade, et, cependant, presque aucun n'a reçu l'expédition du brevet du pouvoir exécutif et n'a servi que sur son brevet provisoire;

2° L'état de mes aides de camp.

Dans le principe, je n'en ai eu que quatre, dont un a quitté et a été remplacé par un autre. Le pouvoir exécutif, sans égard au décret, m'en a donné cinq autres, et il a très bien fait; car le commandant en chef d'une armée de plus de 80,000 hommes, divisés en plusieurs corps, ne peut pas faire faire le service de confiance par quatre aides de camp, et quoique j'en aie eu neuf à la fois, si leur zèle n'avait pas été extrême, ils n'auraient pas suffi aux différentes missions dont je les ai chargés, desquelles dépendait souvent la célérité de mes opérations militaires et leur sûreté.

Si vous êtes obligé, sur l'article des aides de camp, de vous en tenir à la stricte règle, la plupart des miens se trouveront privés de toute récompense, et même de leur état. Dans un genre de guerre aussi vaste que celui que j'ai entrepris, et dans une campagne aussi extraordinaire et aussi fatigante, il n'est pas possible de suivre les règles ordinaires. C'est d'après cela que vous verrez que plusieurs d'entre eux ont le grade de lieutenant-colonel, quoique je ne dusse en avoir qu'un de ce grade. La plupart sont des officiers de la plus grande espérance; tous méritent ma confiance, ce qui est très nécessaire à un général d'armée : tous préféreraient rester avec moi plutôt que leur avancement, et ce serait les punir que de les placer ailleurs. Soumettez cette question à l'équité et aux lumières du Comité militaire; entre lui et vous, je ne doute pas qu'il ne soit trouvé un moyen de réparer la sécheresse d'un décret qui serait excellent en temps de paix, mais qui ne laisse aucune récompense possible dans une guerre aussi vive et aussi importante que celle-ci;

3° L'état des officiers de l'état-major, sur lequel il y a précisément les mêmes réclamations à faire que sur celui des aides de camp;

4° Un état des officiers supérieurs de l'armée, qui ont mérité de monter au grade d'officiers généraux.

J'ai à vous observer qu'en mettant à part les deux corps d'armée du général Bourdonnaye et du général Valence, je n'ai dans une armée, dont le fonds est de 60,000 hommes, que cinq lieutenants généraux, dont un chef de l'état-major et l'autre de l'artillerie, et douze maréchaux de camp, dont un d'artillerie.

Il est impossible de donner aucune récompense par un avancement successif dans les différents corps sans faire une promotion. Cette promotion devient même nécessaire pour pouvoir placer des commandants temporaires dans les principales villes de la Belgique, qui en ont besoin. J'ai déjà tiré les lieutenants généraux O'Moran et Marassé, l'un de Condé et l'autre de Douai, pour les placer, le premier à Tournai et le deuxième à Anvers.

J'avais d'abord destiné le lieutenant général Marassé pour Bruxelles ; mais, la santé du lieutenant général Moreton n'égalant pas son zèle et le mettant hors d'état de continuer la campagne d'hiver sans courir le risque de perdre un excellent officier et un bon patriote, qui réunit une profonde théorie révolutionnaire à ses autres qualités, je prends le parti de lui donner le commandement de Bruxelles et de le remplacer, pour la conduite de l'état-major, par le colonel Thouvenot, pour lequel je vous demande *avant tout* le grade de maréchal de camp, étant obligé de lui rendre la justice de dire qu'il est l'officier le plus instruit de l'armée et le plus capable de me seconder.

Chez un peuple républicain et dans une armée aussi neuve que la nôtre, l'ancienneté n'est un titre qu'après les talents, parce qu'il s'agit de trouver promptement des successeurs aux généraux actuels, pour que le sort de nos armes ne dépende pas de tel ou tel homme. D'ailleurs, ce que je dis à cet égard ne s'applique pas précisément au colonel Thouvenot, puisqu'il est dans sa 25ᵉ année de service.

Je mets à part les demandes faites par le général d'Harville. Son excellente conduite depuis qu'il me seconde et le trait de noblesse républicaine consigné dans la lettre qu'il m'a écrite et que je vous envoie, me mettent dans le cas de compter sur sa discrétion dans les demandes qu'il fait, et de vous les proposer comme il vous les propose. Je vous envoie pareillement un mémoire du maréchal de camp Dampierre pour le nommé Jolibois, vétéran ; ce trait mérite d'être connu et récompensé.

Quant au lieutenant général La Noue, sa détention injuste et la fausse accusation dont il a été la victime (par l'imprudence du général Bourdonnaye, qui a été obligé de désavouer son premier dire et de lui rendre justice), sa justification prononcée unanimement par ses juges, son expérience et son courage, me mettent dans le cas d'en tirer le parti le plus utile pour la République, dès qu'il viendra me joindre, ce qu'il doit faire sous peu de jours.

Il serait à désirer que cet exemple servît de leçon pour ne pas ajouter foi aussi légèrement aux délations contre des officiers respectables : il n'est pas possible qu'il reste des royalistes dans l'armée, et on doit se méfier des délateurs qui, la plupart, ne sont que des vils calomniateurs.

Le maréchal de camp Drouet vient de mourir au Quesnoy de ses blessures. J'ai placé à Mons le maréchal de camp Ferrand, dont le zèle et le courage surpassent les forces.

C'est uniquement par esprit de justice et pour augmenter le courage et la confiance de l'excellente armée que je commande que je vous propose des récompenses dignes de ses grands travaux. Vous verrez de plus qu'il n'y aura point trop de grades supérieurs dans l'armée, vu son augmentation successive, à laquelle il faut encore ajouter un tiers en sus pour l'armée belgique, qui fera le service avec l'armée française.

J'ai nommé avant le décret le maréchal de camp Duval lieutenant général, pour être le second du général Bourdonnaye et pour suppléer à son inexpérience. C'est un officier d'un grand mérite, d'un patriotisme très pur et d'une prudence consommée. Je crois très nécessaire de lui envoyer au plus tôt son brevet.

J'ai de même placé à la même armée le citoyen Arnaudin, adjudant général très instruit, pour remplacer auprès du général Bourdonnaye le citoyen Vergnes ; il convient aussi de lui envoyer son brevet d'adjudant général lieutenant-colonel. Sa nomination est du 29 septembre.

Il est à noter que tous ces officiers généraux et supérieurs ont été mes coopérateurs dans ma campagne contre les Prussiens, qu'ils mériteraient bien des récompenses de la part de la nation.

DUMOURIEZ.

1° *État des officiers généraux, officiers supérieurs et d'état-major, nommés provisoirement pour l'organisation de l'armée de la Belgique, du 26 août au 25 octobre.*

Lieutenant général : Le maréchal de camp Duval.

Maréchaux de camp : Neuilly, Drouet (mort de ses blessures), Ferrand, Blottefière, Berneron et Chancel.

Colonels : De l'Isle, du 3e régiment de dragons ; Kilmaine, du 6e régiment de hussards ; La Roque, du 29e régiment d'infanterie ; de Hahn, du 104e régiment d'infanterie (à la place de Dubouzet, mort de ses blessures) ; Murnand, du 13e régiment de dragons ; Saint-Sulpice, du 12e régiment de dragons ; de Bannes, du 71e régiment d'infanterie ; Wisch, du 99e régiment d'infanterie ; des Ponchets, du 19e régiment d'infanterie.

Lieutenants-colonels : De Mestre, du 7e régiment de cavalerie ; Devaux, du 17e régiment d'infanterie.

Adjudants généraux. — *Colonel :* Foissac. *Lieutenants-colonels :* de Pille, d'Arnaudin, Torrery ; des Brulys et Dauvert (sont à l'armée de Valence).

2° *État des aides de camp du général Dumouriez.*

1° Mauban, colonel ; 2° Larue, lieutenant-colonel ; 3° Macdonald, capitaine, devenu lieutenant-colonel par le brevet envoyé pour la bataille de Jemappes (1) ; 4° Devaux, lieutenant-colonel du 17e régiment d'infanterie.

---

(1) Le ministre avait, le 12 novembre, envoyé à Dumouriez un brevet de lieutenant-colonel, en blanc, pour l'un de ses aides de camp, à son choix. Dumouriez attribua cette récompense à Macdonald (le futur maréchal de l'Empire).

Surnuméraires : Vialla, lieutenant-colonel; Gerresheim, lieutenant-çolonel, en prison à la citadelle de Valenciennes; Rainville, capitaine; Codron, maire de Cambrai; Fortair, capitaine (a quitté); Baptiste Renard, capitaine.

3° *État des officiers de l'état-major qui ont mérité des récompenses.*

Colonels adjudants généraux : Kermorvan, Chaumont (blessé à la bataille de Jemappes), Thouvenot : le brevet de maréchal de camp.

Leblanc, sous-chef de l'état-major du quartier général et capitaine au 49ᵉ régiment : une lieutenance colonelle d'infanterie.

Adjoints : La Sotonnière, Thierry, Morin, Cazin : la commission de capitaine.

Aides de camp : César Ducrest (aide de camp du général Égalité); Trimallier (aide de camp du général Desforets); Dufrene (aide de camp du général Moreton et capitaine de la garde nationale) : commissions de capitaine.

4° *État des officiers supérieurs de l'armée qui ont mérité de monter au grade d'officiers généraux.*

Champollon, colonel du 83ᵉ régiment d'infanterie; Henri Frégeville, colonel du 11ᵉ de chasseurs à cheval; Wisch, colonel du 99ᵉ régiment d'infanterie.

Nota. — Le 83ᵉ régiment, pour le 1ᵉʳ lieutenant-colonel de ce régiment, Nolzières.

Le 99ᵉ régiment, pour l'adjudant général Montjoie, blessé à la bataille de Jemappes.

III

Extrait de l'ordre du jour de l'armée.

Au quartier général, à Liège, le 4 décembre 1792, l'an 1ᵉʳ de la République.

Le général, toujours empressé de faire connaître à son armée les belles actions et le nom des citoyens qui les ont faites, a ordonné qu'on inscrivît à l'ordre le nom du citoyen Jean Badé, soldat de la 5ᵉ compagnie du 1ᵉʳ bataillon d'Eure-et-Loir, qui, dans l'affaire du 6 novembre, sauva le drapeau d'un régiment d'infanterie.....

Le maréchal de camp, chef de l'état-major général,
THOUVENOT.

IV

Extrait du Moniteur.

Le *Moniteur* du 14 novembre 1792 contient une correspondance de Lille (10 novembre) qui est entachée d'imprécision au point de vue militaire, mais qui n'en est pas moins caractéristique au point de vue moral :

Il y avait déjà quelques heures que l'on canonnait le mont Panisel, Quaregnon et Jemappes, qui défendaient Mons, sans faire beaucoup de mal aux ennemis, à cause de leurs retranchements immenses. Le général Dumouriez appelle auprès de lui tous les grenadiers de son armée et les harangue à peu près en ces termes : « Camarades, c'est pour la liberté des peuples que nous combattons ; vous savez que les soldats des despotes craignent l'arme blanche, je vous ai appelés auprès de moi pour vous consulter si nous ne pourrions pas emporter ce poste (le mont Panisel) de vives forces ; si nous l'emportons, nous serons bientôt maîtres de Mons ». A peine le général eut-il parlé, que les grenadiers crièrent unanimement : « Oui, mon général, marchons ». Ils jetèrent fusils, gibernes, ceinturons et, le sabre à la main, escaladèrent comme des lions ces montagnes de retranchements, y pénétrèrent et y firent un carnage dont l'histoire présente peu d'exemples. Ce poste emporté, les deux autres et Mons furent bientôt évacués.

V

Précis pour le commissaire ordonnateur Malus (1).

J'ai été mandé à la barre de la Convention nationale :

1º Pour avoir fait des marchés avec le citoyen d'Espagnac ;

2º Pour avoir laissé, exprès en arrière, dans le magasin de Valenciennes, 20,000 redingotes, tandis que l'armée s'avançait vers Mons ;

3º Pour avoir ordonné que l'hôpital ambulant de l'armée restât à Quiévrain le jour de la bataille de Jemappes, de manière que les blessés ont été quatre heures sans recevoir aucun secours, et qu'il a fallu les porter à quatre lieues du champ de bataille pour qu'ils pussent être pansés ;

4º Pour avoir signé des lettres de change, tirées sur la trésorerie nationale.

Je n'ai été interrogé à la barre sur aucun de ces articles, mais seulement sur quatre marchés :

1º Un du 11 septembre, passé à Valenciennes, au citoyen Worms, pour fourniture de la viande sur pied aux hôpitaux du Nord, dans les places en état de siège, à 11 sous la livre, bœuf et mouton ;

2º Un du 14, 15 ou 16 octobre (je ne me rappelle pas exactement sa date) passé à Lille, aux citoyens Fabre et Paulée, pour un achat de fine fleur de farine d'Angleterre, à quarante-huit livres le quintal ;

3º Un du 8 novembre, passé à Mons, au citoyen Henry Simons, pour foin, paille et avoine, à un prix fort cher ;

4º Un autre, du même jour, avec Henry Simons, concernant la fourniture de 25,000 sacs de farine pour le service de l'armée, au prix de facture, avec commission de 2 p. 100.

---

(1) Ce mémoire, adressé par Malus à la Convention, réfute les griefs qui avaient servi de prétexte à la mise en accusation de cet ordonnateur. Il contient, en outre, d'intéressants détails sur le service des ambulances à la bataille de Jemappes. C'est à ce titre principalement qu'il a semblé utile de le reproduire.

Je me flatte d'avoir justifié complètement le premier de ces marchés :

1º Par l'impérieuse nécessité du moment le plus critique où se soit jamais trouvée la frontière du Nord, déjà envahie de tous côtés par les troupes autrichiennes, et dont toutes les places étaient menacées ;

2º Par l'impossibilité bien démontrée de le faire plus tôt, puisqu'un entrepreneur en était chargé, et qu'on pouvait croire jusque-là qu'il remplirait ses engagements, puisqu'il en avait été averti ;

3º Parce que le danger est survenu tout à coup par la levée imprévue du camp de Maulde, qui couvrait toute la frontière;

4º Par la difficulté d'obtenir un meilleur prix et d'établir la concurrence, dans une circonstance de cette nature ; et tandis qu'il fallait sur-le-champ approvisionner plusieurs places, et notamment celle de Condé ;

5º Enfin, par la précaution que j'avais prise d'envoyer, dès le lendemain, un courrier au ministre, pour avoir son approbation. Il m'a renvoyé mon courrier sans réponse et ne m'a témoigné son mécontentement de ce marché si nécessaire que par une lettre du 25 septembre, où il annonce qu'il trouvait à Paris des prix à 9 sous 6 deniers.

Mais c'était aussi l'époque mémorable où les descendants des Francs venaient de triompher comme eux d'un nouvel Attila dans les champs catalauniques. L'état des choses avait bien changé de ce côté-là, et si les places frontières du Nord, encore menacées, ont pu défier l'Autrichien, si Lille a soutenu sans s'émouvoir un bombardement de huit jours, c'est que toutes ces places avaient été bien ravitaillées et munies à temps de tous les moyens de subsistance, premier motif de confiance dans la défense des places.

Et si je n'avais pas pris tout à coup sur moi le parti d'y pourvoir, et que les défenseurs de la patrie eussent manqué de quelques secours, dites, Citoyens, dites ce que vous auriez pensé de mon zèle et de ma prévoyance.

J'ai établi sur le second marché un raisonnement bien simple.

Le ministre avait approuvé ma proposition de faire venir de la farine d'Angleterre. Je lui avais adressé les soumissionnaires. Il me les a renvoyés pour traiter avec eux. Le traité fait, on le lui porte, il le désapprouve; mais, sur les représentations du général Dumouriez, il convertit le marché en traité sur facture, avec commission de 2 p. 100. Me voilà donc parfaitement déchargé, même dans l'hypothèse que le prix que j'avais accepté s'élevât trop haut, puisque après tout il n'y avait rien de fait si le ministre s'y refusait absolument.

Quant au troisième marché, j'ai allégué pour moyens justificatifs :

1º L'ordre du général;

2º L'éloignement où nous allions être du magasin de Valenciennes, où d'ailleurs il n'y avait presque rien;

3º La circonstance de notre arrivée dans Mons, qui ne nous permettait pas encore de faire un traité aussi avantageux que si nous eussions été plus avant dans la Belgique, raison qui m'a déterminé à le borner à un mois d'approvisionnement.

Je pourrais peut-être alléguer pour quatrième motif la précipitation avec laquelle il m'a fallu opérer, vu les détails immenses dont j'étais surchargé, me trouvant seul dans la place et n'ayant avec moi que trois commissaires des guerres, dont l'un, chargé de l'avant-garde, ne pouvait se distraire de l'attention à tous ses besoins; l'autre était occupé aux distributions de l'armée campée au dehors, et le troisième suivait sans discontinuer l'établissement des hôpitaux.

Ce besoin de coopérateurs a toujours fait l'objet de mes plaintes et de mes regrets. Il m'en aurait fallu 20 à 25 pour suivre convenablement tous les détails de l'administration, et à peine en avais-je alors 6 à ma disposition pour toute l'armée de Dumouriez, et pour les places où il restait des détails à terminer.

Enfin, par rapport au marché de farine, il était d'autant plus instant de le conclure qu'outre l'avantage de tirer cette subsistance précieuse du pays même où l'armée faisait la guerre, il ne restait à Valenciennes, le 6 novembre, jour de mon départ, que pour sept jours de farine appareillée dans le magasin, ainsi que je l'ai prouvé par l'état de situation déposé sur le bureau du comité.

Je sais bien qu'il en arrivait presque journellement à Valenciennes, à mesure de la consommation; mais est-ce là un motif de tranquillité pour une grande armée, et surtout pour une armée qui s'éloigne avec rapidité du centre de ses prétendus approvisionnements?

Je passe maintenant aux quatre griefs qui ont occasionné mon arrestation, et voici mes réponses :

1º Je nie formellement avoir passé aucun marché où d'Espagnac était intéressé directement ou indirectement. Il ne connaissait pas plus Henry Simons que je ne le connaissais moi-même, et je défie qu'on puisse rapporter aucune preuve, ni citer aucun indice capable de donner le plus léger crédit à cette assertion calomnieuse. Enfin, je n'ai connu d'Espagnac que lorsqu'il est arrivé à Valenciennes, vers le 20 octobre, pour suivre son traité des charrois, dont le ministre m'avait ordonné de surveiller l'exécution ;

2º J'ai répondu victorieusement à l'objection des 20,000 redingotes laissées, a-t-on dit faussement, au magasin de Valenciennes, pendant que l'armée se rendait à Mons, par la production et le dépôt que j'ai fait au comité de la guerre, de l'état de situation de ce magasin à l'époque du 6 novembre, jour de mon départ pour l'armée.

On voit par cet état qu'il n'y restait pas alors une seule redingote et qu'il en est arrivé, depuis, environ 5,000, le 8 et le 9, qui m'ont été envoyées aussitôt à Mons, en conséquence des ordres que j'avais donnés avant mon départ et que j'ai renouvelés par un exprès.

Je n'étais pas capable de négliger de me faire suivre promptement par ces effets précieux, pour lesquels j'avais délivré des bons qui n'étaient pas remplis.

3º Le reproche qui m'est fait, par rapport à l'ambulance, est l'ouvrage de l'ignorance et de la calomnie.

De l'ignorance, puisqu'on s'étonne de l'ordre que j'ai en effet donné, à Valenciennes, le 5 novembre, pour que ce qui restait de l'ambulance se portât le lendemain au quartier général, à Quiévrain.

Je ne pouvais pas en donner un autre ; j'étais à quatre lieues de Quiévrain, où le quartier général était resté et dont il ne partit que le lendemain de la bataille. Je ne pouvais assigner à l'ambulance d'autre destination que celle du quartier général, où je savais qu'elle recevrait des ordres relatifs au mouvement de l'armée. Elle les reçut, en effet, et fut portée à une lieue au delà de Bossut (*lire : Boussu*), derrière le champ de bataille.

Quant à la calomnie, elle est dans le motif odieux qu'on prête à un ordre si naturel, et dans la conséquence qu'on tire d'un événement qui n'a pas eu lieu ; car, non seulement les caissons de l'ambulance ne sont pas restés à Quiévrain, non seulement les blessés n'ont pas dû faire quatre lieues avant de recevoir les premiers secours, mais, au contraire, tous les caissons ont été au delà de Bossut pour former des hôpitaux dans les églises de Cuhem (*lire : Cuesmes*) et de Pâturage, à la diligence des commissaires Marchand et Lambert, qui n'ont pas quitté le champ de bataille, que tous les blessés n'en eussent été enlevés, et il a fallu même faire rétrograder quelques caissons jusqu'à Bossut pour établir une troisième ambulance dans l'église de ce village.

J'y arrivai vers les 6 heures du soir, dans le moment où l'on commençait à y placer les blessés. Je regardai dès lors ce poste comme le mien. J'y trouvai le commissaire Robinet, qui faisait toutes les dispositions nécessaires pour monter ce nouveau service. Les citoyens Cellier et d'Espagnac vinrent m'y trouver, et je ne quittai l'église qu'à 3 heures du matin, quand nous eûmes vu placer et panser environ 160 blessés qu'on n'avait pas pu recevoir dans les hôpitaux de Cuhem et de Pâturage.

Voilà les faits. Je cite les témoins. Je n'ai rempli que mon devoir ; mais ce devoir, j'ose le dire, a toujours été le plus cher à mon cœur, et il n'y a que ceux qui ne me connaissent pas qui aient pu m'accuser de la moindre négligence dans ma partie du service militaire, aussi intéressante pour mes sentiments et mon humanité.

Cependant, la calomnie triomphe, car celui qui a fait imprimer ces horreurs est actuellement à ma place.

Si, néanmoins, les hôpitaux de l'armée n'ont pas été servis et administrés partout comme je l'aurais désiré, c'est qu'on ne m'a pas fourni à temps tous les moyens nécessaires pour les monter convenablement ; c'est qu'au lieu de 50 à 60 caissons qu'il m'aurait fallu pour bien faire ce service dans l'armée de Dumouriez, je n'en avais, le jour de la bataille, qu'une vingtaine ou environ ; que je me les étais procurés par des courriers envoyés sur la route de Champagne ; et, comme j'avais fait porter à l'avant-garde et au corps d'armée tous ceux qui étaient disponibles, il en a résulté qu'à Valenciennes, sans l'activité prodigieuse des corps administratifs, l'humanité des citoyens et le zèle de tous les chirurgiens de la ville, les 400 ou 500 blessés qui ont été évacués sur cette place, après avoir reçu les premiers appareils à Cuhem et à Pâturage, n'auraient pas été complètement secourus.

Les chirurgiens ont manqué partout, et il m'a fallu recourir partout à ceux des régiments, des villes, et même des villages. J'ai eu les mêmes difficultés à vaincre à Mons, à Bruxelles, à Louvain, à Tirlemont, où, secondé par le zèle et l'intelligence du régisseur Lafleury, et du directeur général Biston, je suis parvenu à laisser des hôpitaux en assez bon état, et je présume que les mêmes obstacles se sont rencontrés à Liége, où je n'ai pas été.

Qu'on ne dise donc pas que j'ai apporté la moindre négligence à ce premier devoir de ma place, puisqu'il n'existe pas un seul hôpital militaire dans le pays que je n'aie visité, et où je n'aie passé la nuit, quand mes occupations du jour ne me permettaient pas d'y aller.

Qu'on ne dise pas non plus que j'ai négligé de former, à cet égard, des demandes au ministre, puisque, dès le 9 octobre, je lui exposai mes besoins, avant même de savoir que le général Dumouriez dût revenir sur nos frontières avec son armée victorieuse ; que je n'ai cessé, pendant tout le mois, de solliciter des effets, des caissons, des chirurgiens, des employés, et que, tout cela n'arrivant que partiellement et en détail, je n'ai jamais pu m'assurer, en quittant un établissement commencé dans une place, des moyens d'en former un autre dans celle dont l'armée allait s'emparer ;

4° Enfin, j'ai signé deux lettres de change, ou rescriptions, sur la trésorerie nationale, l'une de 300,000 livres avec d'Espagnac, l'autre de 700,000 livres en mon propre nom.

L'autorisation formelle du général a déterminé ces deux traites. Elles avaient pour objet de subvenir aux besoins pressants de l'armée, sans faire sortir le numéraire du sein de la République.

Le citoyen Allenet, contrôleur de la trésorerie, et envoyé par elle pour reconnaître notre situation, et pour y remédier, a lui-même applaudi à l'opération des traites, et m'a dirigé dans la manière d'en faire usage, en m'indiquant ce que j'avais à écrire à ce sujet aux ministres de la guerre et des contributions publiques, ainsi qu'aux commissaires de la trésorerie, et j'ai suivi ponctuellement ses conseils.

Quel tort puis-je avoir eu dans cette occasion ? Je l'ignore ; tout ce que je sais, c'est que ce sont les premières lettres de change que j'aie signées de ma vie, et que je ne m'y serais pas déterminé pour mes propres affaires ; mais que n'aurais-je pas fait pour le salut de l'armée !

Je ne parlerai des autres besoins de l'armée que pour faire une observation importante. Voilà quinze jours que je l'ai quittée, et ces besoins sont encore les mêmes. Je ne suis donc pas coupable, comme on a osé le dire, d'avoir retardé la marche des approvisionnements ; et ce sont eux qui se trouvent, ou insuffisants, ou nuls.

Je ne viens point ici récriminer. Je conçois que, dans le cours d'une campagne aussi longue, où l'offensive la plus brillante a succédé à la plus belle défensive dont l'histoire ait jamais parlé, les denrées et les effets de toute espèce ont été consommés, et les magasins entièrement dégarnis, et qu'il faut bien du temps pour renouveler tout cela ; mais alors, on ne doit ni se lasser des demandes réitérées, ni trouver mauvais qu'un administrateur use des ressources qui se présentent sur les lieux.

Ce n'est pas assis vis-à-vis d'un bureau, à quatre-vingts lieues du pays où se fait la guerre, qu'on peut juger de la multiplicité des besoins d'une grande armée. Il ne suffit pas de considérer les objets en masse, il faut encore les examiner en détail ; et ce n'est que dans les camps, ce n'est que sur le théâtre même de la guerre qu'on peut s'en former une idée juste.

Quant à ce qui me concerne, j'ai tout fait pour le mieux. Je me suis dévoué jour et nuit à mes pénibles fonctions. Depuis six mois je n'ai connu d'autre repos que celui que le décret de la Convention nationale m'a procuré ; repos agité, et auquel j'aurais préféré des veilles plus utiles au service de

la République et au soulagement de ses braves légion-
naires.

Parlerai-je de mon civisme? Qu'on en juge par mes actions;
qu'on interroge ceux qui m'ont vu, comme enseveli dans les
détails immenses d'une administration aussi étendue, encou-
rageant le petit nombre de mes coopérateurs, partageant
avec eux les soins les plus minutieux, pour les en soulager,
et ne connaissant d'autre plaisir que le travail, d'autre délas-
sement que le changement d'occupation.

Si le sacrifice de mes jours, de mes nuits, de ma santé, de
mes affaires, n'est pas une preuve suffisante de mon dévouement à la République, qu'on me dise donc ce que je dois faire
encore pour elle ; mais en même temps qu'on augmente la
durée des vingt-quatre heures, puisque je les lui ai déjà entièrement consacrées.

Au surplus, je n'ai pas la présomption de croire que mon
administration ait été exempte d'erreur ; tout homme y est
sujet, sans doute ; mais j'ose affirmer qu'elle a toujours été
pure ; et après quarante ans de travaux estimables, j'avoue
que mes yeux n'ont pu s'accoutumer à lire des imputations
contre ma probité, ni mes oreilles à les entendre.

Paris, ce 11 décembre 1792, l'an 1er de la République.

MALUS.

VI

Situation numérique des armées combinées, sous les ordres
de Dumouriez.

Nous avons signalé les nombreuses difficultés qui empêchèrent longtemps l'établissement et l'envoi au ministre de la guerre des situations
des troupes.

Le seul document d'ensemble conservé aux archives de la guerre est
un *Tableau de la situation et de l'emplacement des armées combinées du
Nord, de la Belgique* (1) *et des Ardennes, à l'époque du 1er décembre
1792*.

---

(1) La dénomination *armée de la Belgique* n'a jamais eu de caractère
officiel ; elle est assez souvent employée dans les documents de la fin

Ce document, qui existe en minute, a été établi au ministère de la guerre. Il assigne aux troupes certains emplacements qui ne furent pas occupés avant le milieu de décembre; d'autre part, il indique des effectifs certainement supérieurs à ceux que présentaient les corps au 1ᵉʳ décembre, après les nombreuses défections de volontaires (1).

Il est probable que ce travail aura été établi d'après des situations de dates différentes, et sur lesquelles la distinction des présents et des absents n'était point faite. La date du 1ᵉʳ décembre doit donc être considérée comme toute approximative.

Nous avons cru cependant devoir reproduire ce document qui donne, dans son ensemble, une idée approchée des effectifs dont Dumouriez disposait pour la campagne des Pays-Bas.

---

de 1792 et du commencement de 1793 pour désigner les troupes placées sous les ordres directs de Dumouriez, mais il n'existe pas de décision instituant une *armée de la Belgique.*

(1) On peut s'en rendre compte en rapprochant de la situation générale les rares situations partielles qui ont été conservées. C'est ainsi que, pour la garnison de Bruxelles, la situation au 15 décembre donne les effectifs suivants, en *hommes présents sous les armes* :

1ᵉʳ bataillon de la Vendée.....	352 sur un effectif total de		469
1ᵒʳ — des Deux-Sèvres...	395 — —		543
2ᵉ — de l'Eure........	387 — —		603
9ᵒ — des fédérés.......	402 — —		466
1ᵒʳ — de la Marne......	332 — —		556

Sur la situation au 1ᵉʳ décembre, ces corps comptent respectivement : 474, 512, 622, 414 et 548 hommes. Il faudrait de ces chiffres déduire une forte proportion d'*absents* pour avoir l'effectif *réel*.

En définitive il semble que cette situation ait été établie d'après l'effectif que les corps étaient censés avoir, effectif qui était atteint dans la première quinzaine de novembre, mais qui subit ensuite un déchet de 30 p. 100 en moyenne.

ARMÉE DE LA BELGIQUE.

Lieutenant général Dumouriez, commandant en chef.

DÉSIGNATION DES CORPS.	BATAIL-LONS.	ESCA-DRONS.	HOMMES.	
			INFAN-TERIE.	CAVA-LERIE.
Avant-garde. — Lieutenant général La Noue.				
9ᵉ bataillon d'infanterie légère............	1	»	461	»
10ᵉ — —	1	»	381	»
14ᵉ — —	1	»	391	»
Six bataillons de grenadiers...............	6	»	2,053	»
19ᵉ régiment d'infanterie.................	2	»	1,270	»
29ᵉ — —	2	»	1,437	»
54ᵉ — — (2ᵉ bataillon).....	1	»	537	»
72ᵉ — —	2	»	1,429	»
1ᵉʳ bataillon franc.................	1	»	391	»
3ᵉ —	1	»	310	»
1ᵉʳ bataillon d'Indre-et-Loire.............	1	»	445	»
3ᵉ — de Paris.................	1	»	518	»
9ᵉ — de la réserve............	1	»	602	»
1ᵉʳ — de la Butte-des-Moulins	1	»	392	»
4ᵉ — des fédérés.............	1	»	393	»
5ᵉ — de la Meurthe............	1	»	462	»
9ᵉ — de Paris...............	1	»	510	»
Chasseurs de Magnié.................	»	»	»	»
Chasseurs cambrelots.................	»	»	»	»
1ᵉʳ régiment de hussards..................	»	3	»	300
3ᵉ — de chasseurs.................	»	3	»	390
6ᵉ — de chasseurs.................	»	3	»	384
12ᵉ — de chasseurs.................	»	2	»	238
5ᵉ — de dragons	»	2	»	290
7ᵉ — de dragons	»	1	»	221
1ʳᵉ, 3ᵉ et 4ᵉ compagnies d'artillerie légère..	»	»	»	216
Corps d'armée.				
1ʳᵉ *ligne.* — Lieutenant général d'Hangest.				
5ᵉ régiment d'infanterie (2ᵉ bataillon)....	1	»	639	»
71ᵉ — — (1ᵉʳ bataillon)...	1	»	586	»
49ᵉ — — (1ᵉʳ bataillon)...	1	»	479	»
94ᵉ — — (1ᵉʳ bataillon)...	1	»	492	»
104ᵉ — — (2 bataillons)....	2	»	1,014	»
1ᵉʳ bataillon de la Côte-d'Or	1	»	642	»
2ᵉ — de la Vienne............	1	»	478	»
3ᵉ — de Seine-et-Oise............	1	»	577	»
1ᵉʳ — de grenadiers de Paris.......	1	»	359	»
11ᵉ — des fédérés	1	»	762	»
2ᵉ — de la Corrèze.............	1	»	544	»
1ᵉʳ — de grenadiers de la Côte-d'Or.	1	»	578	»
1ᵉʳ — de Maine-et-Loire............	1	»	425	»
3ᵉ — de l'Yonne...............	1	»	460	»
6ᵉ — de la réserve............	1	»	570	»
7ᵉ — de Paris.................	1	»	472	»

DÉSIGNATION DES CORPS.	BATAILLONS.	ESCADRONS.	HOMMES.	
			INFANTERIE.	CAVALERIE.
2ᵉ ligne. — Lieutenant général ÉGALITÉ.				
34ᵉ régiment d'infanterie (2ᵉ bataillon).....	1	»	544	»
83ᵉ — — (1ᵉʳ bataillon).....	1	»	717	»
98ᵉ — — (1ᵉʳ bataillon).....	1	»	574	»
5ᵉ bataillon de l'Oise...........	1	»	417	»
1ᵉʳ — du Pas-de-Calais...........	1	»	457	»
2ᵉ — de la Meuse................	1	»	578	»
1ᵉʳ — de Seine-et-Oise..........	1	»	567	»
1ᵉʳ — d'Eure-et-Loir............	1	»	542	»
1ᵉʳ — de la Somme	1	»	433	»
1ᵉʳ — de l'Allier.............	1	»	562	»
1ᵉʳ — de la Vendée...........	1	»	474	»
3ᵉ — des Ardennes...........	1	»	419	»
Compagnie franche du Finistère..........	»	»	60	
Chasseurs des 4 nations...............	»	»	92	»
Parc d'artillerie.................	»	»	343	»
12ᵉ régiment de chasseurs................	»	1	»	140
7ᵉ — de dragons.	»	1	»	100
Gendarmerie à cheval..............	»	1	»	143
Mineurs...............	»	»	43	»
Réserve.				
3ᵉ régiment de cavalerie................	»	2	»	367
6ᵉ — —	»	2	»	307
6ᵉ — de dragons................	»	2	»	300
10ᵉ — —	»	2	»	290
Flanqueurs de droite. — Henri FRÉGEVILLE, maréchal de camp.				
1ᵉʳ bataillon de l'Aisne..............	1	»	417	»
1ᵉʳ — de Seine-et-Marne.............	1	»	515	»
Chasseurs liégeois...................	1	»	300	»
13ᵉ régiment de dragons..............	»	2	»	360
11ᵉ — de chasseurs................	»	3	»	334
Artillerie...................	»	»	28	»
Flanqueurs de gauche. — Colonel FRÉGEVILLE, du 2ᵉ hussards.				
99ᵉ régiment d'infanterie (1ᵉʳ bataillon).....	1	»	600	»
2ᵉ régiment de hussards.................	»	3	»	322
1ᵉʳ bataillon de la Charente.............	1	»	547	»
Légion des Ardennes (infanterie)...........	2	»	960	»
Légion des Ardennes (cavalerie)	»	2	»	300
Artillerie à pied.................	»	»	97	»
Artillerie à cheval.................	»	»	»	66

DÉSIGNATION DES CORPS.	BATAIL-LONS.	ESCA-DRONS.	HOMMES.	
			INFAN-TERIE.	CAVA-LERIE.
Division de droite ou de réserve. — Lieutenant général d'HARVILLE.				
Avant-garde.				
Compagnie franche de Clermont..........	»	»	72	»
Compagnie franche de Boussard............	»	»	75	»
6ᵉ régiment de hussards................	»	3	»	349
68ᵉ régiment d'infanterie..	2	»	1,004	»
2ᵉ bataillon de la Haute-Vienne..........	1	»	556	»
1ᵉʳ — du Loiret.................	1	»	523	»
2ᵉ — du Calvados............	1	»	429	»
2ᵉ — des Ardennes	1	»	665	»
Brigade de droite.				
2ᵉ bataillon des Hautes-Alpes............	1	»	678	»
18ᵉ régiment d'infanterie.................	2	»	1,022	»
2ᵉ bataillon des Basses-Alpes.............	1	»	635	»
1 compagnie du 12ᵉ régiment de dragons.	»	1/2	»	70
Brigade de gauche.				
2ᵉ bataillon du Gard	1	»	674	»
16ᵉ régiment d'infanterie.................	1	»	677	»
2ᵉ bataillon de Maine-et-Loire............	1	»	672	»
1ᵉʳ — des Bouches-du-Rhône........	1	»	504	»
1 compagnie du 12ᵉ régiment de dragons..	»	1/2	»	73
Corps de bataille.				
1ʳᵉ brigade. { 1ᵉʳ bataillon du Nord........	1	»	504	»
14ᵉ rég. d'infanterie (1ᵉʳ bat.).	1	»	710	»
2ᵉ bataillon de l'Yonne......	1	»	637	»
2ᵉ brigade. { 1ᵉʳ bataillon de Cambrai, 6ᵉ du Nord......................	1	»	556	»
45ᵉ rég. d'infanterie (2ᵉ bat.)..	1	»	409	»
4ᵉ bataillon du Pas-de-Calais.	1	»	418	»
3ᵉ brigade. { 2ᵉ — d'Ille-et-Vilaine..	1	»	414	»
3ᵉ — de la Charente...	1	»	633	»
7ᵉ — des fédérés......	1	»	480	»
10ᵉ — de Seine-et-Oise..	1	»	792	»
Parc d'artillerie........................	»	»	266	»
Réserve.				
1ᵉʳ régiment de cavalerie.................	»	2	»	368
21ᵉ — —	»	2	»	316
24ᵉ — —	»	2	»	122
12ᵉ régiment de dragons.................	»	1	»	160

ARMÉE DU NORD

Commandée par le lieutenant général Miranda.

DÉSIGNATION DES CORPS.	BATAILLONS.	ESCADRONS.	HOMMES.	
			INFANTERIE.	CAVALERIE.
Avant-garde.				
Quatre bataillons de grenadiers............	4	»	1,500	»
Chasseurs de l'égalité.................	»	»	93	»
Compagnie franche de Clemendot..........	»	»	89	»
5ᵉ régiment de hussards...	»	2	»	343
5ᵉ — de chasseurs.................	»	3	»	330
2ᵉ — d'infanterie (1ᵉʳ bataillon).....	1	»	740	»
38ᵉ — — (1ᵉʳ bataillon).....	1	»	759	»
1ᵉʳ bataillon de l'Yonne..............	1	»	428	»
1ᵉʳ — de la Meurthe.............	1	»	545	»
1ᵉʳ — de la Moselle.............	1	»	517	»
9ᵉ — des fédérés.............	1	»	414	»
Artillerie légère....................	»	»	»	26
Corps de bataille.				
Division de gauche. — Maréchal de camp Duval.				
74ᵉ régiment d'infanterie (2ᵉ bataillon).....	1	»	637	»
81ᵉ — — (1ᵉʳ bataillon)....	1	»	729	»
89ᵉ — — (2ᵉ bataillon).....	1	»	580	»
1ᵉʳ bataillon de la Manche.............	1	»	422	»
Bataillon de Saint-Denis..............	1	»	397	»
1ᵉʳ bataillon des Côtes-du-Nord...........	1	»	578	»
2ᵉ — de l'Eure................	1	»	622	»
Bataillon de Saint-Martin..............	»	»	546	»
1ᵉʳ bataillon des Deux-Sèvres.............	»	»	512	»
2ᵉ — de la Somme.............	»	»	455	»
Bataillon de la Fontaine de Grenelle........	»	»	497	»
1ᵉʳ bataillon de la Seine-Inférieure.........	»	»	388	»
Division de droite. — Maréchal de camp Champmorin.				
13ᵉ régiment de cavalerie.................	»	2	»	300
3ᵉ — de dragons..............	»	2	»	276
74ᵉ — d'infanterie (2ᵉ bataillon).....	1	»	502	»
78ᵉ — —	2	»	1,112	»
87ᵉ — — (2ᵉ bataillon).....	1	»	283	»
4ᵉ bataillon de Paris.................	1	»	543	»
2ᵉ — de l'Orne..............	1	»	499	»
7ᵉ — du Nord..............	1	»	379	»
Bataillon des 4 Nations..............	1	»	445	»
1ᵉʳ bataillon de l'Eure..............	1	»	592	»
8ᵉ — du Nord..............	1	»	493	»
1ᵉʳ — de la Marne..............	1	»	548	»
2ᵉ — de la Marne..............	1	»	616	»
Parc d'artillerie.....................	»	»	260	»

ARMÉE DES ARDENNES

Commandée par le lieutenant général VALENCE.

DÉSIGNATION DES CORPS.	BATAILLONS.	ESCADRONS.	HOMMES.	
			INFANTERIE.	CAVALERIE.
Avant-garde.				
13e bataillon d'infanterie légère	1	»	423	»
Chasseurs de Ransonnette	»	»	110	»
Chasseurs de Rennes	»	»	130	»
Quatre bataillons de grenadiers	4	»	1,200	»
56e régiment d'infanterie (1er bataillon)	1	»	522	»
1er bataillon de Jemappes	1	»	300	»
1er — de Saint-Amand	1	»	400	»
2e — de Paris	1	»	549	»
4e — de la Somme	1	»	546	»
14e — des fédérés	1	»	731	»
4e régiment de hussards	»	3	»	358
2e — de dragons	»	2	»	320
Corps de bataille.				
1re *ligne.* — Lieutenant général LE VENEUR.				
1re brigade. { 2e bataillon de Saône-et-Loire.	1	»	548	»
47e rég. d'infanterie (1er bat.).	1	»	554	»
1er bataillon de la Mayenne...	1	»	491	»
2e brigade. { 6e bataillon de Paris	1	»	522	»
25e rég. d'infanterie (1er bat.).	1	»	619	»
1er bataillon de la Sarthe	1	»	527	»
3e brigade. { 4e bataillon de la Meuse	1	»	494	»
43e rég. d'infanterie (1er bat.).	1	»	642	»
10e bataillon de Paris	1	»	494	»
16e régiment de cavalerie	»	2	»	278
23e — —	»	2	»	289
2e *ligne.* — Lieutenant général DIETTMANN.				
4e brigade. { 5e bataillon des Vosges	1	»	512	»
45e rég. d'infanterie (1er bat.).	1	»	678	»
Bataillon du Théâtre-Français.	1	»	496	»
5e brigade. { Bataillon de Bon-Conseil	1	»	668	»
58e rég. d'infanterie (2e bat.).	1	»	637	»
2e bataillon de la Meurthe...	1	»	426	»
6e brigade. { 2e bataillon du Nord	1	»	508	»
47e rég. d'infanterie (1er bat.).	1	»	663	»
3e de la Meurthe	1	»	479	»
7e régiment de cavalerie	»	2	»	345
18e — —	»	2	»	300
Parc d'artillerie	»	»	153	»

Les états qui précèdent donnent, pour les trois armées, les effectifs suivants :

	HOMMES.		TOTAL.
	INFANTERIE.	CAVALERIE.	
Armée de la Belgique........	44,717	6,496	51,213
Armée du Nord....................	17,600	1,245	18,845
Armée des Ardennes...........	15,022	1,890	16,912
TOTAL........	77,339	9,634	86,970

VII

Documents étrangers relatifs à la bataille de Jemappes.

Les documents suivants permettent d'apprécier l'effet moral produit par la victoire de Jemappes chez les Autrichiens et dans tous les Pays-Bas :

Extrait d'une lettre de Bruxelles du 8 novembre.

Avant-hier, l'armée du général Dumouriez a forcé les retranchements que les troupes autrichiennes occupaient près de Mons. Il y a eu à cette occasion une bataille des plus sanglantes et des plus animées, où les deux partis ont déployé une intrépidité peu commune. Enfin, après un combat des plus opiniâtres, l'armée autrichienne s'est réfugiée sur les hauteurs de Mons, qu'elle occupe maintenant. Dans ce premier moment, il est impossible de connaître au juste les détails de cette action, et la perte que les deux partis y ont faite. Ce qu'il y a de certain, c'est qu'elle y est très considérable. Parmi les officiers de distinction tués de notre côté, l'on nomme le général Sztaray, le colonel Hadik et le colonel Keim. Parmi les blessés est le général comte de Clerfayt lui-même, que l'on dit avoir la cuisse cassée. Il est difficile de dépeindre l'état d'agitation où se trouve cette ville. Tout ce qui tient au parti royaliste émigre, de même que les Français réfugiés qui sont dans la plus grande consternation. Les cris, les mouvements qu'on voit dans les rues sont au-dessus de toute expression. Le parti mécontent triomphe et montre déjà une joie marquée de ces événements. Tous les équipages de la cour sont prêts à partir. Le gouvernement a de même emballé tous ses papiers et accordé à tous les employés trois mois d'appointements d'avance, dans le cas qu'ils fussent obligés de se retirer. — Hier il est arrivé ici courrier sur courrier ; le dernier a assuré qu'à son départ les Autrichiens étaient encore à Mons, mais qu'ils attendaient d'un moment à l'autre une nouvelle affaire. La caisse militaire est arrivée ici ce matin sous une forte escorte. Hier, l'après-midi, plus de 200 chariots de blessés ont passé par ici.

P.-S. — Toute la nuit, les équipages militaires n'ont cessé d'arriver ; et la quantité de gens qui partent est incroyable. Nous attendons avec impatience de nouvelles ultérieures.

Extrait d'une lettre de Bruxelles du 8 novembre.

Avant-hier au soir, notre armée a été obligée de se retirer de Mons et d'abandonner les retranchements : les Français sont venus l'attaquer avec 90,000 hommes et plus de 200 pièces de canon. La perte a été très considérable de part et d'autre. Les premiers rapports font monter à 15,000 hommes les tués restés sur le champ de bataille. Les Français marchaient sur les morts pour franchir nos batteries ; un bataillon de Bender, un de Wurtzbourg, la division de chevau-légers de Cobourg, ainsi qu'une partie de hussards de Blankenstein, sont détruits. Il paraît certain que le colonel Keim, chef du régiment de Bender, est tué ; l'on disait que le général Sztaray avait eu le même sort, d'autres le disent simplement blessé, ainsi que le général Clerfayt. Hier et cette nuit, il est arrivé ici une quantité de chariots de blessés. . . . .

. . . .

Tout est en confusion dans cette ville ; ce ne sont que voitures qui partent chargées d'effets ; on ne peut se procurer que difficilement des chevaux. L'on prétend que le quartier général est attendu ici ; cependant, rien n'annonce qu'on se prépare à s'y défendre. Il paraît que le gouvernement se retirera

à Ruremonde. En un mot, notre ville présente un aspect
d'autant plus affligeant que, pendant que les uns paraissent
se réjouir, d'autres, en bien plus grand nombre encore,
abandonnent leurs foyers et se retirent à la hâte avec leurs
effets les plus précieux.

P.-S. — Mons s'est rendu aux Français.

Extrait d'une lettre de Bruxelles du 11 novembre.

L'action sanglante du 6 novembre, qui a décidé du sort de
nos provinces, sera à jamais remarquable pour l'acharnement
avec lequel les deux partis se sont battus. Les Français surtout ont fait des prodiges de valeur et ont bien rétabli la
réputation de bravoure que leurs premiers échecs dans cette
campagne avaient ternie. Ayant attaqué les Autrichiens
retranchés dans une position des plus avantageuses, ils com-
blaient les fossés, qui étaient en avant des retranchements,
avec leurs morts et se faisaient ainsi un passage jusqu'à l'ennemi, qu'ils forcèrent de se retirer. A l'attaque du mont
Panisel surtout, ils déployèrent une intrépidité incroyable, en
essuyant avec la plus grande fermeté le feu de trois batteries,
qu'ils emportèrent le sabre à la main. Il est impossible de
savoir au juste la perte que les deux partis ont faite ; toujours est-il certain qu'elle doit avoir été considérable des
deux côtés. Pendant deux ou trois jours, il a passé ici nombre
de chariots, qu'on porte à plus de six cents, chargés de
blessés. Il arrivait aussi continuellement des soldats de toutes
les armes par pelotons de six, de sept, qui fuyaient sans
armes et, la plupart, à demi nus.

D'abord, après cette déroute, la désertion s'est mise dans
nos troupes à un point effrayant ; l'on remarque qu'elle est
surtout très forte parmi les Allemands. Le 7 novembre, les
Français sont entrés à Mons, le 9 à Tournai et dans une
partie de la Flandre, que nos troupes ont entièrement éva-
cuée. Nos généraux, obligés par la grande supériorité de
l'ennemi à abandonner leur position devant Mons, avaient
voulu se fortifier sur les hauteurs de Casteau, à une lieue en
deçà de la place ; mais, les Français ayant fait des dispositions
pour les attaquer dans ce poste, le général Beaulieu se retira

à Soignies avec 15,000 hommes, et le quartier général fut transféré à Braine-le-Comte. A présent, nos troupes sont postées à Tubize, distant de 4 lieues de Bruxelles, où elles s'occupent nuit et jour à se retrancher; l'on s'attend d'un moment à l'autre à recevoir la nouvelle que les Français les ont attaquées une seconde fois. Ceux-ci observent la discipline la plus exacte partout où ils ont pénétré. Le général Dumouriez a fait publier que le premier, soit bourgeois, soit soldat de son armée, qui insulterait quelqu'un pour cause de parti, ou qui voudrait commettre le moindre désordre, serait pendu sur-le-champ. — Il n'en est pas de même dans l'intérieur des provinces. Le peuple belgique, malheureusement trop enclin à ce qui fait la honte de toutes les révolutions et un des plus grands maux des troubles civils (c'est-à-dire au pillage), n'a pas plus tôt appris la victoire des Français et leur entrée dans le pays, qu'il a éclaté en plusieurs endroits; il y a eu des émeutes populaires à Diest, à Alost. C'est une des raisons de l'émigration, qui continue d'une manière affligeante. Toutes les routes sont couvertes nuit et jour de voitures, de chevaux, de gens à pied, qui abandonnent leurs foyers pour se retirer chez l'étranger. A Anvers, plusieurs voitures qui transportaient des émigrés français en Hollande ont été cruellement pillées par la populace qui, non contente de se porter à de si honteux excès, les insultait encore lâchement et de toutes les manières. Ici même, quoique notre ville soit encore gardée par une garnison autrichienne, les révolutionnaires, qui sont en très grand nombre, commencent déjà à faire la loi. La cour et le gouvernement sont partis d'ici le 9, à 2 heures du matin.....

Extrait d'une lettre de La Haye du 13 novembre (1).

La révolution est faite dans les Pays-Bas, et les Français, victorieux, ont arboré partout l'étendard de la Liberté. La défaite complète des Autrichiens à Gémappe (*sic*) et la prise de Mons ont décidé du sort de la Belgique. L'histoire n'offre pas

---

(1) Publiée dans le *Moniteur* du 20 novembre.

d'exemple d'une bataille où l'on ait déployé tant de valeur et dont les suites aient été si utiles. L'exagération porte l'armée française à 120,000 hommes. Il est certain seulement qu'ils avaient une armée formidable, une artillerie bien servie et la résolution de vaincre. Repoussés plusieurs fois, toujours ils se sont ralliés ; et, enfin, à l'arme blanche, ils ont emporté *les trois étages* de redoutes établies devant Mons.

La grande batterie de Mons fut emportée à l'assaut. Les Français, pour y arriver, s'élançaient par-dessus des monceaux de morts. Leur artillerie a fait un carnage horrible ; pendant toute l'action, elle a tiré à mitraille sur les Autrichiens, dont chaque minute voyait les rangs disparaître. Ces derniers se sont défendus avec un grand courage. Leurs plus beaux hommes sont moissonnés, leurs plus beaux régiments détruits. Un bataillon de Bender, un de Wurtzbourg, les chevau-légers de Cobourg et tous ces fameux hussards de Blankenstein sont anéantis. Le comte de Hadik et le baron de Keim, colonel du régiment de Bender, ont été tués. Plusieurs officiers supérieurs sont morts ou blessés.

On assure que la perte des Français est des trois quarts moins considérable. — Cette action vigoureuse doit entraîner la conquête des Pays-Bas. La plus affreuse confusion régnait à Bruxelles. Les gouverneurs se sont enfuis avec tout ce qu'ils ont pu emporter. Le peuple faisait entendre sa voix vengeresse..... A Gand et à Anvers, le peuple a pillé les maisons de tous ceux qui paraissaient attachés au gouvernement. Ces derniers, et les émigrés, n'ont plus d'asile qu'en Angleterre et en Hollande. Depuis quelques jours, on ne voit ici que des voitures chargées de fugitifs.

ERRATUM

Page 44, ligne 8, *au lieu de :* mes plans, *lire :* mon plan.

Page 46, ligne 29, *au lieu de :* retireriez, *lire :* replieriez.

Page 102, ligne 25, et page 104, lignes 22 et 25, *au lieu de :* Leuze, *lire :* Lens.

    (La petite ville de Lens-sur-Dendre est située entre Ath et Mons, à peu près à égale distance de ces deux villes.)

Echelle . 80.000.

OPÉRATIONS ENTRE VALENCIENNES ET MONS
En Novembre 1792 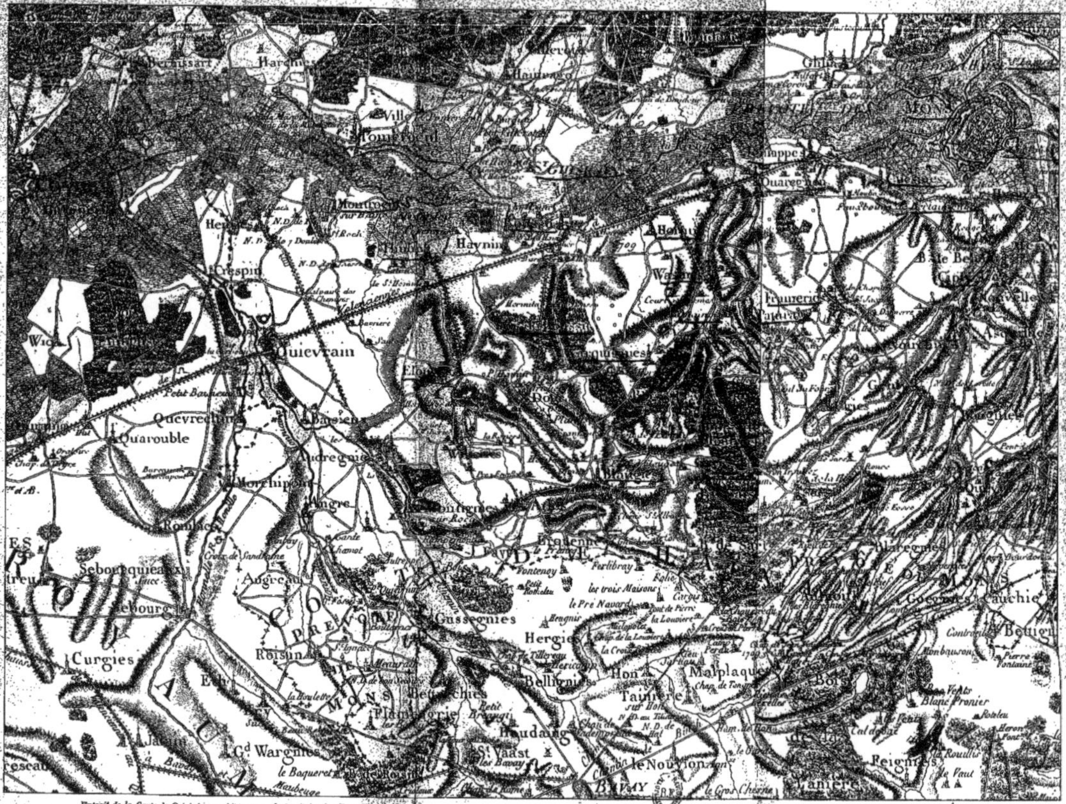
Extrait de la Carte de Caßini, complétée, pour le territoire des Pays-Bas par celle de Ferraris.
Échelle : 1/86,400

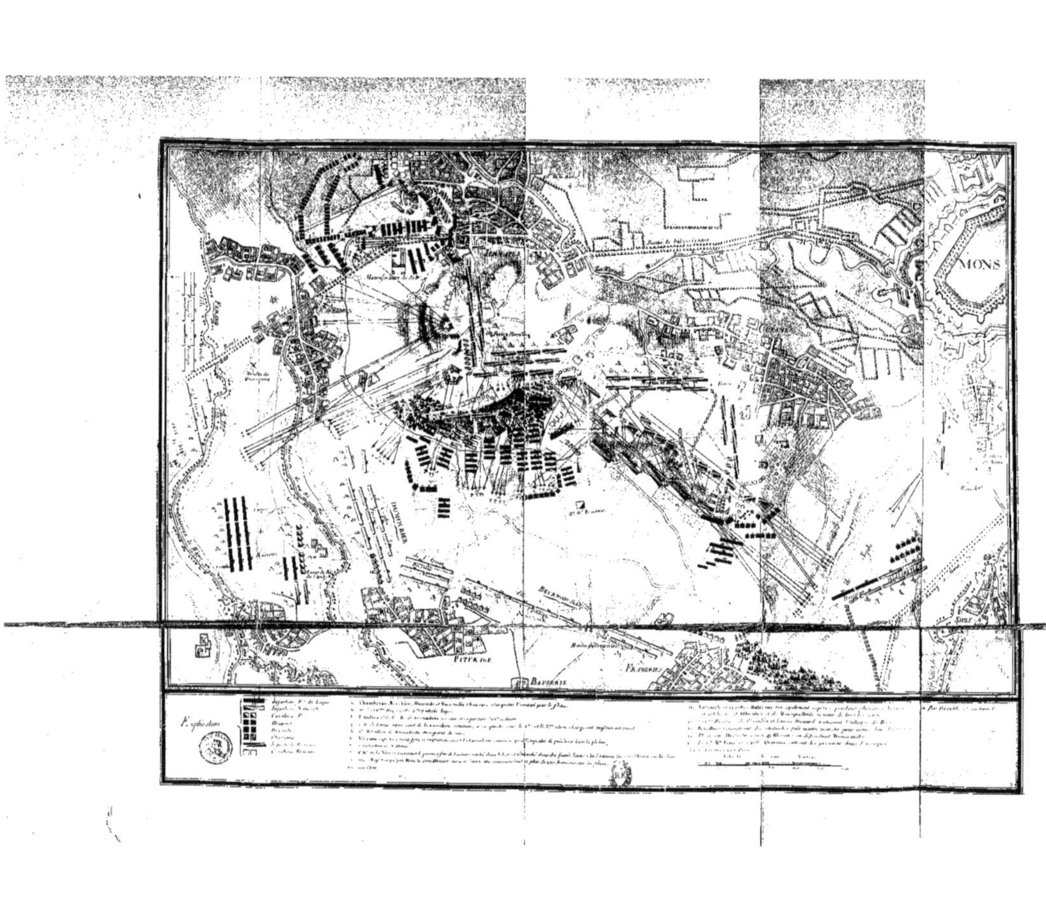

TABLE DES MATIÈRES

CARTES

Opérations sur la frontière des Pays-Bas en octobre et novembre 1792.

Extrait de la Carte de Cassini, complétée, en ce qui concerne le territoire des Pays-Bas, par celle de Ferraris.

Opérations entre Valenciennes et Mons en novembre 1792.

Même source.

Plan de la bataille de Jemappes.

Le plan de la bataille de Jemappes qui accompagne la présente étude est la réduction phototypique à 1/20,000ᵉ d'un plan en couleurs établi au Dépôt de la Guerre vers 1800. Ce dernier document avait été lui-même exécuté (moyennant quelques corrections) d'après un plan édité à Paris en 1793 : « **PLAN GÉNÉRAL DE LA BATAILLE DE JEMAPPES,** gagnée par les Français sur les Autrichiens, le 6 novembre 1792, l'an Iᵉʳ de la République Française, levée, exécutée et dédiée au département de la Nièvre, par Alexandre M. Q., capitaine de la 8ᵉ compagnie, dite de Decize, du 1ᵉʳ bataillon de la Nièvre, présent à cette bataille ». *(A Paris, chez le citoyen Blondel, rue Neuve-des-Capucines, nº 65).*